AS CARTAS FÊNIX
Um novo método para você descobrir os aspectos positivos de suas vidas passadas

Susan Sheppard

AS CARTAS FÊNIX

Um novo método para você descobrir os aspectos positivos de suas vidas passadas

Texto e Desenhos originais das Cartas
SUSAN SHEPPARD

Ilustrações
TONY TAYLOR

Tradução
HELOYSA DE LIMA DANTAS

EDITORA PENSAMENTO
São Paulo

Título do original:
The Phoenix Cards

Edição	Ano
3-4-5-6-7-8-9-10-11	99-00-01-02-03-04

Direitos de tradução para o Brasil
adquiridos com exclusividade pela
EDITORA PENSAMENTO LTDA.
Rua Dr. Mário Vicente, 374 – 04270-000 – São Paulo, SP
Fone: 272-1399 – Fax: 272-4770
E-mail: pensamento@snet.com.br
http://www.pensamento-cultrix.com.br
que se reserva a propriedade literária desta tradução.

Impresso em nossas oficinas gráficas.

Sumário

Introdução

Entre os grandes pensadores "civilizados" do século XX, o psicanalista Carl Jung foi o primeiro a reconhecer que, a interligar a espécie humana, existe o elo de uma linguagem visual e simbólica. Os povos primitivos sempre o souberam. E também os artistas e os poetas. Na cultura moderna, o pensamento abstrato, situado do lado esquerdo do cérebro, foi que nos fez perder essa importante conexão com o nosso passado.

São muitos os que sentem grande afinidade com lugares, épocas e culturas que se sobrepõem à nossa experiência inicial nesta vida. Talvez cheguemos mesmo a nos sentir alheios à nossa era atual, ou apresentemos uma profunda reação emocional, muito semelhante à nostalgia pela terra natal, por certos grupos étnicos, povos, países e sociedades distantes do nosso ambiente atual. Talvez consideremos a possibilidade da reencarnação – esse assunto obscuro e místico que parece tão complexo e inatingível. Muitas vezes, o conhecimento que buscamos é impreciso, tal como uma imagem refletida em águas turvas.

Como saber quando e onde vivemos? Em que medida somos *agora* o que fomos *então*? Quais são as lições que ainda nos cabe aprender?

Os seres humanos necessitam de pontos de partida para explorar a mente inconsciente. De há muito, os psicólogos vêm se baseando em testes com manchas de tinta e livre associação para atingir as experiências e sentimentos reprimidos de seus pacientes. As lembranças de infância jazem soterradas. Traumas recentes são muitas vezes sepultados sem que lhes tenha sido dado algum tipo de resolução. Mas a percepção subconsciente da nossa experiência passada permanece, como que enterrada viva. Eventualmente, isso tudo abre caminho até a superfície. É como se os túmulos se abrissem e nossas almas ressuscitassem. O mesmo acontece com as lembranças de nossas vidas passadas. As Cartas Fênix são uma maneira de chegar a essa fonte de conhecimento.

Os símbolos constituem uma linguagem universal. Todos nós temos a possibilidade de nos relacionarmos com eles e de compreendê-los, mesmo que apenas em nível intuitivo. As Cartas Fênix fornecem indicações visuais da atividade que se está processando no nosso íntimo e das motivações inconscientes que nos vêm de nossas vidas passadas. Elas também desvendam importantes informações a respeito de onde estamos agora e do lugar que nos cabe ocupar neste mundo.

Cada um de nós constitui uma teia pessoal de texturas e coloridos variados. O uso de certas cores, linhas e imagens pode deflagrar reações inconscientes que despertam pensamentos, lembranças e sentimentos de uma infinidade de existências anteriores. Podemos apresentar semelhanças gerais uns com os outros, mas também existem diferenças acentuadas. Lembranças inconscientes de nossas vidas passadas, associadas a fatores genéticos e ambientais, compõem nossas essências individuais. Pode-se argumentar que até mesmo escolhemos a nossa composição genética ao selecionarmos as famílias nas quais nascemos, determinando desse modo o curso de muitas de nossas experiências de vida.

As Cartas Fênix foram pesquisadas e desenvolvidas individualmente. A pesquisa envolveu a investigação física de importantes e antigos monumentos e grupos na América do Norte, entre os quais a impressionante Colina da Grande Serpente, perto de Chillicothe, Ohio, além do tempo passado entre os índios Sioux, em Dakota do Sul. Inclua-se também a investigação extensiva dos símbolos de muitas outras culturas. Concluída a pesquisa, consagrou-se um minucioso cuidado ao desenvolvimento da Carta Fênix correspondente. Esses desenhos originais foram posteriormente incorporados aos belos desenhos de Toni Taylor.

Cada uma das vinte e oito cartas representa, no alfabeto do baralho Fênix, uma letra psíquica diferente ou "insígnia" espiritual. Certas "letras" (cartas) podem ser escolhidas e agrupadas como uma "palavra" (leitura da vida passada), que é única para cada pessoa. É pouco provável que duas leituras apresentem exatamente a mesma ordem de letras ou criem um padrão idêntico. Há, não obstante, uma universalidade inerente em cada carta, como se um espírito mais amplo pairasse acima delas numa linguagem luminosa.

Provavelmente, não nos surpreenderemos diante do resultado das leituras de nossas vidas passadas. À maioria de nós ocorrem idéias vagas e imprecisas a respeito de quem realmente somos. A realização do nosso destino lança uma aura de afirmação sobre as nossas vidas. Para a maioria de nós, beleza e arte expressam um esplendor místico e as Cartas Fênix captam uma extraordinária beleza. Poderá, entretanto, surpreender-nos sua capacidade de penetrar até nosso âmago, de atingir pontos que nos pareciam até então meras sombras.

Tudo o que afeta o nosso mundo ocorre, primeiro, internamente, como uma idéia, um sentimento ou um sonho. É através de nossos sonhos, despertos e inconscientes, que percebemos as lembranças de vidas passadas e as trazemos, em seguida, de volta à superfície. As Cartas Fênix aí estão para nos transportar através de inúmeras e esplêndidas viagens. Elas nos permitem dizer: "Devolvam-me aos longínquos lugares e épocas que conheci outrora".

A Respeito das Cartas Fênix

Deslindar pormenores de vidas passadas fica mais fácil com as Cartas Fênix. As imagens foram pesquisadas e desenhadas de modo a permitir que se determine com precisão não só o lugar, a época e o grupo cultural preponderantes numa vida passada, mas também a "personalidade" cultural desse grupo. Por exemplo, uma pessoa com uma vida passada egípcia sentir-se-á atraída pelos objetos muito antigos, assim como pelas diferentes modalidades do ritual religioso. Um consulente cuja vida passada tenha transcorrido nas *Prairie Plains* tenderá a ser tímido, visionário e altamente individualista – traços esses característicos da tradição ameríndia das *Prairie Plains*.

Nossa personalidade atual é psiquicamente programada para refletir e lembrar instintivamente o que aprendemos no passado, assim como as culturas em cuja formação desempenhamos algum papel. Estando essas lembranças carregadas de enorme poder de evocação emocional, uma marca psíquica permanecerá gravada no espírito (ou força vital). Eis por que nossa curiosidade é amiúde despertada por culturas e grupos exóticos. Podemos até mesmo apresentar semelhanças com grupos raciais diferentes do nosso, já que o espírito, a alma e a memória subconsciente podem modelar o desenvolvimento do nosso corpo físico. Um ítalo-americano pode assemelhar-se a um índio americano. Uma pessoa com ascendência germânica pode ter uma aparência que lembre mais um tipo do Oriente Médio. Estas são apenas algumas das indicações físicas de nossas vidas passadas.

Quando morremos, nossa memória é completamente apagada e as células cerebrais morrem. Nossa conexão com o passado tem de ser rejuvenescida e redescoberta, pois dela restam apenas as mais vagas lembranças. Pouca gente questiona esse lapso de memória em pessoas com trauma cerebral. No entanto, quase todos se perguntam: se a reencarnação tem fundamento, por que não nos podemos lembrar?

Quando tentamos evocar lembranças da infância, anteriores aos nossos cinco ou seis anos, a janela do nosso passado parece indefinida, obscurecida, como que velada por cortinas. Os acontecimentos de nossas vidas passadas são ainda mais intangíveis. São muitas as teorias que buscam explicar por que motivo quase todos nós somos incapazes de nos lembrar de detalhes de nossas existências passadas. Se nos lembrássemos com clareza das dificuldades enfrentadas no decorrer dessas vidas passadas, talvez nossos espíritos se deixassem dominar pela tristeza. O corpo, a parte preponderantemente física da personalidade, morreu e está morto para todo o sempre. As pistas só poderão ser fornecidas pelos inconstantes ventos do espírito.

O espírito humano constitui a essência da nossa vida. Ao contrário da alma, mais estreitamente associada à personalidade e ao intelecto, o espírito é a força que está por trás de toda vida. Pode-se até mesmo considerar a alma uma "filha" ou o "alter ego" do espírito. É por intermédio da alma que nos lembramos de nossas existências passadas. No entanto, é graças apenas à sabedoria do espírito que a alma é capaz de recordar. Nas pessoas iluminadas, a alma obedece completamente ao espírito por ser este a chama onipotente da vida. A alma governa o caráter, a intuição psíquica e a memória. O espírito nos impele para a frente através dos sentimentos de amor e inspiração.

Sob muitos aspectos, as lembranças de vidas passadas lidam mais com o sentimento do que com o pensamento. Pode-se "simpatizar" com certos povos e grupos étnicos, sem compreender por quê. É possível ter sempre desejado visitar um país estrangeiro, ou sentir-se feliz ao ouvir certos tipos de música folclórica. Por esses motivos, é muito provável que você considere mais emocional que estética a sua reação às Cartas Fênix. Certos símbolos poderão excitá-lo ou provocar-lhe vertigens; outros lhe hão de inspirar medo ou repulsa. Os dois tipos de reação são importantes pois fornecem indícios a respeito do que ocorreu durante suas vidas pregressas.

Sempre me senti fascinada (e amedrontada) pelas civilizações indígenas do México. Embora goste de estudar as ruínas e os artefatos dessas culturas, ao fazê-lo sinto com freqüência angústia e repulsa. Horripila-me igualmente a idéia de um coração humana exposto, a pulsar. Esse horror pode parecer estranho até nos lembrarmos de que o sacrifício humano constituía uma parte importante do ritual religioso das culturas centro-americanas. Corações eram realmente retirados ainda a bater dos tórax de vítimas vivas. Em lugar de julgar essa minha reação uma fobia, considero o horror de passar, de fato, por semelhante experiência. Quem deixaria de sentir repulsa após testemunhar esse sacrifício, ou dele ter sido vítima, numa existência anterior? São infinitas as possibilidades, de modo que é crucial examinar as fobias pessoais ou os terrores inusitados ao investigar as vidas passadas.

Muitos desses medos inexplicáveis podem se basear em lembranças cármicas. O carma é uma crença e uma filosofia espirituais do Oriente que corresponde à Terceira Lei do Movimento de Sir Isaac Newton: "A cada ação corresponde uma reação igual e oposta". A teoria de Albert Einstein, segundo a qual $E = mc^2$, também se pode aplicar à reencarnação e ao carma. Diz ela: "Nem a matéria nem a energia podem ser criadas ou destruídas. Só podem ser alteradas as suas formas". O carma tem suas raízes na criatividade e no desejo. É uma lei espiritual de divina reciprocidade e intercâmbio. O carma preside à transformação e ao equilíbrio. Você há de colher aquilo que houver semeado. São muito poucos os que vivem vidas perfeitas, se é que alguém o consegue. Mas todos nós lutamos para isso, ainda que apenas em nível intuitivo.

Segundo a lei do carma, o homem ganancioso nada possuirá, a mulher sempre voraz nunca ficará satisfeita e o mentiroso nunca conhecerá a verdade. A disposição a reconhecer e compreender o nosso carma pessoal é um passo em direção à descoberta da nossa individualidade e ao encontro da realização espiritual. Se você não tiver a menor suspeita de qual possa ser o seu carma, examine objetivamente os pontos problemáticos da sua vida. Onde lhe for possível vislumbrar um padrão, você encontrará uma área que precisa ser trabalhada. Examine também os benefícios trazidos por você a este mundo a fim de descobrir o que há de bom em você e as pequeninas maneiras de que você se vale para estimular os demais – é este o seu carma positivo. Se lhe parece que sua vida não passa de uma série de calamidades, seu espírito elevado lhe está dizendo para ser menos abnegado. Se lhe parece que está sofrendo desnecessariamente, busque fora de si mesmo algum outro sofredor. Verificará bem depressa que não estará sofrendo tanto. Em quaisquer dessas circunstâncias, estabelece-se um equilíbrio. Eis a beleza do carma.

Se você for uma pessoa imaginativa e um sonhador muito lúcido, poderá ser capaz de descobrir seu carma e suas vidas passadas prestando muita atenção a seus sonhos. Se sonhar que está num lugar estranho, procure identificar a paisagem. Diga a si mesmo para procurar um espelho ou um lago e debruce-se sobre ele no sonho. Você é uma mulher ou um homem? Examine cuidadosamente os traços do seu rosto. Que tipo de roupas está usando? Nota a presença de objetos inusitados? Está sendo falada alguma outra língua? Ouça atentamente as palavras. Diga energicamente a si mesmo que se lembrará dessas palavras quando acordar. Tendo se deparado com esses fragmentos de informação, será fundamental investigar suas descobertas.

Os que não conseguem se lembrar de seus sonhos talvez desejem meditar e evocar uma espécie de devaneio. A imaginação é particularmente útil para a descoberta de vidas passadas. Existem muitas técnicas diferentes, susceptíveis de serem aplicadas desde que a pessoa se encontre relaxada. Imagine-se penetrando num grande vestíbulo de mármore ou numa biblioteca. Era a este vestíbulo visionário que se referia Edgar Cayce, o grande médium do século XX, quando falava nos "Registros Akáshicos" – um lugar onde estão arquivadas todas as reminiscências da civilização e das vidas passadas. Foi esta a fonte utilizada por Cayce, no início deste século, para suas milhares de interpretações de vidas passadas, e quem for dotado de uma mente receptiva poderá "abastecer-se" nesses registros.

Para começar, coloque-se num campo de percepção espiritual. Imagine-se numa crisálida branca de luz bruxuleante. É importante que ninguém o toque enquanto estiver num estado alterado. Um contato físico interrompe o fluxo de energia e o traz de volta ao presente quando você ainda não está preparado para retornar. Permita-se experimentar o fervilhar das emoções com um certo grau de desprendimento. Há quem se veja caminhando por um túnel em direção a uma luz radiosa, enquanto outros se imaginam a viajar para os céus numa espécie de elevador astral.

Tendo tido essa impressão de estar numa biblioteca, olhe à sua volta e avalie a situação. Solicite a escolha de um livro que possa revelar pormenores de suas vidas pregressas. Conceda-se tempo suficiente e pondere cuidadosamente sua escolha. Deixe-se guiar por sua intuição. Se se sentir atraído por algum livro em particular, imagine-se pegando-o. Abra o livro e leia o que ali está dito. Peça-lhe, conscientemente, que lhe forneça um nome específico e uma data. Habitualmente, o livro revelará três fontes de informação: uma data, um lugar e um nome. A princípio, o nome pode parecer pouco claro e talvez não seja exato, mas é sempre possível fazer uma nova tentativa.

Retroceda, então, cuidadosamente, até voltar ao presente. Depois de se ter compelido a voltar ao presente, recorra às Cartas Fênix para ver se podem ajudá-lo a verificar a sua informação. Se elas não incluírem a cultura em questão, você pode se dispor a visitar a biblioteca local e começar a pesquisar os fatos. Embora talvez se passe algum tempo antes que consiga chegar às raízes de suas averiguações para poder comprovar as informações, você há de admirar sua própria precisão.

Mesmo que o conceito de reencarnação lhe pareça discutível, você pode utilizar proveitosamente as Cartas Fênix. Os símbolos nelas desenhados não contêm apenas as características visuais de uma cultura em particular; eles representam a psicologia e os valores que estão por trás dessas culturas. Se você se sente atraído pela calma e pelo equilíbrio do símbolo zen, é bem provável que sua personalidade seja do tipo zen: introvertida e harmoniosa. Se o que o atrai é o símbolo do feiticeiro pré-histórico, você talvez se sinta muito mais velho que a sua idade biológica. O estudo das religiões mágicas e xamanísticas também poderá fasciná-lo.

A descrição de cada uma das Cartas Fênix divide-se em oito diferentes categorias, todas elas importantes para a descoberta de nossas vidas passadas. Não se pode apreender toda a importância da leitura da vida passada sem compreender a psicologia oculta nas cartas que escolhemos. Cada uma das categorias nos dará uma percepção mais aprofundada de nossa personalidade atual e nos ajudará a descobrir as influências que sobre nós atuaram em outros tempos e lugares.

♦ Símbolo ♦

A partir do momento do nosso nascimento, relacionamo-nos com o mundo de uma maneira visual. Compreendemos desde logo o significado simbólico de um sorriso ou de uma carranca. Compreendemos as implicações da escuridão e da luz. Estamos permanentemente a colher informações, através desses indícios visuais, a fim de compreender nosso lugar neste mundo. Até mesmo as culturas mais primitivas dependem da arte e de imagens para expressar o que é intuitivamente percebido e quais filosofias se desenvolveram conjuntamente. Esses símbolos visuais têm relação com as atividades interiores de cada civilização e se ajustam à personalidade básica desse grupo em particular. As Cartas Fênix escolhidas relacionam-se especificamente com o que está acontecendo neste exato momento em nosso íntimo. Mas representam também as nossas diversas maneiras de nos apresentarmos ao mundo. Se alguns dos símbolos nos parecem extremamente familiares, talvez seja por os termos visto numa existência passada. Nossa mente intuitiva reconhece o símbolo em outro nível e nossa mente racional quer saber por quê.

♦ Lugar ♦

Essa categoria fornece uma área básica na qual podemos ter vivido uma existência pregressa. É importante estudar a história e a geologia desses lugares para ver se despertam algum eco dentro de nós. Por exemplo, se uma pessoa experimenta sentimentos intensos com relação ao Sudoeste americano e escolhe uma carta que se refere a essa área, seria aconselhável que empreendesse algumas pesquisas. Com um número maior de indícios, a história de sua vida passada pode começar a emergir com maior clareza.

♦ Época ♦

Os símbolos das Cartas Fênix representam diferentes períodos históricos que revelam épocas durante as quais a pessoa viveu nessa parte do mundo. Caso a época em questão se estenda por um lapso de tempo muito extenso (as culturas do Egito antigo abarcam 4000 anos), será preciso continuar a pesquisa até descobrir o século com o qual a pessoa se harmoniza melhor. Algumas culturas, como as dos índios das *Prairie Plains*, sofreram poucas alterações em mil anos. Entretanto, se você escolhe essa carta e se visualiza numa época em que viajava-se a cavalo, teria em mãos um excelente indício. Os cavalos chegaram às Américas por volta de 1650, trazidos pelos espanhóis. Em troca de peles de animais, os brancos europeus freqüentemente entregavam aos índios sinos e contas coloridas e brilhantes. Cada novo vislumbre tem o poder de estreitar o círculo de suas descobertas de maneira muito mais pormenorizada.

♦ Grupos ♦

Tal como o nosso mundo moderno, cada uma das civilizações passadas tinha subdivisões e subgrupos com diferentes variações culturais. Um egípcio núbio diferia bastante de um egípcio semítico. Os núbios faziam parte da cultura egípcia meridional (do Alto Egito), enquanto os semitas foram mais tarde os egípcios do Norte (do Baixo Egito). Os nomes e grupos fornecidos oferecem sugestões para pesquisa. Cabe a você descobrir por qual dos grupos se sente mais atraído e por quê. Os pormenores podem vir a ser muito importantes. Por exemplo, um índio algonquino costumava usar três tranças, enquanto um comanche usava apenas duas. Essas duas tribos pertenciam à tradição das *Prairie Plains*. Consulte alguns livros e verifique quais são as tribos que o atraem. Qual delas desperta mais a sua curiosidade?

♦ Grupos lingüísticos ♦

Os grupos culturais e étnicos geralmente estão interligados por suas línguas. Os antropólogos identificam os povos interligados no mundo mediante uma simples consideração da língua por eles utilizada. Por exemplo, a maioria das línguas faladas no Ocidente tem ligação com as línguas da Índia derivadas do sânscrito e difundidas pelos invasores brancos indo-europeus. Isso o surpreende? Ao explorar vidas passadas, é possível reconhecer ou perceber alguma atração pela língua de uma cultura na qual se tenha anteriormente vivido. Em raríssimos casos, podemos até mesmo "captar" psiquicamente alguma coisa nas línguas de nossas vidas passadas, durante os sonhos ou, quando acordados, através de visões.

Anos atrás, passei algum tempo com os índios *Sioux* em Dakota do Sul. Aprendi rapidamente a língua e o dialeto *Lakota-Sioux* embora jamais tivesse sido capaz de absorver com facilidade línguas exóticas ou estrangeiras. (Na verdade, cheguei a ser reprovada em Francês coloquial no colégio.) No entanto, as relações entre as palavras do dialeto *Sioux* e as inflexões do linguajar *Lakota* me pareceram misteriosamente familiares. Comecei a proferir com desembaraço palavras *Lakota* feito um judeu que, só tendo ouvido falar o iídiche durante sua primeira infância, tivesse sua memória subitamente ativada ao encontrar, pela primeira vez, seus primos poloneses. Vem daí a minha certeza de ter vivido entre os índios de língua *Lakota* numa existência pregressa.

♦ Aparência ♦

A aparência física de muitas pessoas reflete as culturas nas quais viveram outrora. Embora a genética desempenhe um papel mais importante no nosso aspecto, apresentamos por vezes semelhanças com o grupo étnico com o qual temos uma afinidade mais estreita.

♦ Características ♦

Somos todos seres excepcionais, dotados de tipos vocais, de impressões digitais, de traços de personalidade e de corpos físicos e espirituais exclusivamente nossos. Entretanto, como seres humanos impressionáveis e sensíveis, não nos podemos impedir de absorver a cultura vigente à nossa volta nem as influências vindas de nossas vidas pregressas. Parte do condicionamento de eventos anteriores se faz presente em nossa existência atual, matizando nossas personalidades sem o sabermos conscientemente.

A instrução espiritual intensa que você houver recebido numa vida anterior transferir-se-á para sua existência atual, conferindo-lhe uma sabedoria profunda. Você também poderá adotar as maneiras e os costumes das culturas em que viveu anteriormente. Se viveu, por exemplo, na Inglaterra elisabetana, é provável que se expresse de maneira muito sucinta e talvez excessivamente articulada. Caso tenha sido um ameríndio, é possível que não se sinta à vontade ao olhar diretamente para outras pessoas, pois isso era considerado indelicado entre muitas tribos nativas americanas.

♦ Conclusão ♦

As Cartas Fênix não se limitam a ajudar-nos a descobrir indícios de vidas passadas em outras culturas e civilizações: seus símbolos contêm informações espirituais e filosóficas que podem ser importantes para a vida atual. Cada símbolo encerra uma "personalidade" que representa uma verdade oculta referente a nós e ao nosso lugar no mundo imediato. Esta seção identifica as diferentes influências que podem ter sido transferidas de uma vida anterior para a atual. Cada carta revela tanto os aspectos negativos como os positivos de nossa necessidade de ir para adiante, de crescer e nos nutrir, de nos desdobrar e mudar.

O baralho das vinte e oito Cartas Fênix reproduz os aspectos crescente e minguante de um ciclo lunar, as influências planetárias e as antigas famílias terrestres – incluindo todas as civilizações, passadas e presentes. As cartas constituem um instrumento que nos ajuda a descobrir o que já sabemos instintivamente, a desvendar nossos talentos e a revelar as informações de que mais necessitamos.

A escolha de sete cartas, quando se faz uma leitura concomitante, revelará quem você é agora, tendo a sombra de suas vidas passadas a olhar atentamente como um ancestral repleto de sabedoria. Cada um dos períodos transcorridos em outras vidas oferece uma oportunidade de descobrir essas vidas como nossos ancestrais espirituais – mãe, pai, avós, bisavós –, todas as inúmeras vidas que se fundiram para dar origem à vida e ao milagre que somos nós *agora*.

Tendo descoberto as infinitas possibilidades dessas influências culturais, você há de querer saber mais. Para tanto, inclui-se no final deste livro uma lista de recursos materiais. Os livros sugeridos são alguns dos mais belos textos escritos sobre essas diferentes culturas e constituíram inspirações decisivas na elaboração das Cartas Fênix. Para conhecer plenamente quem você é agora, será preciso começar por investigar essas culturas. Se os textos o deixarem emocionado, você terá encontrado alguma coisa. Caso contrário, recorra mais uma vez às suas Cartas Fênix e recomece.

Instruções para o Uso das Cartas Fênix

Sente-se, em silêncio, com seu baralho de cartas, durante dois ou três minutos. Deixe que sua mente relaxe, acalme-se e imagine-se penetrando em regiões atingidas somente em sonhos. Sinta-se arraigado à terra, com fácil acesso às forças espirituais que, em torvelinho, o circundam. Segure as Cartas Fênix com a mão esquerda (a mão da intuição e da sensação) e comece a embaralhá-las, tendo em mente a idéia de que lhe serão fornecidas importantes pistas para a descoberta de suas mais significativas vidas passadas.

Coloque as Cartas Fênix, viradas para cima, diante de você e disponha-as em quatro fileiras de sete, da esquerda para a direita. (Você necessitará de uma mesa grande ou do chão para expor as vinte e oito cartas.) Olhe rapidamente para elas, fechando os olhos em seguida e concentrando-se mais uma vez. Com os olhos fechados, pronuncie lentamente o seu nome. Imagine-se imerso numa luz branca ou dourada de proteção espiritual. Isto feito, olhe novamente para as cartas e escolha as sete cartas que mais lhe atraem. Procure não fazer essa escolha baseando-se em suas preferências por cores ou pelo tema retratado; não se trata de uma questão de gosto. Em vez disso, escolha as cartas cujos desenhos lhe pareçam mais significativos ou agradáveis. Mantenha as cartas dispostas na ordem segundo a qual você as selecionou.

Pegue as cartas restantes e junte-as formando um monte. Coloque esse monte ao lado. Olhe novamente para as sete cartas selecionadas, disponha-as segundo a ordem na qual você as escolheu e numere-as de um a sete. (Lembre-se de manter um registro da escolha de suas sete cartas de modo a poder usar, mais tarde, a Mandala da Vida Passada!)

Escolhidas as suas sete cartas, aplique-se agora às descrições das mesmas. Leia-as em ordem e reflita sobre seus significados. Esses significados o afetam num nível emocional, físico ou espiritual? Você já sonhara algum dia ou elaborara fantasias a respeito dessas sete culturas? Algumas dessas cartas lhe inspiram uma certa nostalgia? Sente uma certa aversão por alguma carta em particular? Caso a resposta seja positiva, é possível que sua vida transcorrida durante essa época tenha sido um período difícil. Se se sentir atraído de uma maneira cálida e agradável por alguma carta em particular, isto pode ser indício de uma existência durante a qual você aprendeu muita coisa cujo significado tenha uma importância fundamental para sua vida atual.

Medite, pondere e tenha sonhos acerca dessas sete cartas, pois elas podem revelar informações das quais muito pouca gente está consciente. Depois de se haver familiarizado com os símbolos, você talvez deseje compartilhar com amigos esse seu conhecimento. Seguindo as instruções acima, é bastante simples proceder a uma leitura da vida pregressa tendo as Cartas Fênix como guia. É interessante observar se seus amigos escolhem algumas das cartas que você escolheu. Muitas de nossas relações atuais têm raízes cármicas. Podemos ter compartilhado vidas anteriores com pessoas amadas em diferentes períodos históricos e civilizações passadas. Comparar o que você tem em comum com seus amigos através das cartas que cada um escolheu é uma maneira de descobrir esses laços cármicos.

Você pode preferir escolher suas Cartas Fênix intuitivamente, por visualização criativa. Antes de começar a leitura de sua vida passada, relaxe e deixe que as imagens penetrem em sua imaginação. Se você visualizar a encosta de uma colina com uma lua cheia erguendo-se acima dela, é bem possível que essa imagem sugira a carta zen-budista. Você talvez visualize um oceano com golfinhos a saltar. Isso se relacionaria com a carta da Pintura em Antiga Catacumba Cristã. A percepção de linhas que fluem confinadas pode trazer à mente as formas e linhas encontradas na carta do Sacerdote Jaguar Maia. Esse método pode ser particularmente útil para iniciar seus amigos nas Cartas Fênix e em suas implicações psíquicas.

Ao atingir uma fonte mais alta, encadeamos a manifestação da nossa capacidade de despertar a própria individualidade, reunindo espírito e alma para descobrir a espantosa fonte de conhecimento que permanece viva dentro de nós.

I

"Nada é maior ou menor do que eu."

• • • I • • •

Desenho Zen-budista

◆ Símbolo ◆

O símbolo que você escolheu é um desenho zen-budista. O círculo flutuante está em perfeita harmonia com as formas rochosas e calmas que caracterizam muitos conceitos zen-budistas. O fundo plano representa uma paisagem onde temos a sensação de que algo está prestes a acontecer – há, no entanto, serenidade e absoluta tranqüilidade. Cada uma das imagens depende da outra, não dando porém nenhuma impressão de estarem interligadas; há apenas unidade e uma extensão de espaço vazio à espera de ser preenchido (ou completado) pela iluminação e pelo esclarecimento.

◆ Lugar ◆

Buda, que se chamava Gautama Sidarta, nasceu na Índia em 483 a.C. Mais filósofo que personagem religioso, Buda foi o sábio e "o desperto", segundo os ensinamentos zen-budistas que se difundiram na Ásia central e oriental. O Zen é hoje praticado sobretudo no Japão, tendo porém um grande número de adeptos nos países do Ocidente.

◆ Época ◆

O Budismo tem atraído seguidores desde 370 a.C., aproximadamente. Vem conhecendo uma revivescência no Japão atual e nos Estados Unidos. O Zen é uma decorrência da escola chinesa e japonesa do Budismo Mahayana, que afirma que a iluminação pode ser alcançada através da meditação, da autocontemplação e da intuição, mais do que através de quaisquer escrituras.

◆ Grupos ◆

Abrangem os povos do Japão, da China, do Tibete e da Índia antiga. (Embora tenha se originado na Índia, o Budismo cedeu terreno à ascensão do Hinduísmo no século VI d.C. e, alguns séculos depois, praticamente desapareceu de sua terra natal.) Neste século, a partir dos anos 50, o Zen-budismo tem atraído importantes devotos entre os americanos. Não é de espantar que venha exercendo um forte impacto sobre a literatura e a arte contemporâneas.

◆ Grupos lingüísticos ◆

Os primeiros budistas falavam uma língua, cuja base era o sânscrito, escrita com o alfabeto Devanagari. Atualmente, as principais línguas dos budistas são as da China, do Tibete, do Japão e dos países do Sudeste da Ásia.

Os seguidores mais entusiasmados do Zen são os japoneses. A língua oficial do Japão contém apens dezesseis consoantes e cinco vogais, *a*, *e*, *i*, *o* e *u*. Pronuncia-se o *a* como em "bar", o *e* como em "pé", o *i* como em "tipo", o *o* tem aproximadamente o mesmo som de *a* em "bar" e o *u* soa como a nossa vogal *a* em "amigo". A escrita japonesa é muito mais complexa. Existem quarenta e oito símbolos, chamados "kana", que representam os sons das palavras e cerca de 2000 caracteres ou palavras desenhadas, chamadas "kinji". Esses símbolos são lidos da direita para a esquerda e, na página, de cima para baixo.

◆ Aparência ◆

Os budistas abrangem diversos grupos de povos orientais. São indivíduos dotados de ossos pequenos e delicados; a coloração da pele vai do branco de porcelana ou do amarelo suave até o moreno vivo e avermelhado. A maioria dos asiáticos tem cabelos e olhos bem escuros.

◆ Características ◆

Seria errado dizer que o Zen-budismo é o único caminho dos asiáticos. Existem, contudo, diferenças fundamentais entre os conceitos ocidentais e orientais que, de certa forma, nele se baseiam. O Zen pode ser muito complexo ou muito simples, dependendo da abordagem. Entretanto, fica sempre enfatizada uma sensação de harmonia, de suavidade e de calma. Há uma empatia em relação a todos os seres. Considera-se toda vida como parte integrante de um todo maior que se baseia no "nada". Para um zen-budista, a vida de uma outra pessoa não é mais nem menos importante que a vida de um mosquito. O amor é universal e não pessoal. Você existe e, não obstante, não existe, pois todas as imagens são vistas como instáveis e cambiantes.

Para os zen-budistas, nosso conceito ocidental de tempo não é real. Na prática zen, a mente é propositadamente esvaziada de pensamentos a fim de experimentar a mais profunda expressão da natureza humana, que está fora do alcance das palavras. É o que se designa como "mente do principiante" ou "mente original" – um conhecimento contido em si mesmo, uma espécie de sabedoria intrínseca, mais profunda.

O Zen é tanto linear como intuitivo. Há como que uma prontidão da mente à espera da sabedoria, como um céu vazio riscado pelo relâmpago. Não se considera o acúmulo de conhecimentos o caminho para a sabedoria. Segundo Zen, a sabedoria só pode ser encontrada na mente original, uma mente não maculada por influências culturais ou filosóficas. É como ficar olhando fixamente para uma parede vazia esperando que o momento da iluminação desponte de um lugar qualquer das profundezas do seu ser. Para descobrir o mundo, diria um mestre zen, é preciso descobrir primeiro a sua individualidade. Realizada essa descoberta, e tendo-se em vista a iluminação, é preciso apagar a sensação da individualidade para permitir a volta à mente original. É como se tudo o que existe estivesse escrito na água – instável, cambiante e sempre em transformação. É preciso morrer vezes sem conta para que ressuscite uma nova e incipiente personalidade. Para permanecer inalterada, a morte da personalidade deve ser gravada em pedra.

O Zen-budismo enfatiza o não-apego aos bens terrenos. No âmago de todas as coisas existe uma fonte não material, uma natureza de Buda. Manter-se desprendido do mundo físico significa permitir um caminho divino – sem nenhum apego humano. Assim, tudo fica entregue à sua própria e verdadeira natureza. Uma tranqüilizadora sensação de aceitação cria a unidade. A verdade imutável não tem forma nem cor. É, no entanto, a única coisa digna de ser desejada. Dogen, um mestre zen do século XIII, afirmou: "Uma flor perece, mesmo que a amemos; e uma semente brota, mesmo que não a amemos. Ainda que assim seja, esta é nossa vida".

◆ Conclusão ◆

Caso tenha escolhido o Desenho Zen-budista, você se encontra entre os indivíduos mais sábios que vivem neste planeta. Muito embora talvez não compreenda a fonte que se encontra por trás da sua sábia abordagem nada corriqueira, você confia em seu Eu interior, que o dirige para os caminhos da iluminação com uma calma confiança que suscita nas outras pessoas uma grande admiração. O mundo lhe poderá parecer às vezes confuso. Comparado com sua natureza harmoniosa, ele poderá parecer-lhe caótico e talvez você sinta uma necessidade de mergulhar em si mesmo durante vários dias com o único objetivo de rejuvenescer.

Provavelmente você foge das multidões pois, nas aglomerações, sente-se fragmentado e disperso. Tende a "absorver" as energias dos outros – tanto as positivas como as negativas. Com uma proteção espiritual adequada, você poderia tornar-se, devido à sua grande receptividade, um excelente médium. Sem essa proteção, você corre o risco de se tornar confuso ou deprimido. Sua personalidade assemelha-se a uma límpida lagoa que espelha *todas* as influências que se agitam à sua volta. Quando se aproxima uma ameaçadora tempestade, as águas tornam-se instáveis. Sob um plácido luar ou à luz de um sol constante, você pode se manter calmo e em segurança.

Em termos psicológicos, você é um exemplo perfeito de um introvertido. Não obstante, é uma pessoa compulsiva no que diz respeito ao seu desejo de descobrir a natureza verdadeira ou interior de todas as coisas. Interessa-se, provavelmente, pela astrologia, filosofia ou psicologia devido à sua ânsia por descobrir quais são as suas motivações (e as dos outros). Como acontece com a maioria dos estudiosos do Zen, você se sente fascinado pela sua individualidade. Não lhe desagrada ficar a ponderar idéias e questões que a outros parecem aborrecidas e entediantes. Dir-se-ia que, mal tenha obtido uma resposta, você experimenta a necessidade de investigar um nível mais profundo em busca de questões novas e mais desafiadoras. De acordo com seu ponto de vista, cada porta que se abre apenas leva a uma outra. Sua mente, sempre agitada, está em contínua evolução como belas rochas submersas no riacho da montanha.

Isto não significa que você é uma pessoa egoísta ou voltada para si mesma. Pelo contrário, você é dotado de uma personalidade extremamente generosa e abnegada. No entanto, percebe que, para compreender os grandes mistérios deste mundo, deverá começar por compreender a si mesmo. Seu erro, se é que lhe pode ser censurada alguma coisa, está em sua tendência a permanecer excessivamente inativo e passivo, o que pode levá-lo à estagnação. Você não se empenhará em mudanças quando estas forem necessárias. Na pior das hipóteses, você é um procrastinador. Lembre-se: para que aconteçam coisas positivas em sua vida, é preciso que você comece por compreender qual é o seu sonho e a atuar de modo a impulsioná-lo.

O seu verdadeiro Eu só pode emergir, com toda a beleza e harmonia que você deseja trazer para este mundo, quando isso for feito.

II

"Expressões do indivíduo"

· · · ● II ● · · ·

Roda Mágica das *Prairie Plains**

♦ Símbolo ♦

Você escolheu o símbolo representativo da tradição ameríndia das *Prairie Plains*. Denominados por vezes Roda Mágica ou Escudo da Busca da Visão, esses elementos mágicos são geralmente feitos de peles curtidas de búfalo, de urso ou de antílope, distendidas sobre armações circulares de madeira e decoradas com símbolos sagrados e misteriosos.

Para os índios das Planícies, as rodas mágicas são como que espelhos do universo que incorporam as seis direções (Leste, Oeste, Norte, Sul, Acima e Abaixo) e a visão pessoal do seu proprietário. O círculo implica a continuidade da força vital. Em cada roda são pintados ou bordados símbolos e padrões exclusivos que aparecem ao proprietário/criador durante uma *hanblechia* (em tradução livre: "chorando por uma visão"), na qual os participantes conversam intimamente com forças divinas da natureza, totens animais e guias espirituais. Este escudo em particular retrata as procelárias, grandes aves que, na mitologia ameríndia, representam a tensão criativa da natureza, manifestada como força do trovão.

♦ Lugar ♦

Os índios das Planícies americanas vivem sobretudo nas regiões centrais e ocidentais dos Estados Unidos e do Canadá. Essa área se estende a partir do centro do Canadá para o sul, através do Texas, e de Alberta, Saskatchewan e Manitoba até Montana, Wyoming e Colorado. Também na direção sul, estende-se desde Ontário até Wisconsin, Michigan, Indiana e Missouri. As tribos das Planícies desenvolveram-se outrora desde as Montanhas Rochosas até Minnesota, a leste. Tornaram-se conhecidas principalmente por sua individualidade e pela capacidade de resistência de seu espírito independente.

* *Prairie Plains*: vasta região da América do Norte (E.U.A.) e sobretudo do Canadá, que se estende a oeste dos Grandes Lagos sobre uma parte da grande planície ocidental. Literalmente, "Planícies da Pradaria". (N. T.)

♦ Época ♦

Como se sabe, a tradição índia das Planícies teve início, aproximadamente, por volta de 500 d.C., continuando a existir ainda hoje. Por volta de 1650, os cavalos se tornaram conhecidos entre os índios das *Prairie Plains* graças aos espanhóis e sua importância foi fundamental para o desenvolvimento da tradição índia das Planícies como cultura nômade e independente.

♦ Grupos ♦

Entre as tribos indígenas das Planícies incluem-se as dos arapao, arikaras, apaches, assiniboines, algonquinos, crees, comanches, cheienes, caddos, crows, flathead, hidatsas, kioways, kansas, osages, omahas, otos, iowas, paiutes, sarsis, wichitas, mandans, utes e sioux. Entre os índios sioux existem diversas divisões tribais que falam os dialetos nakota, dakota e lakota.

Quando pensamos nas culturas populares dos índios das Planícies ocorrem-nos imediatamente à mente os sioux que falam o lakota e o dakota. Buscas visionárias, penachos guerreiros, existência em tendas, a Dança do Sol e o cachimbo sagrado, tudo isso está associado sobretudo ao grupo sulino dos sioux teton. As divisões tribais do lakota são os povos *sans arc*, brule, *two kettle*, minneconjou, oglala e unkpapa. Um número impressionante de índios famosos das tribos sulinas dos teton chegou a altas posições de liderança. Entre eles incluem-se luminares como Búfalo Sentado, Cavalo Louco, Gall, Duas Luas e Nuvem Vermelha.

♦ Grupos lingüísticos ♦

Os índios das Planícies falam a língua sioux (incluindo os dialetos dakota e lakota), a uto-asteca (originários do México), o algonquino (originários do Leste); os apaches (originários do Norte do Canadá e do Alasca) falam o atabasco.

♦ Aparência ♦

A alimentação dos povos das Planícies, à base sobretudo de proteínas, produziu os índios mais altos da América do Norte. Os homens índios das Planícies tinham freqüentemente mais de 1,80m de altura. Seus cabelos são bem escuros e grossos, semelhantes aos de seus primos asiáticos – embora a cor dos cabelos dos índios americanos apresente maiores variações. Embora os cabelos dos ameríndios sejam profundamente negros, são também comuns entre eles os cabelos castanhos escuros. Antigamente, os cabelos eram usados presos em duas tranças e, algumas vezes, em três. Os traços dos índios das Planícies incluem faces largas com ossos malares arredondados ou proeminentes e narizes uniformemente aquilinos ou muito retos.

A pele das tribos das Planícies apresenta tonalidades que variam do muito pálido até o moreno avermelhado. Quando curtida pelo sol, sua pele parece queimada, adquirindo um rico tom acobreado. Escuras verrugas faciais são típicas entre alguns grupos das Planícies. Tal como outros índios, os povos das Planícies tendem a se tornar corpulentos ao envelhecerem, embora os braços e as pernas continuem freqüentemente esguios.

Há menos de cem anos, muitos índios das Planícies tinham como vestimenta peles de gamo franjadas e cobertas de complicados ornamentos de contas e penas. Cada uma das partes de suas coloridas roupas era profundamente simbólica, religiosa e mística. Muitos índios americanos preferem hoje as roupas modernas; preservam, entretanto, sua herança nativa usando seus longos cabelos presos por faixas bem ajustadas ao redor da cabeça. Entre eles são igualmente populares as camisas de listas coloridas.

♦ Características ♦

Os índios das Planícies constituem um grupo altamente individualista, com fortes tendências místicas. Tal como outros povos indígenas, os laços que os prendem à terra são muito fortes. Espera-se, entretanto, que os povos das Planícies expressem sua singularidade segundo suas visões pessoais e seus sonhos. Durante uma *hanblechia*, ou "busca da visão", aquele que busca comunica-se com guias espirituais que amiúde aparecem sob a forma de algum animal ou, menos freqüentemente, sob forma humana. (O célebre místico sioux Alce Negra tinha, em suas visões, predileção por belas donzelas.) Para os povos das Planícies, o reino animal não tem uma existência distinta da dos humanos. É interessante observar que, entre as tribos sioux, não existe nenhuma palavra que corresponda a "animal". Eles se referem a todas as criaturas vivas como seres com "duas pernas" ou com "quatro pernas". Um homem ou um urso seria membro da tribo dos de "duas pernas" – e o mesmo se daria com uma águia! Os búfalos, por outro lado, pertenceriam à tribo dos de quatro pernas.

Há muitos paralelos estranhos entre as crenças religiosas das Planícies e o Cristianismo. Entre os sioux lakota, a Mulher Búfala Branca é a suprema divindade personificada. É considerada a salvadora do povo sioux, aquela que lhes trouxe o cachimbo sagrado. Impressionantemente bela e vestida de branco, a Mulher Búfala Branca poderia ser equiparada a uma combinação da Virgem Maria com o Cristo. É ao mesmo tempo salvadora e nutriz. Ela comporta, entretanto, um lado escuro. Atua por vezes à maneira da Kali hindu, livrando a terra da rejeição e da negatividade mediante forças destruidoras que se manifestam como uma súbita tempestade. Tal como Kali, a Mulher Búfala Branca vale-se da destruição com as melhores intenções.

O *Wakan Tanka* (o Grande Espírito ou o Grande Mistério, uma força divina adorada pelos povos das Planícies) é uma divindade não personificada e assexuada. Com relação ao *Wakan Tanka* existe uma infinidade de significados sobre os quais discordam muitos teóricos. *Wakan Tanka* é uma força misteriosa proveniente de uma região paralela que a vida terrena absorve e imita. *Wakan Tanka* é o epítome da grandeza. Na realidade, o *Wakan Tanka* (*wakan* quer dizer sagrado e *tanka*, grande) é uma energia, uma ordem cósmica de tamanha magnitude que fica além da compreensão humana.

A mais assustadora cerimônia praticada pelas tribos das Planícies é a *Wi Wanyang Wacipi*, ou Dança do Sol. As origens dessa Dança do Sol são obscuras.

Não é, entretanto, considerada uma cerimônia excepcionalmente antiga. É possível que remonte ao século XVIII. Os sioux têm para ela uma explicação que é, ao mesmo tempo, mística e constrangedora.

Contam a história de um feiticeiro que, alguns séculos atrás, viajou até *Paha Sapa*, as *Black Hills*, para ter uma visão. Durante a sua *hanblechia*, foi abordado por espíritos que lhe fizeram uma espantosa revelação. Contaram-lhe que, muito longe dali, do outro lado do oceano, um grande deus branco havia sido "trespassado" sobre uma árvore. Ordenaram-lhe que voltasse para o seu povo e o ensinasse a trespassar a fim de se identificar com o grande sofrimento desse deus. Esse procedimento era considerado *wakan*, ou extremamente sagrado. Somente os mais espiritualizados e de fé mais fervorosa seriam capazes de suportar o doloroso desafio do trespassamento.

Foi nessa ápoca que os índios começaram a praticar a sagrada Dança do Sol sempre que chagava o verão. Fazem-se, ainda hoje, sacrifícios humanos nos quais os homens reproduzem o "trespassamento"; espetos de fibras sintéticas em forma de varas de pescar são implantados acima de cada mamilo. Os homens são então amarrados com tiras de couro a um *can wakan* (mastro sagrado) ficando no centro do círculo da Dança do Sol. A dança ao redor desse mastro chega a prolongar-se por quatro dias, durante os quais não é ingerido nenhum alimento, apenas água em muito pouca quantidade. Salva silvestre – destinada a fornecer proteção espiritual – é atada ao redor dos pulsos dos dançarinos e sobre suas cabeças, lembrando a bíblica coroa de espinhos. Só em raras ocasiões as mulheres optam pelo trespassamento. As corajosas entre as tribos das Planícies, segundo se diz, aceitam o trespassamento com finalidades curativas e também para ter uma visão.

Após a busca de uma visão, aos povos da Planície criavam suas próprias rodas mágicas, pintando desenhos personalizados sobre couros curtidos e estirados. Os símbolos revelados pela visão são pendurados do lado de fora da porta da tenda, presos a um tripé colocado nas proximidades da moradia ou em cima dela, perto do orifício para saída da fumaça, a fim de proporcionar uma proteção espiritual ou uma "defesa" para futuras batalhas. Os símbolos representam o caráter espiritual, os guias e os remédios daquele que os buscou. As mulheres índias das Planícies se harmonizam com seus guias espirituais em sonhos, nas buscas de visão, nas danças do sol, na cabana de transpiração ou em visitas a alguma mulher vidente ou sábia.

Entre as tribos das Planícies, considera-se de suma importância que cada indivíduo receba o remédio ou poder de um determinado animal. Os que sonham com o Urso são grandes curandeiros e médiuns poderosos, enquanto os que sonham com o Alce têm afinidade com a suavidade e as qualidades intuitivas das mulheres e das crianças. Esses indivíduos são igualmente dotados de formidável força espiritual. O número quatro é tido como número místico entre muitas tribos nativas americanas; representa as quatro direções, as quatro raças humanas e as cores vermelha, preta, amarela e branca. O número seis é também considerado mágico.

Existem muitos tipos diferentes de curandeiros. Qualquer pessoa pode se tornar um curandeiro, desde que seja sincera e deseje conhecer o mistério de todas as coisas. Um *Wakasa Pejuta* é um curandeiro que trabalha sobretudo com ervas. Um *Wacasa Wanagi* é um homem fantasma ou médium espiritual. Um *Wacasa*

Wakan é detentor de um poder eminente. Cavalo Louco, por exemplo, é um *wakan*, misterioso e poderoso. O *heyoka* é o tipo mais incomum de curandeiro. Um *keyoka* é, essencialmente, um palhaço. Fala por vezes de trás para diante e faz amiúde comentários absurdos. Sua loucura, entretanto, deixa transparecer lampejos de sabedoria. Os povos das Planícies dão uma atenção especial ao *heyoka* e têm por ele um grande respeito.

Definitivamente, e trata-se de um pensamento encantador, os índios das Planícies são de fato um povo tímido e romântico. O contato direto do olhar é considerado falta de polidez, especialmente quando se trata do olhar trocado pelas mulheres índias com os homens. O namoro de homens e mulheres é considerado altamente espiritual. Os índios das Planícies acreditam, e sempre acreditaram, na idéia de companheiros de alma, na reencarnação e em gêmeos espirituais. Sua poesia e suas canções costumam tratar desses temas.

♦ Conclusão ♦

Caso tenha escolhido a Roda Mágica das *Prairie Plains*, você é um solitário com idéias próprias e inortodoxas. Vive voltado para si mesmo e pode optar por uma existência solitária em meio à natureza. Se sua vida transcorre no seio de uma família, você precisa de um lugar somente seu, onde possa se refugiar, e que poderá ser o topo de uma colina, ao lado de uma torrente ou de um riacho, ou o recesso de um bosque, onde você possa isolar-se. As atividades de outras pessoas podem parecer-lhe incômodas e, se você é um indivíduo criativo, as condições de uma sala de aula não o atraem. Prefere criar encerrado na fortaleza que você mesmo se impôs.

Você não acompanha a multidão pelo simples fato de pertencer a ela. Encontra, pelo contrário, seu próprio caminho e escolhe um modo exclusivo de expressar-se. Prefere as roupas confortáveis e folgadas. Embora goste de enfeitar-se com adornos coloridos e pouco corriqueiros, sempre consegue dar a impressão de estar bem posto e esmerado. Ao entrar em contato com um desconhecido, você pode se sentir a princípio intimidado, tendendo a desviar o olhar enquanto fala. O contato através dos olhos pode lhe dar a impressão de que a outra pessoa lhe está arrebatando parte de sua alma. Isto provoca nos demais uma impressão errônea. Podem achar que você é dissimulado, astucioso ou que está escondendo alguma coisa. Tem, entretanto, sensibilidade suficiente para harmonizar com a própria essência do outro. Quando finalmente se entrega e olha diretamente para o outro, significa que você o está levando muito a sério.

Sente-se fascinado por círculos e pela continuidade da vida. A religião pode despertar seu interesse mas raramente você é dogmático. As idéias rígidas o irritam pois acredita que cada qual deve encontrar o seu próprio caminho. Sabe que todos eles levam a um mesmo fim desde que percorridos com intuição, abnegação e respeito por todas as coisas vivas.

Você se retrai com freqüência para dentro de si mesmo com o único intuito de voltar suas energias para uma direção mais clara. As outras pessoas podem achá-lo por vezes ensimesmado ou mesmo zangado. É quando você está refletindo mais profundamente e precisa livrar-se de todas as distrações. Seu companheiro ou seu cônjuge pode até mesmo queixar-se de que você é inatingível ou constrangedoramente mal-humorado. Você não se mantém num equilíbrio estável. Embora tranqüilo, você é igualmente intenso e apaixonado. Traz dentro de si uma energia que atrai algumas pessoas e assusta outras, afastando-as. Ninguém poderá acusá-lo de ser indiferente.

Irremediavelmente romântico, você está eternamente em busca de sua alma gêmea (uma sensação de diversidade), à procura de uma integralização perfeita, tanto espiritual como física. Você respeita a natureza e é capaz de perceber uma magia especial em todas as coisas. Tem uma afinidade natural com os animais e uma coragem inata. Poucas coisas lhe causam medo. Caso tenha algum medo, há de ser de natureza espiritual, pois você sabe que, sobre a terra, há bem pouco que o possa prejudicar desde que você se aproxime de todas as coisas de maneira direta, harmoniosa e confiante. Você acata a idéia da existência de espíritos superiores e o conceito de um ser supremo. Por isso, você é humilde e reconhece que não passa de um intermediário espiritual de uma fonte mais alta e maior.

III

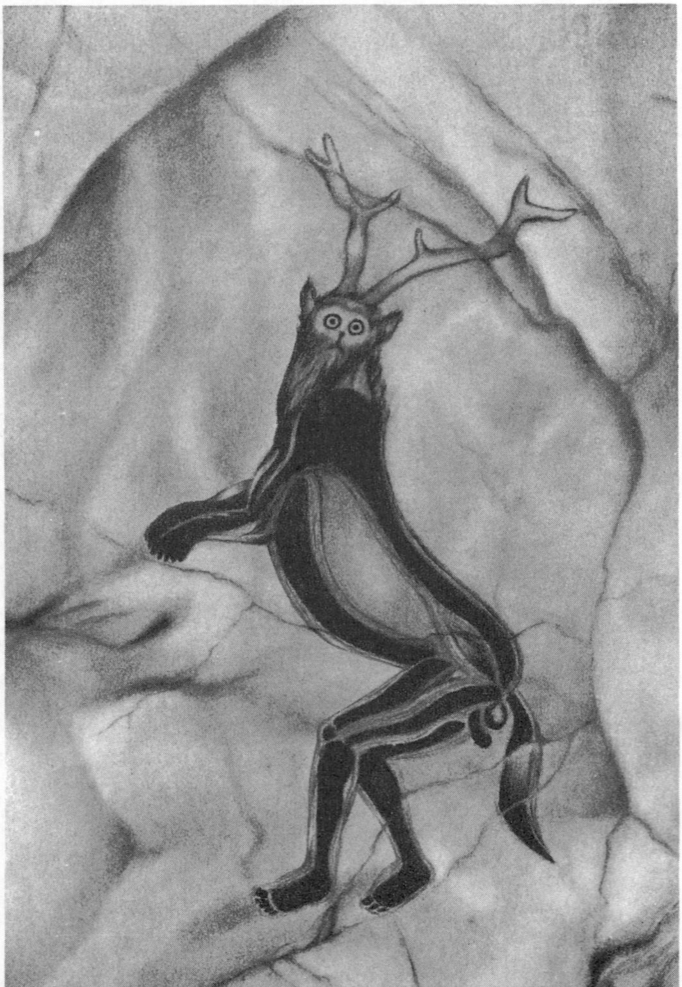

"Amor à escuridão primitiva."

• • • III • • •

Feiticeiro Pré-histórico

♦ Símbolo ♦

O símbolo escolhido é um desenho encontrado numa caverna pré-histórica, e acredita-se que se trata do retrato de um feiticeiro. A complexa figura dessa aparição mágica tem as patas de um urso, a barba de um homem, o torso de um leão e os chifres de um gamo. Supõe-se que tenha um grande significado mágico e que talvez seja a mais antiga evidência de práticas xamanísticas humanas.

♦ Lugar ♦

Pintado na caverna Trois-Frères, nos Pireneus franceses, é um desenho típico da arte das cavernas na Europa. Assemelha-se a antigas pinturas em cavernas encontradas na França, na Espanha, em Portugal, na Alemanha e em certas partes da Itália.

♦ Época ♦

Datando de aproximadamente 13000-11000 a.C., essa pintura de um feiticeiro representa um dos mais antigos espécimes de arte da humanidade. Embora se acredite que a poesia, a canção e a dança já estivessem bem instituídas nessa época, a singular habilidade dos artistas das cavernas constitui o único registro que nos resta dos progressos culturais que levaram a humanidade a uma nova era de esclarecimento. Os conhecimentos de anatomia revelados por algumas dessas pinturas superam até mesmo a habilidade de alguns célebres artistas do Renascimento.

Acredita-se que o *homo sapiens* tem pelo menos 200000 anos. Entretanto, os primeiros seres humanos cujas características físicas se assemelham às do homem moderno remontam, no máximo, a 50000 anos atrás. Supõe-se que a humanidade toda tenha tido origem na África.

♦ Grupos ♦

Pouco se sabe dos agrupamentos tribais entre os homens primitivos. A pintura desta caverna em particular, segundo se supõe, é obra de um homem relativamente requintado e evoluído de Cro-Magnon, um grupo que substituiu o de Neandertal durante esse período. O feiticeiro pré-histórico foi provavelmente pintado pelos ancestrais dos modernos povos germânicos da Europa.

♦ Aparência ♦

Alto, bem constituído e freqüentemente vinculado aos humanos atuais, o homem de Cro-Magnon possuía as mãos habilidosas de um artesão adestrado e um grande crânio, o que possibilitou à sua inteligência um salto que o colocou muito além dos outros tipos de homens pré-históricos. Julga-se que o homem de Cro-magnon era dotado de pele clara, e de abundantes pêlos em todo o corpo – como muitos europeus atuais.

♦ Características ♦

Permanecem geralmente desconhecidos os pormenores da era pré-histórica da espécie humana. É bem difundida a crença de que o homem de Cro-Magnon praticava algum tipo de magia talismânica, como evidenciam essas pinturas encontradas em cavernas. Os pintores das cavernas parecem ter sido dotados de inteligência superior e de grande habilidade artística, considerando-se as circunstâncias primitivas em que viviam. Como acontece com o retrato do feiticeiro, acredita-se que a arte das cavernas tivesse precipuamente um significado místico e supõe-se que fizesse parte de algum ritual religioso antigo ainda não inteiramente compreendido por muitos teóricos modernos.

Alguns antropólogos sugeriram que os artistas das cavernas, ao captar em suas pinturas a imagem de animais, acreditavam que poderiam realizar proezas quando os caçavam. As pinturas talvez dessem aos artistas uma sensação mágica de poder sobre os elementos e constituem a mais antiga evidência desse desejo. Os ossos do feiticeiro podem ser vistos, como numa visão de raios X, como se estivéssemos mergulhando o olhar num corpo mais profundo (ou mesmo imortal) no qual o artista retrata tanto o interior como o exterior do sujeito. Espíritos de vários animais parecem transformar esta diferente representação humana em algo que é, ao mesmo tempo, poderoso e sobrenatural.

No xamanismo antigo o homem sentia-se ligado aos animais e tinha um parentesco com os deuses, enquanto personificações das forças naturais e espirituais. Embora houvesse uma necessidade de sentir um poder sobre as influências destrutivas, havia também um desejo de viver em harmonia com os acontecimentos naturais.

♦ Conclusão ♦

Se optou pela imagem primitiva do Feiticeiro Pré-histórico como símbolo de uma vida pregressa, você sente uma afinidade com as almas mais antigas que viveram neste planeta. Interessa-se ardentemente pelo oculto, por conhecimentos secretos, pela magia de qualquer espécie. Tem uma imaginação extremamente desenvolvida e uma capacidade de visualizar acontecimentos antes que eles ocorram. Essa capacidade lhe permite imaginar tanto o passado como o futuro. Como inúmeros artistas e pessoas criativas, você se orienta visualmente. Sentir-se-á atraído pela aparência de uma coisa qualquer antes de experimentar a necessidade de saber o que a faz funcionar. Compreende intuitivamente que o que se vê no exterior é apenas uma manifestação do que se sente no interior. A despeito de uma tendência para o que é terreno, você tem uma aguçada percepção das forças espirituais que o circundam. Na verdade, suas habilidades psíquicas são tão poderosas que, por vezes, parece que sua visão é semelhante à de raios X. Pode ver ou perceber uma doença no corpo de alguém antes que lhe tenham falado sobre isso.

Você pode ser um excelente avaliador de caráter – o que não significa que sempre dará ouvidos ao seu próprio critério. Quando se envolve com pessoas menos honestas que você, mostra-se muito mais tolerante do que deveria ser. Pode inclusive dizer a si mesmo que o que está atuando é a sua piedade e o seu senso de humanidade. Gosta de ajudar outras pessoas a se livrarem de situações difíceis e vê nisso um desafio. Mas é igualmente motivado por um fascínio pelo poder, tanto positivo como negativo.

Precisa estar consciente da possibilidade de se desorientar em meio às forças sombrias assim como nas forças da luz. Sente uma insaciável curiosidade pelas religiões e pelo oculto. Entretanto, também é cético e, muito provavelmente, não acredita realmente em muito do que lê. Pode até mesmo questionar suas próprias experiências psíquicas, repassando-as em sua mente nos mínimos detalhes. Você é naturalmente curioso.

Seu impulso interior o compelirá a atingir algo de enorme significado durante a sua existência. É possível que você já se tenha celebrizado devido a alguma crença invulgar ou por alguma disciplina criativa. Precisa, entretanto, aprender a se conter e a não ser por demais incisivo quando se trata de algumas de suas opiniões. Sua enorme força de vontade pode ficar fora de controle e com isso você poderá facilmente suscitar inimizades. Por outro lado, você influencia as pessoas e, se decidir levar consigo outros em seu caminho para o sucesso pessoal, será estimado e famoso.

Num plano superficial, você parecerá complexo. Em certas ocasiões, pode se sentir derrotado antes mesmo de dar início a um novo projeto. A imensidão da vida lhe parece opressiva. Independentemente de sua idade biológica, você dá uma impressão de maturidade e de sabedoria. Tem enfrentado grandes percalços em sua vida. Não é uma pessoa que consiga as coisas apenas por sorte. Tudo que você consegue é fruto de sua diligência e de um penoso trabalho. Não obstante, devido à sua determinação, é provável que chegue muito mais longe que a maioria das pessoas com as quais se envolve.

Se fosse necessário condensar sua personalidade numa única palavra, essa palavra seria "profundidade". Seus pensamentos e sentimentos podem parecer tão complicados e profundos que lhe é difícil compreender-se a si mesmo. Pode ser este o motivo pelo qual as outras pessoas tendem a não compreendê-lo e a mal interpretá-lo. À medida que passar a compreender suas próprias motivações e seus pensamentos, sua personalidade começará a transformar-se em algo completamente novo. Você pode ter a impressão de que, nas profundezas de seu ser, existe algo inexplicável e misterioso que o impele continuamente para a frente. Você raramente se sente satisfeito.

Embora o fascinem tanto as forças obscuras como as luminosas, você deve aprender que, por si mesma, a mágica bem-sucedida não constitui necessariamente um indício de desenvolvimento espiritual autêntico. A verdadeira habilidade psíquica não é apenas uma força: é também um sentimento de empatia e de simpatia, uma compreensão intuitiva de tudo que o cerca. É a fonte de toda vida e tem origem numa capacidade de amar incondicionalmente. Aquilo que tem a força e é estimulante não é necessariamente bom.

Você tem aptidões psíquicas e uma sabedoria invulgar conquistada no decorrer de inúmeras vidas. As pessoas podem solicitar-lhe conselhos, pois você tem o poder de fazê-las sentir-se seguras e aceitas. Não se arvora em juiz nem adota um ponto de vista limitado quanto ao que é geralmente considerado pecado. Aceita as outras pessoas independentemente do que elas possam ser, desde que goste delas e particularmente se perceber que têm algo a lhe ensinar. Sua mente está constantemente a absorver conhecimentos e você sente grande afinidade com muitos e diferentes períodos de tempo.

IV

"Aquele que busca o abstrato."

• • • ● IV ● • • •

Sacerdote Jaguar Maia

♦ Símbolo ♦

O símbolo escolhido por você representa uma escultura em relevo numa pedra, entalhada pelos índios maias do México e da Guatemala. Acredita-se que esse espécime em particular é um sacerdote maia coberto de ricas vestimentas, com um complicado ornamento na cabeça, sentado na boca de um dragão. O crânio do colar em torno do pescoço do sacerdote é o de um jaguar, de onde se infere que se trata de um sacerdote Jaguar, capaz de mudar de forma. A capacidade de se transformar em outras criaturas ou objetos é um tema recorrente entre os índios centro-americanos. É interessante observar os contrastes encontrados na arte maia; as linhas fluem umas para dentro das outras, mas as imagens-chaves permanecem incrustadas num lugar. O que revela a percepção dos maias de um universo linear e, contudo, fluente.

♦ Lugar ♦

O império maia atingiu seu apogeu na Guatemala, em Belize e na península do Yucatán, na região Sudeste do México. Importantes cidades maias com lugares sagrados situavam-se outrora nas áreas do Copan, Tikal, Uaxactun, Yaxchilan e Palenque. Esta escultura de um sacerdote Jaguar maia foi encontrada em Quirigua, México.

♦ Época ♦

Esta escultura de sacerdote Jaguar data de, aproximadamente, 600 d.C., de meados do período clássico maia (400-700 d.C.). O fim dessa era não significou o fim dos maias; os espanhóis não dominaram a última dinastia maia (os itzás) até sua retirada para Chichén Itzá, no Yucatán, por volta de 1697 d.C. Na Guatemala, ainda existem os maias lacandones, que levam uma existência muito semelhante à de seus antepassados, a despeito dos esforços recentemente feitos visando a exterminá-los.

♦ Grupos ♦

Os maias são um povo nativo da América, ligado aos índios olmecas e toltecas do México. Os primeiros maias foram os *cuello*, grupo de agricultores que aprenderam a drenar os pântanos no Sudeste do México, a fim de tornar a terra mais favorável à habitação humana. Os maias singularizaram-se entre as tribos mexicanas pois falavam uma língua diferente e tinham uma cultura avançada. Entre os maias, encontram-se mais de trinta grupos tribais e dialetos.

♦ Grupos lingüísticos ♦

O tronco mexicano e guatemalteco da língua maia ramifica-se em muitos dialetos. Entre eles incluem-se o huasteco, o chontal, o chol, o chorti, o punctunc, o moianec, o tzeltal, o tzotzil, o tojolabal, o chuh, o jacaltec, o kanjobal, o solomec, o motozintleco, o mam, o aquacatec, o ixil, o tacaneco, o tlatiman, o taquial, o tupancal, o tutuapa, o coyotin, o quiche, o cakchiquel, o tzutuijil, o rabinal, o kekchi, o pokonchi, o pokoman e o maia. O Nahuatl (Nwah-yootle), uma língua asteca, também era familiar aos ouvidos dos antigos maias.

♦ Aparência ♦

Os maias constituem um grupo de índios dotados de extraordinária beleza porém de aparência invulgar. Pequenos de corpo (as mulheres têm em média pouco mais de 1,50 m, enquanto a média para os homens é de aproximadamente 1,65 m), suas cabeças são maiores que as de qualquer outro povo no mundo. Do mesmo modo que outros índios, seus ossos malares são grandes porém, entre os maias, essa característica é exagerada. Os homens e as mulheres maias lacandones deixam crescer seus cabelos negros e os usam longos. Entretanto, ao contrário de outros nativos americanos, cujos cabelos são lisos, os dos maias são muitas vezes ondulados ou crespos. Não é raro encontrarem-se crianças maias com cabelos louros ou de um castanho claro que escurecem quando elas se tornam adultas. Pelos padrões ocidentais, os homens podem parecer um tanto femininos com seus negros olhos amendoados, de olhar intenso. As mulheres maias têm uma aparência mais asiática. As vestimentas maias eram túnicas brancas de folgada urdidura. As roupas maias mais modernas ostentam intricados desenhos em tecidos ricos e coloridos. As mulheres maias são reputadas em todo o mundo pela grande habilidade com que tecem e bordam.

♦ Características ♦

Os antigos maias eram um povo artístico e diligente que acreditava firmemente na Astrologia. Segundo se supõe, os deveres dos sacerdotes consistiam primordialmente em traçar horóscopos de acordo com as posições das estrelas e dos planetas no dia do nascimento de um maia. Cada dia do ano era governado por um deus ou uma deusa particular, cuja proteção ou ira era incitada por uma determinada constelação ou planeta. Até às horas do dia era aparentemente atribuído um significado especial. A disciplina diária a que se sujeitavam os sacerdotes maias para calcular as posições dos planetas criou alguns dos mais eminentes matemáticos que o mundo já conheceu.

Os maias tinham grande fé em seu complexo sistema de convicções astrológicas. Os sacerdotes consagravam toda a sua existência ao estudo das estrelas a fim de compreender seus próprias destinos, tal como fazem os dedicados astrólogos de hoje.

Pacal, o grande soberano maior de Palenque, tinha historiadores e astrólogos que avaliavam acontecimentos passados desde o início do calendário maia, por volta de 3113 a.C., recuando até mais de um milhão de anos antes de Cristo! Essa lógica pura talvez nos pareça hoje enfadonha e cansativa, mas o complicado calendário maia mostrava deuses e deusas do sol, do vento, do milho e da morte trabalhando conjuntamente em perfeita harmonia e interagindo espiritualmente em nível humanístico. Os maias tinham seus próprios conceitos de tempo que correspondem rigorosamente ao nosso moderno calendário. Como nós, os maias tinham um ano solar de 365 dias. Identificavam igualmente séries rituais de 260 dias, ou "anos rituais". Com todas essas evidências de adiantamento lógico e matemático causa espanto verificar que os maias jamais descobriram a roda e construíram seus edifícios e sua arte com instrumentos de pedra bruta, de madeira e de ossos.

Como seus vizinhos, os astecas, os maias construíram no México muitas e impressionantes pirâmides escalonadas. As mais célebres são os templos de Tikal e Chichén Itzá. Acredita-se que essas pirâmides tenham servido de túmulos para os soberanos maias e como lugares de reunião para rituais sagrados. Não é possível deixar de refletir sobre as semelhanças entre as pirâmides escalonadas mexicanas e as encontradas no antigo Egito. Embora seja extremamente improvável a existência de um elo direto entre essas duas culturas (os maias construíram suas pirâmides quase 1000 anos depois dos egípcios), Edgar Cayce, médium do século XX, acreditava que os povos de raça vermelha da América e do Norte da África tinham uma herança genética comum. Cayce acreditava também que os povos vermelhos do mundo eram os últimos remanescentes da Atlântida.

Admite-se atualmente que os maias haviam alcançado em literatura, narração e canto o mesmo grau de adiantamento que tinham atingido em astrologia, astronomia, arquitetura, ciência e arte. Entretanto, os espanhóis confiscaram e destruíram seus livros de papel dobrado (ou códices) que registravam cuidadosamente a história maia, as lendas e a literatura. Transmitido de geração em geração pelo povo maia existe o "Popul-Vuh, Mitos da Criação dos Mayas Quiche", no qual eles poeticamente se referem ao seu criador como o Coração do Céu. Resta muito pouca coisa da poesia maia, mas o que sobrou é inesquecível e intensamente sentido:

Estás a cantar, pequenina pomba,
nos galhos do sedoso algodoeiro.
E há também o cuco,
e tantas outras pequeninas aves.
Alegram-se todas
as canoras aves do nosso deus, nosso Senhor,

E nossa deusa tem suas pequeninas aves,
a pomba-rola, o cardeal,
as negras e amarelas aves canoras, e o beija-flor.
São as aves da bela deusa, nossa Senhora.
Se tanta felicidade existe entre as criaturas,
por que não se alegram também nossos corações?
Ao nascer do dia, tudo é júbilo.
Que somente a alegria, somente as canções penetrem nossos pensamentos.

(Leon-Portilla 1969:922)

♦ Conclusão ♦

Se escolheu o Sacerdote Jaguar Maia, você é dotado de um intelecto capaz de efetuar saltos incríveis. Tem a possibilidade de pensar de maneira puramente abstrata ou teórica. Isso pode lhe suscitar dificuldades ao compartilhar suas idéias com as outras pessoas. Você é calmo e discreto, mas há em você uma certa singularidade que os demais podem notar.

Caso se interesse pela astrologia, a exemplo dos antigos índios maias, você pode comparar sua natureza tão abrangente com o planeta Urano. Para você, todo pensamento é um conceito ou uma fórmula secreta que só pode ser desenvolvida mediante um raciocínio analítico constante. Aquilo que parece por vezes pura intuição de sua parte é, na verdade, o resultado de muitos anos de trabalho mental, de ponderação dos problemas num nível subconsciente. Você aspira a conhecer a verdade mais profunda de todas as coisas. Embora dotado de uma mente brilhante, seus pensamentos são com freqüência extravagantes.

A matemática e outros temas científicos podem atraí-lo, pois você gosta de investigar e resolver problemas. Não sendo este o seu caso, com toda a certeza você é atraído pela natureza secreta ou oculta de todas as coisas. Prefere a diversidade em sua vida e pode captar rapidamente noções complicadas (para grande espanto dos demais). Quando não consegue deslindar alguma coisa, isto o deixa maluco até poder descobrir finalmente uma espécie qualquer de procedimento interior ou o conceito mais amplo aí envolvido. Um segredo lhe dá a impressão de que há um mosquito preso a zumbir em seu ouvido. Não se sente em paz consigo mesmo enquanto o segredo não é desvendado e exposto à sua inspeção.

Essa espécie de visão, tão típica em você, é mais interior que exterior. Sua "vista" especial é como a dilatação das cores e imagens que se expandem sob as pálpebras quando, sonolentos, os olhos se fecham. É a vista de uma consciência mais elevada que o impele mais para o fundo, não só graças ao olhar vigilante de uma prática cuidadosa, mas também à visão da emoção e da intuição. Você tem uma percepção especial com relação à natureza do mundo e dos planetas. Seu desejo de apreender os mistérios o faz chegar a níveis que as outras pessoas mal conseguem tocar. Pode prever os rumos futuros com grande exatidão e por isto lhe são atribuídos dotes místicos. No entanto, você pode ser muito tímido quando se trata de compartilhar suas idéias. Sente-se melhor quando trabalha sozinho.

Não é exatamente um selvagem, mas também não é nenhum submisso. Pode se sentir entediado na maior parte do tempo. Isto lhe dá a impressão de desejar empreender uma viagem, iniciar um novo projeto ou mudar de cenário. Para você, é importante descobrir lugares onde se busca o conhecimento, onde ele é ensinado, transferido e transformado. Seus pensamentos podem ser mais complexos que os da maioria – mas pelo menos num ambiente estimulante você estará interagindo com pessoas cuja natureza estará mais ou menos em harmonia com a sua. Mesmo que não freqüente escolas nem se interesse pelo ensino, você poderá tirar proveito das oportunidades para aprender coisas novas. Para você, é importante ter o estímulo dos desafios mentais. Aprender é algo que o excita e tem o poder de melhorar seu humor.

Há um problema na escolha desta carta. É difícil para você permanecer interessado numa única coisa; sua mente tende a divagar. O mesmo acontece por vezes com suas frases. Quando fala, seu cérebro continua a trabalhar em diversos níveis diferentes e você pode formular uma pergunta e dar a resposta ao mesmo tempo. É assim que funciona a sua mente intuitiva. É como se um mundo particular e flutuante o rodeasse em todas as ocasiões. Sua personalidade assemelha-se à do professor distraído. A vastidão é tão-somente a maneira fragmentada com que sua mente assimila o conhecimento, agarrando e experimentando seu caminho para uma verdadeira revelação. O conceito emergirá por fim integralmente, com impressionante clareza. Você tem o mesmo discernimento inquiridor dos índios maias do México e é bom que você viva nesta nossa época e traga para a humanidade os benefícios da sua sabedoria avançada e invulgar.

V

"Filho do Mundo Sombrio."

• • • ● V ● • •

Deusa Egípcia Buto

♦ Símbolo ♦

O símbolo que você escolheu provém de um mural pintado numa câmara mortuária do Egito antigo. Buto, a deusa-cobra, a protetora divina do Rei, governava também o Baixo Egito e os ventos do Norte.

A complexidade do pensamento religioso e espiritual dos antigos egípcios ainda não foi inteiramente apreendida. Sabemos que os egípcios adoravam várias centenas de deuses e deusas. Tal como mais tarde os índios maias do México, os egípcios tinham deuses e deusas que governavam as doze horas do dia e da noite, deuses dos planetas, deuses dos dias dos meses, deuses dos ventos e deuses dos sentidos. Este desenho de Buto foi obtido no túmulo de Amun-Khser-Khopsh, que governou Tebas durante a XX Dinastia.

♦ Lugar ♦

O antigo Egito surgiu às margens do rio Nilo, que flui a partir do lago Vitória em direção ao norte para chegar ao mar Mediterrâneo. A região Sul do Egito era conhecida como Alto Egito. O delta do Nilo, onde se ergue atualmente a cidade do Cairo, era denominado Baixo Egito. Representações de Buto em murais eram comuns nos túmulos tanto no Alto como no Baixo Egito, assim como em certas regiões da Etiópia.

♦ Época ♦

A antiga cultura egípcia (segundo nos parece) surgiu por volta do ano 3000 a.C., com a unificação do Alto e do Baixo Egito. Na verdade, ela começou muito tempo antes como uma dinastia arcaica submetida à autoridade de Menes. Em 364 d.C., o Egito tornou-se uma província romana sob a jurisdição de Augusto. Durante algum tempo, o Cristianismo foi a religião predominante no Egito. A conquista pelos árabes em 640 d.C. presenciou a conversão da maioria dos egípcios aos ensinamentos do Islão. Este desenho de Buto data de aproximadamente 1567-1085 a.C., apogeu do Novo Império.

♦ Grupos ♦

O mais antigo grupo racial do Antigo Egito, hoje conhecido, era o dos camitas, povo ligado aos atuais tipos mediterrâneos e aos antigos abissínios. (Os atuais povos da Líbia e da Argélia são em grande parte camíticos.) Os egípcios posteriores eram semitas, um grupo estreitamente ligado aos hebreus e a outros povos modernos do Oriente Médio. Entre outros grupos incluem-se os tipos tasianos e os núbios do Egito meridional, ambos ligados aos atuais etíopes. Supõe-se que alguns dos faraós posteriores fossem de origem grega.

♦ Grupos lingüísticos ♦

O egípcio antigo era uma língua afro-asiática. Durante as dinastias posteriores falava-se também o acadiano, língua semítica universal, com utilização semelhante à do latim na Europa durante a Idade Média. O acadiano foi também a língua dominante na Mesopotâmia e na antiga Babilônia. A língua copta prevaleceu a partir do século I até o século X d.C., tendo sido substituída pelo árabe.

♦ Aparência ♦

Os antigos egípcios eram um povo de pequena estatura, moreno, com diversas tonalidades de pele. O cabelo encontrado nas múmias é geralmente castanho escuro ou preto, com várias texturas, liso ou ondulado. As mulheres egípcias tinham em média 1,50 m de altura, enquanto a estatura dos homens era em média de 1,65 m. Foram encontradas algumas múmias que mediam bem mais de 1,80 m. As mulheres egípcias costumavam por vezes tingir de vermelho os seus cabelos com hena, corante extraído das folhas de um arbusto de mesmo nome.

♦ Características ♦

A exemplo de muitas civilizações emergentes, os antigos egípcios eram fascinados pela idéia da morte e de uma vida após a morte. Eles constituíram a primeira cultura desenvolvida que se sabe ter acreditado firmemente numa vida após a morte e fizeram elaborados preparativos para obter sua justa recompensa no mundo que viria a seguir. De fato, a maior parte da energia criativa dos egípcios foi consagrada aos diversos rituais e práticas que cercavam a morte. Acreditavam que a vida depois da morte era eterna, enquanto a existência terrena era apenas temporária. Por isso, fazer planos para essa vida futura era muito mais importante que as cotidianas preocupações mundanas, tais como a pobreza, a fome, as doenças e os sofrimentos humanos.

Em sua busca obsessiva de uma vida eterna entre os deuses no reino espiritual, os sacerdotes egípcios chegaram a descobrir quase tudo no campo da ciência avançada. Artefatos e relíquias para os túmulos eram modelados muitos anos antes da morte da pessoa querida. Por conseguinte, os sacerdotes empenhavam-se em preservar os corpos de seus mortos importantes, pois os egípcios acreditavam que, se o corpo não permanecesse intacto, a alma (ou Ba) não alcançaria a imortalidade.

A origem do hábito moderno de embalsamar pode ser buscada nas práticas funerárias e nas crenças dos antigos egípcios.

O costume egípcio de preservar os corpos foi sem dúvida inspirado pela lenda de Ísis e de Osíris. Tendo Osíris sido assassinado e esquartejado por seu irmão, o invejoso Set, Ísis aventurou-se a penetrar no deserto para recompor o corpo de seu marido. Depois de juntar todas as suas partes, Ísis debruçou-se sobre o corpo e soprou a vida para dentro de seus pulmões. Osíris ressuscitou e marido e mulher tornaram-se imortais.

Ísis e Osíris eram as divindades mais importantes dos antigos egípcios. A maioria dos deuses e deusas menores nasceu de sua união, direta ou indiretamente. Néftis, porém, a misteriosa senhora do céu e das trevas, é uma radiosa irmã de Ísis e Osíris. A lenda de Ísis e Osíris parece encontrar-se na base da maioria das cosmologias egípcias posteriores.

Os antigos egípcios tinham complicadas teorias a respeito da sobrevivência da alma e do espírito. A palavra egípcia para designar o espírito (ou força vital) era *Ka*. Efetivamente, *Ka* é um outro eu fantasmagórico que continua a viver depois da morte física – sobretudo se o corpo tiver sido sepultado corretamente. O *Ka* parece assemelhar-se à noção ocidental de fantasma ou corpo astral. Parece-se com o corpo físico do morto, podendo ser ocasionalmente visto pelos vivos. O *Ka* também podia ser mau, espalhando numa comunidade algum tipo de devastação ou pestilência. Acreditava-se, porém, que um *Ka* mau dissolvia-se com a decomposição do corpo. A *Ba* (ou alma) era mais íntima. Era a qualidade imortal do falecido que continuava a viver depois da morte física. A *Ba* era considerada um eu em miniatura, com corpo de pássaro e rosto humano minúsculo porém com formas precisas. Os egípcios acreditavam que os seres humanos possuíam diversos corpos. *Khat* era o nome dado ao corpo físico. O *Ab* governava o coração e *Khu* era a inteligência, ou mente. *Sah* era o corpo eterno, espiritual, enquanto *Khaibit* não passava de uma sombra que sobrevive. *Sekhem* era o aspecto potente do corpo e *Ren* era o equivalente divino do nome de cada pessoa.

Embora tidos como fervorosamente religiosos, os egípcios se interessavam sobretudo pelas diversas formas de magia por eles praticadas. Esperava-se que todo egípcio que se prezasse soubesse conjurar os espíritos e proferir palavras mágicas. Os sacerdotes e os médicos eram mágicos da mais alta categoria, detentores de talentos esotéricos variadíssimos, entre os quais se incluíam a capacidade divinatória, a criação de poções afrodisíacas, a interpretação de escritos sagrados e até a ressurreição de mortos.

A antiga religião egípcia era politeísta (acredita em mais de um deus). Os antigos egípcios adoravam praticamente tudo o que demonstrasse alguma ligação com o divino, sem se deixarem perturbar por suas contraditórias convicções. Talvez o povo do antigo Egito compreendesse que, para conquistar a sabedoria, é imprescindível uma abordagem variada e flexível.

♦ Conclusão ♦

Se escolheu a antiga deusa egípcia Buto como símbolo de uma vida passada, você é uma pessoa criativa e brilhante, dotada de habilidades psíquicas bem desenvolvidas e bem harmonizadas. Sente fortes afinidades com todo tipo de estudos esotéricos e de teorias metafísicas. Tudo que é diferente ou excêntrico desperta sua curiosidade. Suas convicções e interesses são singularmente flexíveis e multidimensionais. Como os multifacetados olhos das abelhas, você é capaz de ver muitos caminhos e mais de uma verdade.

Sua objetividade permite-lhe uma abordagem particularmente inteligente. Você não é daqueles que encaram a vida de um modo estritamente superficial. Sente-se, pelo contrário, compelido a investigar áreas que outras pessoas receiam abrir ou desvendar. Você daria um excelente pesquisador, escritor ou psicólogo.

Os rituais religiosos o atraem, e sente uma grande curiosidade por todos os aspectos da vida que permanecem ocultos. Seu interesse faz com que você demonstre um grande respeito pela maioria das grandes religiões do mundo. Não se trata de uma atração por coisas espetaculares ou de uma incapacidade de ver em si mesmo o reino do espírito; você simplesmente gosta de ícones e objetos sacros que fazem com que as energias espirituais transitórias pareçam reais. Para você, o ritual acrescenta uma sensação de drama e excelência aos acontecimentos. Devido ao seu vívido interesse pelo mundo invisível, é provável que você também seja supersticioso. Jamais tentaria evitar um gato preto que atravessasse seu caminho mas também não esqueceria o fato de o ter visto.

Se fosse o caso de compará-lo com uma energia planetária, haveria de ser com Plutão, o planeta da morte e do renascimento. Você está constantemente modificando suas maneiras de encarar os diversos mistérios do mundo e enriquecendo a experiência de outras pessoas com sua própria maneira singular de ver as coisas.

À sua volta, há uma aura de mistério e segredo que você, mesmo sem o saber, estimula. As pessoas podem até mesmo espalhar boatos, atribuindo-lhe poderes e influências de que você nem sequer havia cogitado – como, por exemplo, o exercício de práticas mágicas. Existe, no entanto, dentro de você um potencial represado que, embora não tenha ainda vindo à tona, os outros percebem imediatamente. Você tende a atrair reações enciumadas ou ameaçadoras e é importante que aprenda a conviver com essa realidade. As pessoas sentem-se curiosas e gostariam de saber o que é que você tem. Procure ficar mais conscientemente a par de seus poderes.

Por ter vivido anteriormente no seio de uma cultura tão extraordinária, seus companheiros podem achá-lo por vezes excêntrico. O passado provoca sua curiosidade e você gosta de contemplar os complexos mistérios deste planeta (e talvez até mesmo dos outros). Tende a abordar diretamente qualquer assunto – mesmo aqueles que as outras pessoas receiam. O que o fascina não é tanto a morte; é muito mais o mistério que se segue à morte. É, possivelmente, um grande apreciador de histórias de fantasmas e de tudo o mais que pareça confirmar uma experiência espiritual. Isto tudo faz parte de suas reminiscências de uma vida passada.

Há um aspecto da antiga existência egípcia que pode criar obstáculos para a sua vida atual. Você por vezes pode se fechar numa maneira uniforme de pensar, que é negativa e derrotista. Embora seus interesses intelectuais tendam a ser criativos e adaptáveis, você sente um medo de mudanças que estimula as fantasias de destruição. Isso é algo que você dificilmente consegue superar, pois sua rica imaginação cria acontecimentos que parecem reais e agourentos. Uma sensação melancólica pode interferir em suas impressões psíquicas. Você precisa eliminar esses sentimentos e confiar na sabedoria de um poder superior. Embora aconteçam a todos nós, as tragédias não são freqüentes. O medo constitui um desperdício de forças; ele não altera coisa alguma.

Quanto ao lado positivo, sua existência é fértil em todos os níveis de experiência. Embora seja naturalmente um inovador cheio de magnetismo, você pode descobrir que tem apenas um ou dois amigos íntimos. Sua energia atrai algumas pessoas e repele outras; você não é alguém que se chega a conhecer com facilidade. Serão poucos os convidados a se juntarem a seu círculo mais íntimo. Você pode dar a impressão que está muito além da compreensão de muitas pessoas.

Talvez lhe seja necessário tornar-se um pouco menos sisudo. A maioria das pessoas não encara a vida com a mesma intensidade que você. Se conseguir entrosar-se com seus pares, talvez descubra que os outros não são tão reservados nem tão medíocres quanto você pensa.

VI

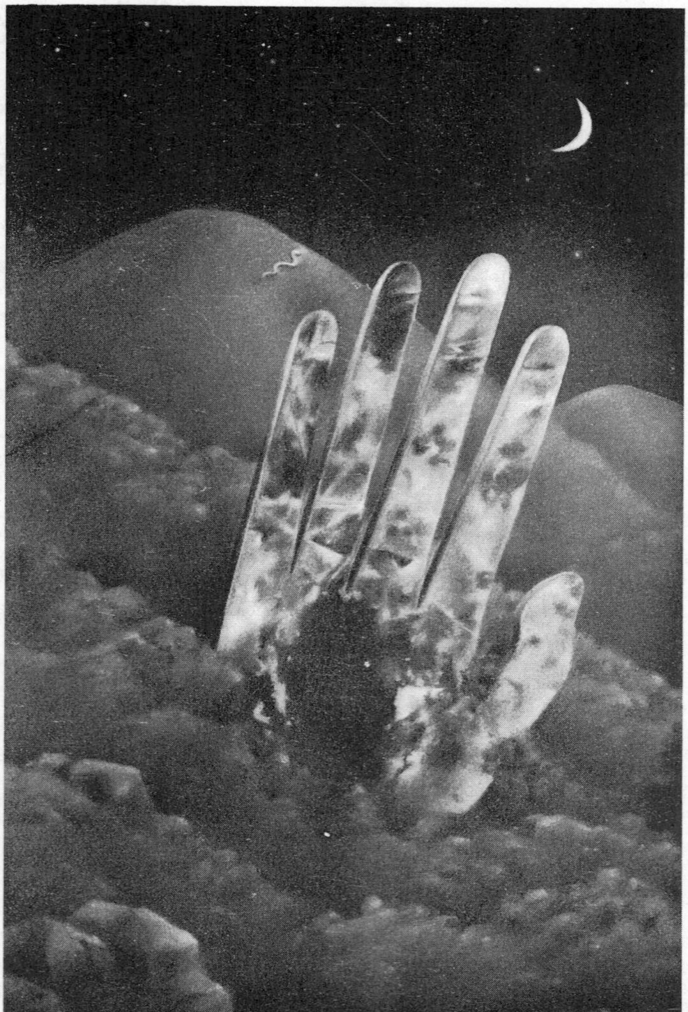

"Sonde o desconhecido."

• •• ● VI ● •• •

Efígie da Mão dos Construtores de Túmulos

♦ Símbolo ♦

O símbolo escolhido é a efígie de uma mão feita de mica, retirada de um túmulo dos índios *hopewell*, no Sul de Ohio. A mica é um mineral frágil que os índios *hopewell* obtinham graças ao comércio com as tribos das montanhas Blue Ridge, na Carolina do Norte. Tem um brilho intenso semelhante ao da prata e era usada em recortes de mão ou de animais, objetos rituais, espelhos, joalheria e na decoração de locais de sepulturas sagradas. A utilização da mica é preponderante nos túmulos dos índios *hopewell*.

♦ Lugar ♦

A maioria das culturas indígenas construtoras de túmulos localizava-se ao longo do vale Ohio e na região apalachiana central dos Estados Unidos. Alguns desses montículos índios mais impressionantes estão na região Sul de Ohio. Outros montículos igualmente impressionantes foram encontrados em Oklahoma, Indiana, Virgínia Ocidental, Flórida e Geórgia.

♦ Época ♦

Os primeiros Construtores de Túmulos foram os índios *adena*, um grupo cuja tradição de montículos fúnebres floresceu entre 1000 a.C. e 700 d.C. A cultura índia *hopewell* surgiu mais tarde e perdurou desde aproximadamente 200 a.C. até por volta de 500 d.C. Essas duas culturas aparentemente desapareceram, sendo provável que se tenham integrado nas tribos *woodland* das cercanias.

♦ Grupos ♦

As tribos *hopewell* e *adena* faziam parte da tradição dos Construtores de Túmulos, mas pertenciam a grupos tribais diferentes. Os *hopewell* tinham as mesmas características físicas de outros índios da região do vale Ohio, tendo sofrido provavelmente a influência da primitiva invasão das tribos *adena*. Os *adena* apresentavam maiores semelhanças com as tribos índias do México. Singularizavam-se entre as tribos do vale Ohio e, naquela época, provavelmente davam aos demais índios da região a impressão de serem forasteiros.

♦ Grupos lingüísticos ♦

Admite-se que os índios *hopewell* podem ter sido os antepassados dos *shawnee* de Ohio, que falam a língua algonquina. Embora vivendo bem mais ao sul, os índios *natchez* também se consideravam descendentes dos Construtores de Túmulos. Os *natchez* falavam uma língua conhecida como *muskogee*. Acredita-se que os *adena* podem ter sido índios de língua asteca, originários do México. Muitas das efígies dos *adena* ostentam brincos enrodilhados, semelhantes aos ornamentos encontrados em artefatos dos maias e astecas do México. Supõe-se, igualmente, que, em épocas remotas, algumas tribos da região mediana do vale Ohio tenham falado uma língua *siouan*. Esses índios de língua *siouan* transferiram-se, posteriormente, para o Oeste.

♦ Aparência ♦

É fascinante a distribuição das características físicas entre os índios Construtores de Túmulos. Os *adena* tinham "cabeças compridas", com crânios tão grandes quanto os dos índios mexicanos. Tinham rostos largos e ossos malares arredondados. Seus corpos compactos davam-lhes uma aparência atarracada. Por outro lado, os índios *hopewell* tinham "cabeças curtas" e crânios estreitos como os de outras tribos *woodland*. Quanto à sua constituição física, os *hopewell* tinham ossos delicados, eram graciosos e altos. Pareciam-se, provavelmente, com os atuais índios das Planícies. A estatura dos homens amiúde chegava a 1,80 m e alguns esqueletos de índios *hopewell* medem mais de 2,10 m.

Hoje em dia não resta muita dúvida de que os *adena* tenham se originado no Sul e de que tenham trazido, para o Ohio e para a Virgínia Ocidental, alguns progressos devidos às culturas mais avançadas dos índios mexicanos. Os *hopewell* eram nativos da região do vale Ohio e, posteriormente, absorveram a cultura e a tradição dos *adena*.

♦ Características ♦

Sabe-se muito pouco a respeito desses misteriosos Construtores de Túmulos. Obviamente, desenvolveram uma rica cultura baseada em cultos dos mortos semelhantes aos dos antigos egípcios. Criaram impressionantes tumbas e artefatos para seus mortos reverenciados, cujos corpos eram muitas vezes recobertos da cabeça aos pés com pérolas; aumentavam-lhes o peso com cobre e os colocavam por vezes sobre brilhantes fragmentos de mica, o que conferia a alguns túmulos a aparência de um leito de espelhos. Construíam-se grandes montículos cônicos de terra para encerrar os corpos dos chefes, dos sacerdotes e de suas famílias.

A magia tinha, aparentemente, um grande significado para os Construtores de Túmulos. Eles acreditavam, obviamente, num *post-mortem* como um lugar para onde mandavam seus mortos queridos, acompanhados de preciosos artefatos e tesouros. Segundo parece, os *hopewell* eram mais adiantados que os *adena*, que foram os primeiros Construtores de Túmulos. Aparentemente, os *hopewell* ampliaram o culto e a tradição dos *adena* de uma vida depois da morte, tal como os romanos haviam incorporado os costumes dos gregos ao seu modo de viver. Algumas placas de argila, encontradas em certos túmulos, levam a pensar que pode ter havido uma linguagem escrita entre esses Construtores de Túmulos. Embora essas placas jamais tenham sido traduzidas, fica claro que os Construtores de Túmulos constituíam um grupo de índios mais evoluído.

Para os Construtores de Túmulos, a natureza parece ter tido um significado espiritual. Do mesmo modo que para outras tribos nativas americanas, os animais eram espíritos-guias e totens tanto para os *adena* como para os *hopewell*. Cada clã ou grupo era representado pela magia ou poder curativo de um animal em particular. Entre os motivos animais comumente encontrados nesses sítios incluem-se imagens de serpentes, ursos, pássaros e felinos.

A maioria desses túmulos era construída nas proximidades de importantes cursos d'água. Dá isso a entender que seus construtores viviam perto dos montículos fúnebres e os utilizavam em todas as estações para suas cerimônias religiosas. Nesses túmulos não existiam câmaras ocas, como as pirâmides egípcias, nem templos subterrâneos. Eram, pelo contrário, preenchidos por camadas de terra sobrepostas. O chefe ou a pessoa querida geralmente repousa no centro, rodeado de outros corpos (talvez de esposas e escravos) dispostos à maneira de raios de uma roda. Sob esse aspecto, a formação dos montículos índios assemelha-se muito mais às práticas funerárias dos *vikings*.

O tremendo esforço que se fazia necessário para construir esses montículos demonstra que os *adena* e os *hopewell* devem ter sido povos ambiciosos. Nenhum outro monumento da Antigüidade encontrado nos Estados Unidos causa um impacto tão grande quanto a Colina da Grande Serpente, perto de Chillicothe, Ohio. Esse sinuoso monte de terra, construído com o formato de uma gigantesca serpente, tem cerca de 376 m de comprimento. Tendo em vista que no seu interior não foram encontrados restos humanos nem artefatos, supõe-se em geral que esse monumento constituía um sítio ritual usado para invocações mágicas. Admite-se também que a Colina da Grande Serpente tenha sido uma fortaleza, uma área protegida contra as batalhas, ou talvez um local de purificação religiosa onde um índio xamã poderia comunicar-se com os deuses celestiais ou com os espíritos.

A Colina da Grande Serpente, no Ohio meridional, continua cercada de mistério e suspense. Os médiuns que a visitaram dizem ter percebido uma energia carregada de eletricidade perto do guizo da serpente, semelhante às vibrações de um giroscópio ou ao zunido de um componente de um mecanismo qualquer. Particularmente estranho é o fato de não se registrarem vibrações perto da cabeça da serpente. Após cuidadosa pesquisa, os médiuns descobriram que a cabeça original tinha sido destruída no século XIX, quando um fazendeiro arou o topo da colina. A cabeça da serpente havia sido reconstruída por arqueólogos amadores na década de 1890. Sem dúvida, os homens brancos desconheciam a maneira de "carregar" a cabeça como haviam feito, há séculos, os talentosos índios.

♦ Conclusão ♦

Se escolheu a Efígie da Mão dos Construtores de Túmulos, você é uma pessoa que gosta de sonhar e de pesquisar. Interessa-se seriamente pelo mundo antigo e por conhecimentos arcaicos de todo tipo. Atendendo à sua curiosidade natural e à sua necessidade de saber, você está continuamente expandindo o seu mundo. É difícil apontar com precisão aquilo que mais o fascina. Seus interesses o fazem seguir inúmeros caminhos, bem como voltar-se para muitas direções diferentes.

Você demonstra uma imperiosa necessidade de realização. Se alguma coisa despertar seu interesse, você irá no seu encalço, descurando tudo o mais à sua volta. Isso pode provocar alguns atritos, pois você tende a negligenciar seus amigos e entes queridos quando se envolve nesses projetos. Sendo sua mente facilmente estimulável, você pode surgir com esquemas extravagantes que as outras pessoas consideram impraticáveis. Está mais preocupado com os atrativos do futuro e com o romance do passado, deixando de focalizar o aqui e o agora.

Embora se gabe de sua individualidade, você atua muito melhor quando trabalha em grupo. É importante aprender a organizar seus pensamentos e a reunir suas energias. Você pode exercer uma poderosa influência sobre os demais e deve aprender a utilizar essa capacidade com a maior sabedoria possível. Você tem uma personalidade marcante. Por encarar a vida com sabedoria e generosidade, tudo aquilo que você toca se transforma em ouro. Suas qualidades visionárias podem ser extensivas.

Outras pessoas a seu redor percebem isso e gravitam na sua direção. É uma espécie de magia que o circunda. Você pode incitar essas pessoas a realizar coisas mais grandiosas e, afetuosamente, mostra-lhes o que é possível. Na maioria dos casos, você é uma pessoa positiva e entusiasta. Procura melhorar tanto você mesmo como os outros. Com relação a seus talentos e vitórias, você é muito generoso. O que o beneficia também funciona em benefício dos que o cercam. Está convencido de que é bom compartilhar e compreende que o resultado final acarretará um assombroso sucesso para todos os implicados.

Há ocasiões em que você se sente extremamente inquieto e nervoso. Pode experimentar uma necessidade radical extrema e repentina de mudanças. Sob muitos aspectos, passará muitas vezes, durante a sua vida, pela experiência de se ver diante de um novo ponto de partida. De sete em sete anos, você parece evoluir, transformando-se num ser completamente novo. Sente a necessidade de ressurgir como algo inteiramente novo. Felizmente a maioria de suas opções leva a mudanças positivas e criativas.

Você nunca fica inteiramente arrasado, nem mesmo nas ocasiões em que se sente prestes a desmoronar imediatamente antes que ocorra uma transição importante. Seus familiares podem recear que você se atire do alto de um penhasco ou tome decisões insensatas. No entanto, você é compelido a eliminar periodicamente de sua vida qualquer negatividade que tenha absorvido de outras pessoas. Para você, mudar é absolutamente necessário, como se estivesse nascendo novamente para uma vida diferente.

Sua mente é extremamente perspicaz e imaginativa, o que o capacita a pressentir tudo que está ao seu alcance. A maioria das pessoas considera isso como sendo obra de sua criatividade e capacidade de inovação. Na realidade, trata-se apenas de uma confiança muito grande na maneira como tudo há de ser. Você acredita, portanto é verdade. Para você, é quanto basta. Para os outros, você parece sobretudo um sonhador, mas suas visões não são destituídas de razão nem de conteúdo. O que os outros consideram pura fantasia é o rápido olhar que você dirige para o futuro. O que hoje é fantasia amanhã será realidade.

VII

"Eu tomo o que é necessário para mim sem prejudicar ninguém."

• • ● VII ● • •

Amuleto Cigano

♦ Símbolo ♦

O símbolo escolhido é um amuleto pintado, usado pelo povo romanichel, os ciganos, como proteção. Essa pedra mágica é associada ao clã *Kalderdasha* de ciganos, tribo simbolizada por estrelas e uma serpente. Os amuletos são usados como talismãs para a saúde e proteção espiritual. Eram outrora usados para afastar os espíritos maléficos. A serpente verde pintada na pedra representa uma força mística benéfica. A maioria dos amuletos mágicos era, e é ainda hoje, conservada numa bolsinha de veludo ou usada presa a uma corrente à volta do pescoço.

♦ Lugar ♦

A história dos romanichéis é envolta em mistério. Graças ao rastreamento das origens de sua língua, hoje ficou geralmente estabelecido que os ciganos são originários da Índia. Os ciganos atuais são encontrados em todo o mundo. Há ciganos ingleses, húngaros, italianos, espanhóis, árabes, russos, mexicanos e franceses. Os ciganos irlandeses e escoceses eram outrora conhecidos como Funileiros. Durante os últimos quinhentos anos, os ciganos têm vivido sobretudo na Europa e na América do Norte.

♦ Época ♦

Os ancestrais dos modernos ciganos deixaram a Índia por volta do ano 1000 d.C. Eles chegaram à Europa Ocidental no início do século XV e fizeram-se passar por descendentes dos antigos egípcios. Receberam então o nome de ciganos.* Existem hoje, entretanto, indícios que põem em dúvida essa conexão com o Egito. Acredita-se que os ciganos tenham inventado essa lenda egípcia para conferir mais credibilidade aos seus talentos místicos e à sua habilidade de adivinhar o futuro.

* A palavra inglesa para cigano é *gypsy*, derivada de *egyptian*, egípcio. (N. T.)

♦ Grupos ♦

Existem inúmeras variantes entre os povos nômades que se autodenominam ciganos. Os ciganos americanos dividem-se, geralmente, em quatro nações ou tribos diferentes. Os *Machwaya* ligam-se ao Sol e são os romanichéis aristocratas. Os ciganos *Lowara* consideram-se governados pela Lua e possuem poderes ocultos especiais. Os *Kalderdasha* associam-se às estrelas e são tidos como os melhores adivinhadores do futuro. Os ciganos *Churara* são governados pela adaga ou faca.

Os ciganos romanichéis são de origem inglesa, os *Rom Gypsies* que, em data remota, ligaram-se por casamento aos ingleses. Os *gitanos*, *boyash* e *ungaritza* são tribos húngaras. Entre os ciganos europeus incluem-se os *rudari*, os *manush*, os *ursai* e os *aurari*. Encontram-se também ciganos na Arábia e em algumas regiões do Oriente Médio.

♦ Grupos lingüísticos ♦

Os ciganos *rom* falam uma língua derivada do sânscrito e denominada *romani*. Entre as diversas nações ciganas encontram-se vários dialetos e inflexões. Todas as línguas ciganas derivadas do sânscrito têm suas raízes na Índia.

♦ Aparência ♦

Quase todos os ciganos são de pequena estatura e têm olhos escuros, brilhantes e atrevidos. Contudo, não é raro encontrarem-se ciganos com cabelos dourados ou ruivos, sobretudo nas tribos cujas famílias têm raízes na Irlanda ou na Escócia.

Antigamente, as mulheres ciganas eram identificadas por sua maneira invulgar de se vestir. O traje cigano tradicional é uma longa saia pregueada na qual são gastos vários metros de tecido. *Chiffon* e chitas de cores alegres, assim como os tecidos metalizados, são muito mais apreciados que os de cores neutras ou escuras. Usam moedas de ouro para fabricar colares ou brincos balouçantes. Apreciam as blusas de mangas bufantes e decotes profundos. (Embora seja considerado perfeitamente adequado revelar um busto generoso, as ciganas são acanhadas quando se trata de mostrar as partes inferiores de seu corpo, sobretudo os joelhos e as coxas.)

Os homens ciganos tendem a se tornar corpulentos com o passar dos anos. Um físico saudável e "bem nutrido" é considerado sinal de prestígio. Tal como as mulheres, gostam de jóias e pulseiras. Entre os objetos usados pelos homens ciganos, o mais valorizado é um distintivo de ouro de xerife, adornado com diversas pedras brilhantes.

♦ Características ♦

Antes mesmo da criação do misteriosamente belo e melancólico Heathcliff, em *O Morro dos Ventos Uivantes*, o mundo já sofrera o fascínio da obscura ambigüidade do povo cigano. A distinção entre fatos e realidade é por vezes difícil quando se trata dos ciganos. Eles são notoriamente reticentes quanto a compartilhar seus segredos e gostam de criar redes de intriga e de provocar confusão. Seu próprio estilo de vida depende dessas habilidades.

Os ciganos são mais conhecidos por suas habilidades místicas. Embora seus talentos psíquicos sejam indiscutíveis, eles são extremamente perspicazes ao avaliar o caráter de alguém. Como "adivinhas e conselheiras", as mulheres ciganas usam sua apurada capacidade de observação e de avaliação psicológica para impressionar os clientes. É verdade que os ciganos eram inovadores, e que utilizavam e preservaram diversas formas de adivinhação ao longo dos séculos. Eles foram os responsáveis pela perpetuação de muitas ciências ocultas, aperfeiçoadas mais tarde pelos entusiastas da metafísica.

Os ciganos conseguiram preservar seu estilo de vida meio misterioso mantendo-se à distância dos *gaji* (palavra *romani* que designa as pessoas de raça branca ou não-ciganas). São especialmente proibidos os casamentos de ciganos com *gajis*. As interações com estes últimos são estritamente limitadas à exploração e obtenção de renda. Isso explica, evidentemente, a péssima reputação que têm os ciganos de serem trapaceiros e indolentes. O cigano não considera pecado roubar de um *gaji*. Entretanto, qualquer tipo de exploração exagerada é visto com desagrado.

Os ciganos têm uma explicação pessoal para o perdão espiritual concedido especialmente ao roubo. É a chamada "História de Deus", que diz mais ou menos o seguinte:

> Muito tempo atrás, em uma de suas viagens, um cigano chegou à cidade de Jerusalém. Ao chegar, foi preso pelos romanos e escravizado. Isso aconteceu na época em que Jesus foi condenado a morrer na cruz. Sendo aquele cigano um excelente ferreiro, os soldados romanos ordenaram-lhe que fizesse quatro pregos: três destinados a atravessar as mãos e os pés de Cristo e o quarto para trespassar seu coração.
>
> Isso entristeceu profundamente o cigano e ele não queria fazer o trabalho. Os soldados então começaram a espancá-lo violentamente, obrigando-o a fazer os quatro pregos. Ele orou pedindo a ajuda de Deus para ele e para os ciganos. E choraram Deus e o cigano. Chegado o momento de entregar os pregos, o cigano engoliu depressa um deles e disse aos soldados que o havia perdido.
>
> Assim, o coração do amado Jesus nunca foi trespassado. Quando viu o que o cigano fizera por seu filho, Deus disse: "Cigano, estás livre e podes viajar por onde quiseres no mundo. Toma o que te for necessário para viveres. Se precisares roubar, Eu compreenderei." Eis por que os Ciganos precisam sempre viajar e eis por que eles roubam.*

♦ Conclusão ♦

Se escolheu o Amuleto Cigano como símbolo, você é uma pessoa excepcionalmente talentosa. Tem uma inteligência que decorre de sua aguçada capacidade de observar e avaliar o caráter de uma pessoa em praticamente qualquer situação. Há em você uma estranha beleza. Gosta de roupas com padrões invulgares e estampas surpreendentes. Seu lar é seu castelo, o lugar onde você se sente seguro, e gosta de levar consigo partes dele. O que para os demais pode parecer desordem

* Anne Sutherland, *Gypsies: The Hidden Americans* (Nova York: The Free Press, MacMillan, 1975).

e confusão representa as inúmeras coisas especiais de que você gosta de viver cercado. Chega até a carregar numa bolsa ou sacola fotografias ou objetos que o façam lembrar as coisas e pessoas amadas.

Você tem uma natureza tátil, requintadamente sensual. Acha importante ser acariciado ou tocado com freqüência. Sem essas demonstrações de carinho, você pode ficar deprimido ou apático. Uma disputa saudável lhe dá uma oportunidade de livrar sua alma de todas as emoções negativas. Até a mais acalorada das discussões o faz sentir-se muito melhor. Terminado o debate, você não guarda ressentimentos nem maus sentimentos pelo seu opositor, a não ser, é claro, que ele tenha lançado mão de táticas "sujas". Nesse caso, você jamais lhe perdoará completamente. Mesmo que decida perdoar a alguém que o tenha ofendido, sua confiança nele estará perdida. Você não consegue esquecer; é assim a sua natureza cigana.

É difícil esconder-lhe alguma coisa. Se suspeitar que alguém não lhe quer revelar um segredo qualquer, você não sossegará enquanto não descobrir exatamente de que se trata. Você é meticuloso, possessivo e dotado de uma mente inquisitiva. Um segredo constitui um desafio, pois se sente compelido a desvendá-lo aos olhos de todo mundo. Sente pouco respeito pelos hipócritas e por todo aquele que se julga "mais santo que você". Não se deixa enganar por palavras doces e amáveis, pois conhece a verdadeira natureza das pessoas com quem está lidando. Isto faz com que elas fiquem nervosas quando o encontram pela primeira vez.

Com relação à sua própria vida, você é muito discreto. É como uma porta misteriosa à qual nenhuma chave se ajusta com precisão. Seus muitos sentimentos e pensamentos secretos, você não os revela a ninguém. Alguns são idéias maravilhosamente criativas que poderiam vir a enriquecê-lo algum dia. Você é ativo, com um esplêndido potencial. É inteligente e astucioso, não tendo, porém, confiança suficiente em si mesmo para desenvolver suas idéias criativas e experimentá-las.

Pode ter uma propensão a lavar as mãos com freqüência. É simplesmente incapaz de tolerar a sujeira e a corrupção. Esse asseio reflete uma antiga crença cigana segundo a qual a poluição do corpo pode afetar nossa natureza espiritual ou atrair entidades negativas. Você não é fanático pela limpeza. Pelo contrário, é provável que não seja o melhor dono-de-casa deste mundo. Sua casa pode ser atravancada, mas você tende a lavar-se mais freqüentemente que as outras pessoas, sobretudo antes de meditar ou de tentar algum tipo de adivinhação.

Você seria um ocultista de excelente qualidade se desenvolvesse seus poderes psíquicos inatos. Gosta de estudar as diversas formas de conhecimento esotérico. Será importante concentrar-se em apenas um dos aspectos desse conhecimento que o interesse particularmente. Você é versátil e receptivo, mas precisa compreender que, se continuar a alimentar um número excessivo de interesses, estará criando obstáculos para seu êxito em qualquer deles. Sua vida entre os ciganos confere-lhe uma capacidade especial de discernimento e o transforma mais ou menos num enigma. Revele alguns de seus segredos especiais, particularmente às pessoas das quais você deseje aproximar-se mais. Fique tranqüilo; isso não lhe fará mal algum.

VIII

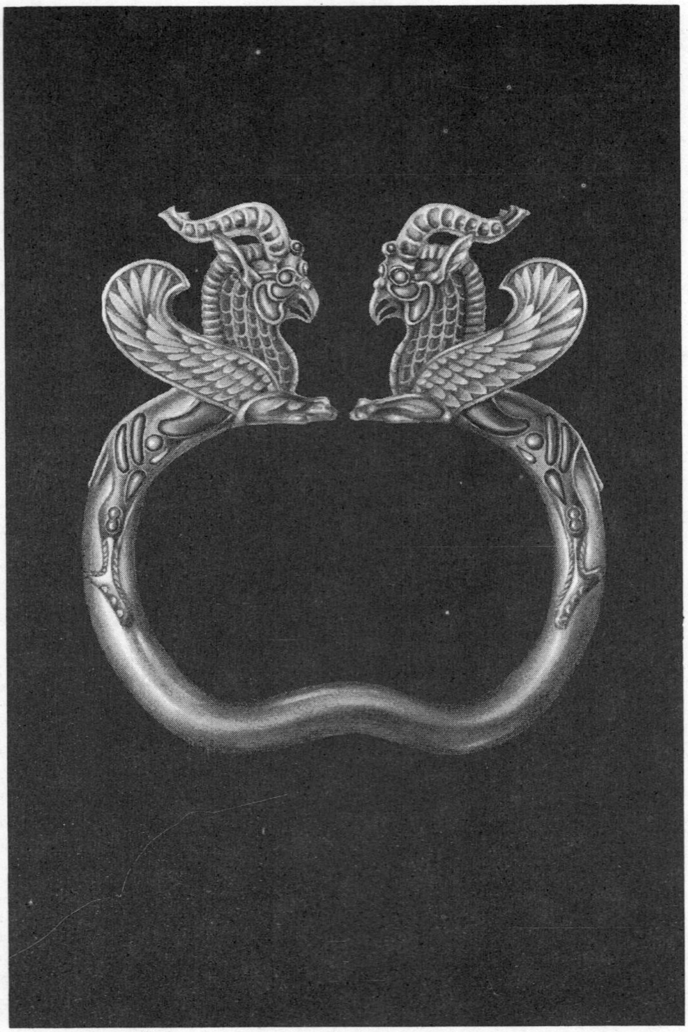

"Entregue-se ao espírito do amor."

• • • ● VIII ● • • •

Bracelete Persa

◆ Símbolo ◆

O símbolo escolhido é um exemplar da exuberante ourivesaria dos antigos persas. Esse bracelete sem igual, que reproduz as cabeças de dois carneiros que se defrontam, é representativo da arte imperial persa.

A arte imperial persa combinava elementos de diversas correntes das culturas da Grécia, da Mesopotâmia e do Egito. Esse espécime em particular data do período aquemênida, durante o reinado do rei Dario, uma remota era de prosperidade, beleza e romance.

◆ Lugar ◆

O império dos antigos persas localizava-se na área hoje conhecida como Irã, Iraque e algumas partes da Síria. A Pérsia abrigou uma das mais notáveis culturas antigas do Oriente Médio. Os conhecimentos que temos da antiga Pérsia são muito menores que os referentes ao antigo Egito. Entretanto, muitos mitos românticos foram inspirados pelo Império persa.

◆ Época ◆

O auge da influência cultural da antiga Pérsia estendeu-se de 600 a.C. até a época da conquista árabe, em 682 d.C. Esse bracelete de ouro é um exemplar da antiga joalheria imperial persa e data aproximadamente de 500 a.C.

◆ Grupos ◆

O povo da antiga Pérsia dividia-se em três grupos distintos a partir de três períodos históricos diferentes. São os aquemênidas, os partos e os sassânidas. Supõe-se que a antiga Pérsia tenha sido povoada inicialmente por nômades. Posteriormente, os grupos citas e iranóides começaram a construir e desenvolver o Império persa por volta de 800 a.C. Os iranóides são os antepassados diretos dos atuais iranianos. Acredita-se também que os persas eram descendentes das tribos arianas mais antigas, um povo nobre que falava uma língua indo-européia.*

♦ Grupos lingüísticos ♦

O persa antigo, língua indo-européia, era a língua outrora falada na Pérsia. Existem indícios que comprovam terem sido o acadiano, língua universal do Oriente Médio bíblico, e o aramaico falados também pelos persas. A língua falada hoje na Pérsia (ou Irã) é o farsi, derivado da palavra "Fars", o antigo nome da Pérsia.

♦ Aparência ♦

Os persas pareciam-se muito com os povos atuais do Oriente Médio. De estatura um pouco menor que a dos tipos germânicos nórdicos, os antigos persas tinham olhos amendoados e pele de tonalidades escuras. Seus cabelos muito negros eram muitas vezes encaracolados.

Os mosaicos e pinturas da época de Dario mostram os persas com aparência levemente asiática. Os crânios antigos desenterrados pelos antropólogos ligam os persas ao grupo racial caucasiano e não à raça mongolóide. É possível que os persas tenham imitado o estilo oriental de pintura de seus vizinhos do Leste, fazendo com que seus retratos parecessem mais indianos ou chineses.

♦ Características ♦

No tempo do rei Dario, o mais importante monarca da Pérsia antiga, mensagens misteriosas cruzaram o território do reino à maneira de advertências. Nessas inscrições, atribuídas a Dario, encontra-se amor pela verdade e aversão pela mentira. Para os antigos persas, o mal estava fundamentalmente associado à mentira. Eles consideravam a mentira ainda pior que o assassinato.

Com relação às suas concepções religiosas, os persas eram menos rigorosos do que com relação às suas leis; certas diretrizes haviam sido, porém, fixadas e eram obedecidas. As leis do rei eram mais severas que as de qualquer código religioso ou que as escrituras de um livro sagrado. Via-se no rei Dario um descendente dos deuses e as regras e leis por ele estabelecidas eram consideradas de inspiração divina.

Ahura-Mazda era o deus mais importante dos antigos persas; toleravam-se, porém, outros deuses e convicções religiosas. Sob esse aspecto, os persas assemelhavam-se aos egípcios. Adaptaram e requintaram muitas doutrinas religiosas estrangeiras, incorporando-as às suas próprias. Um culto muito difundido era o de Hércules, figura heróica colhida na mitologia grega.

Os persas haviam desenvolvido uma bela tradição épica antes da época de Dario. Essas epopéias coincidem aproximadamente com o aparecimento do pro-

* Vale observar que os invasores indo-europeus de pele clara, os chamados "africanos", são os ancestrais dos atuais povos germânicos, gregos, turcos, iranianos e dos povos de pele mais escura da Índia.

feta Zoroastro, cujos ensinamentos místicos constituem o fundamento de muitas crenças persas antigas. As orações eram redigidas em verso, e os poetas assumiam a postura de sábios espirituais ou sacerdotes. Sua poesia (denominada Ghazals) trata em grande parte dos aspectos místicos do amor.

Deus era considerado o "bem-amado" a quem o místico deve cortejar e implorar em canto e verso. Os sacerdotes zoroastrianos tornam-se mais tarde ascetas. A rejeição pessoal das atividades sensuais era vista como caminho inspirado que levava a Deus, numa jornada cuja meta suprema era uma fusão mística. Quem poderia ser um amante mais perfeito que o puro espírito onisciente? Isso contrasta violentamente com os opulentos palácios e os apinhados haréns do impetuoso Dario.

♦ Conclusão ♦

Se escolheu como símbolo o Bracelete Persa de ouro, da época do rei Dario, você é um romântico. Mas além e acima de tudo, você é uma pessoa espiritualizada. Gosta de viver no mundo da sua própria imaginação, que é colorida, exótica e muito rica.

Sua necessidade de "se entregar" a uma relação romântica é mal interpretada pelos demais. Para você, é uma maneira de "voltar a Deus" ou à fonte espiritual. Você sabe instintivamente que qualquer tipo de amor mais elevado é uma forma de "entrega". A seu ver, todo amor é espiritual. Vem daí sua repulsa por tudo o que é abjeto ou grosseiro. Comentários vulgares fazem parte de um mundo no qual você acha melhor não ter participação, preferindo o alento da beleza e do requinte de seus próprios pensamentos.

A maioria das pessoas simplesmente não concebe o amor romântico como algo espiritual, tal como você o vê. Poderá, muitas vezes, sentir-se desiludido. Essa sua "bondade" pode ser sordidamente iludida e explorada. Seu companheiro talvez não compreenda que sua necessidade de uma fusão espiritual substitui freqüentemente a de qualquer união física ou sexual. Você pode estar mais interessado num personagem imaginário que numa pessoa real, de carne e osso. Poderá apaixonar-se ou experimentar muitos amores não correspondidos durante a sua existência.

Você precisa compreender que optou por essa ênfase sobre o amor não correspondido. Você sabe, bem lá no fundo, que o príncipe (ou a princesa) que você idolatra e deseja só existe na sua imaginação. Para ajudá-lo a melhor compreender essas suas paixonites, valerá a pena ler as obras do psicólogo Carl Jung e estudar seu conceito de anima e animus. É possível que você esteja buscando o seu eu idealizado numa outra pessoa em lugar de reconhecer a força divina que vive em cada um e em todos nós.

Os outros vêem em você uma pessoa culta e refinada. Existe em você uma beleza delicada e requintada, e você faz da sua vida uma obra de arte. Interessa-se profundamente por literatura, sobretudo pela poesia e por todas as coisas místicas ligadas à vida do espírito. Boa parte de seus conhecimentos é absorvida através do sentimento. Você "sente" e, por conseguinte "sabe". É uma pessoa eminentemente intuitiva.

A música clássica, as suaves baladas e as melodias exóticas, com os sons trêmulos e parcialmente sobrepostos da música do Oriente Médio, o atraem. É muito provavelmente um excelente dançarino, pois sabe intuitivamente movimentar o seu corpo. A música o acalma, sendo possível que você venha um dia a adotá-la como profissão.

Entretanto, seu humor nem sempre está alegre ou agradável. Gosta de se sentir triste ocasionalmente para investigar todos os aspectos da sua alma, ainda que isso o faça sentir-se infeliz, como se fosse melhor ter essa sensação do que absolutamente nenhuma.

Você é, provavelmente, uma pessoa com propensões artísticas e se veste de acordo. Também consegue se expressar muito bem através da palavra escrita. Tem percepções e sentimentos invulgares, mas que podem ser pouco claros, nebulosos ou vagos. Se gosta de expressar suas idéias por escrito, isso pode criar-lhe um problema. Pode lhe parecer difícil articular os seus muitos e instáveis sentimentos. É extremamente sensível a ritmos espirituais dificilmente definíveis. Por isso, pode escolher a poesia como maneira de comunicar seus sentimentos.

Admira as cores vivas e os tecidos delicados, as belas jóias e tudo o que revele grande habilidade artística. Pode apreciar sobremaneira cachecóis, xales e miniaturas que lhe parecem preciosos e estimáveis. O que não significa que você seja materialista, mas sim que associa a beleza ao amor. É sensível às sensações visuais e tácteis e gosta de tocar e de ser tocado.

É amante da beleza, e tudo o que é eminentemente estético lhe dá imenso prazer, no qual você tende a deixar-se perder. Esse senso artístico é uma extensão do mundo imaginário onde você, subconscientemente, mergulha numa época mais bonita e sensual. Você sabe que o que deseja, na verdade, não é possuir coisas, mas unir-se ao espírito interior numa paisagem celestial cuja requintada beleza precisa ser conhecida e tocada. Para quase todos nós, o céu é uma região fugaz de impressões cambiantes. Para os que escolhem como símbolo o Bracelete Persa, ele não está assim tão distante.

IX

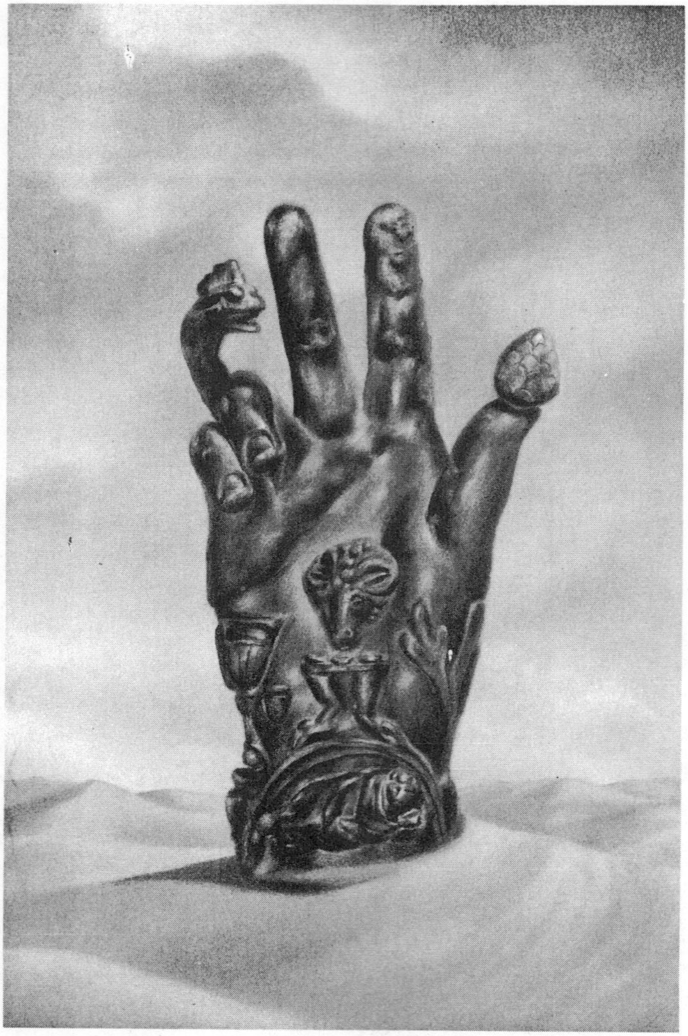

"Vim, vi e venci."

• • • IX • • •

Amuleto Romano da Mão

♦ Símbolo ♦

O símbolo que você escolheu é uma mão esculpida em bronze, antes da era cristã, pelos antigos romanos. Esse amuleto em forma de mão era usado para afastar o mau-olhado, servindo também como retábulo. A bolota colocada sobre o polegar é associada ao renascimento; supõe-se, por isso, que esse amuleto represente a germinação, as forças que transformam a natureza.

♦ Lugar ♦

Encontrado nas proximidades de Roma, esse tipo de amuleto em forma de mão era usado em diversas práticas místicas pelos primeiros romanos. Para eles, a idéia de destino, ou dependência da "sorte", era um tema central. Eles temiam os "poderes das sombras" que podiam ser desencadeados no futuro, e viviam para o momento presente.

Usavam-se objetos como esse para apaziguar o destino. Fortuna Muliebris (uma divindade que os etruscos chamavam de Nortia) lidava sobretudo com os destinos das mulheres. "Fortunas das Mulheres" era também o nome de diversos templos sagrados na antiga Roma. Amuletos semelhantes a este foram encontrados em todo o Império romano, que se estendia durante uma certa época, desde a África Central até a Europa e as ilhas Britânicas.

♦ Época ♦

A Roma antiga foi o centro do poder mundial durante cerca de mil anos. A data de sua fundação ficou tradicionalmente estabelecida em 814 a.C. aproximadamente. É a data que registra o lendário nascimento de Rômulo e Remo, os irmãos gêmeos que, segundo a lenda, foram abandonados e criados pelos lobos e, mais tarde, fundaram Roma.

Lendas ainda mais antigas atribuem a fundação de Roma a uma mulher. Helênico refere-se a ela como "Rhoma" em escritos datados do século V a.C. Alguns desses mitos associam Rhoma aos gregos, enquanto outros estabelecem uma ligação entre ela e uma bela cativa troiana. Em lendas ainda mais antigas, porém, Rhoma era dada como filha de Ares o guerreiro (do qual adveio o nome astrológico do signo de Áries). Admite-se também que Rhoma pode ter sido uma valente amazona.

♦ Grupos ♦

Embora exista uma tendência a considerar os romanos um agrupamento de pessoas que compartilhavam uma mesma e única língua, a maioria dos especialistas admite hoje que a Roma antiga era uma sociedade composta de muitas raças. Entre os imigrantes que foram chegando a partir de 800-600 a.C., incluíam-se os fenícios de Tiro, com seus cabelos encaracolados, os sabinos de pele clara vindos do Norte e os mercadores morenos de Cartago. Os antigos romanos se apropriaram da mitologia grega das diferentes pátrias helênicas e de numerosas outras influências culturais de países exóticos do Oriente Próximo.

♦ Grupos lingüísticos ♦

Os romanos primitivos falavam o romance, língua indo-européia que deu origem ao latim e, mais tarde, evoluiu para o italiano. Os sabinos, seus vizinhos, falavam o oscano, uma língua itálica dos sabelos.

♦ Aparência ♦

Entre os antigos romanos, havia diversidade de altura, de tez e de físico. Tinham entretanto muitos traços em comum com outros povos mediterrâneos. Seus cabelos escuros eram freqüentemente ondulados e a cor de seus olhos ia do azul ou castanho claro ao castanho escuro.

As esculturas de antigos cidadãos romanos apresentam narizes aquilinos, sendo muito pouco pronunciada a separação entre a testa e o arco do nariz. Isso conferia ao perfil romano uma aparência agradável e simétrica. Mais freqüentemente baixos que altos, a maioria dos romanos pertencia a um grupo caucasiano de indivíduos de cabelos escuros, geneticamente ligado a povos mais antigos da Mesopotâmia.

♦ Características ♦

Nossa moderna civilização ocidental fundamenta-se na filosofia e na política dos antigos romanos que, por sua vez, foram colher muitos de seus conceitos entre os antigos gregos. Em 500 a.C., Roma tornou-se uma república. Embora mantivessem com a Grécia relações antagônicas, os romanos adotaram sem nenhuma dificuldade muitas histórias e mitologias gregas, registrando uma filosofia paralela que persiste ainda hoje.

Se os gregos voltaram o brilhante escopo de sua grandeza para a arte, a ciência, a medicina e a filosofia, os romanos entregaram-se de corpo e alma às suas conquistas. Desde o Tigre e o Eufrates até as ilhas Britânicas, um único governo era ditado por uma pequena cidade. Vários credos, raças, línguas e tradições foram reunidos sob as ordens de um único império: Roma.

Ao contrário da Grécia, a vocação de Roma consistia numa ação de ordem mundana: lei, governo, dominação e força. Os romanos tinham pouca simpatia pela passividade ou pela inação. A transformação progressiva tinha raízes numa afirmação da força e em ações altamente agressivas e não num idealismo pacífico ou na cooperação.

Os romanos foram um povo supersticioso obsecado por seus rituais. Lançar e desafiar encantamentos mágicos eram atividades cotidianas dos romanos. Profetas, intérpretes de sonhos, adivinhos e ledores da sorte eram encontrados em todas as esquinas e regularmente consultados. As feiticeiras eram temidas, porém respeitadas.

Templos construídos para servirem de santuários às Fortunas das Mulheres eram áreas sagradas onde sacerdotisas entravam em contato com os deuses. As deusas e deuses romanos tinham fraquezas humanas banais assim como poderes sobrenaturais gloriosos. Suas mitológicas escapadas eram acompanhadas e bisbilhotadas tal como hoje nós comentamos as das celebridades atuais. Qualquer indivíduo que tivesse alguma importância afirmava-se descendente de pelo menos um dos deuses ou deusas.

A exemplo dos gregos, os romanos lidavam sobretudo com as coisas deste mundo: conceitos práticos, força física e razão. Por outro lado, os romanos também eram supersticiosos com relação às questões espirituais. Praticavam rígidos rituais de autoproteção. Achavam que estavam apenas um pequeno passo à frente dos maus fados sempre prontos para desencadear sobre eles os poderes das sombras.

O Império romano era militarista e inflexível. Os romanos seguiam estritamente os dogmas religiosos que se haviam originado dos diversos mitos e lendas. As histórias escritas pelos romanos pouca semelhança têm com os fatos descobertos pelos arqueólogos. Hoje está claro que os relatos de muitos historiadores romanos contêm invencionices ou exageros.

Num obscuro passado, os romanos tinham provavelmente os seus próprios mitos peculiares e diferentes dos da Grécia e da Etrúria. Sua reinterpretação do mito grego, porém, constitui o fundamento do poderoso Império romano, tal como o vemos hoje. Nem os gregos nem os romanos acreditavam que suas divindades haviam criado o universo. Céu e terra foram os primeiros genitores. Os deuses e deusas originais surgiram da sua união. A religião dos romanos evoluiu a partir dos contos filosóficos dos gregos. "Ao contar uma história", observou Aristóteles, "todos os homens acrescentam-lhe alguma coisa, pois aumenta o prazer."

♦ Conclusão ♦

Se você escolheu o Amuleto Romano da Mão como símbolo de uma vida passada, você é alguém com presença marcante. Ao contrário dos tipos mais sonhadores, você aprecia um trabalho pesado. Compreende que a perseverança é uma necessidade, se é que pretende chegar a alcançar suas metas. Na sua opinião, todo sacrifício necessário para realizar alguma coisa é válido. Seu objetivo supremo é a sua realização pessoal e a reivindicação de uma posição importante para você mesmo neste mundo. Você percebe que o seu desenvolvimento pessoal é de suma importância, visto que, para poder modificar o mundo, é preciso que você se torne antes, por direito nato, uma pessoa mais completa. Você é um líder por natureza e pode tender a dominar os demais graças ao seu talento para a comunicação. Em suma: você é uma força com a qual se deve contar.

Como pessoa, você se considera muito razoável. Pode até mesmo acreditar que, se os outros demonstrassem a mesma racionalidade que você, grande parte das energias deles não seriam maltratadas pelas opções impulsivas, autodestruidoras ou desarrazoadas que fazem. Na sua apinião, o sofrimento dessas pessoas poderia ser muito aliviado. Seus próprios impulsos subconscientes podem estar muito próximos da superfície. Você raramente se deixa levar por motivações obscuras ou ocultas. Antes de assumir uma posição, você analisa e pesa exaustivamente todos os argumentos para depois tomar uma decisão final. Por ser a sua análise tão completa e abrangente, você geralmente acerta e raramente se arrepende de suas opções.

Se é jovem, você provavelmente gosta do tipo de música que irrita os ouvidos de seus pais. Se já é adulto, talvez adote um ponto de vista contrário para, deliberadamente, provocar uma discussão. Essas duas características constituem uma maneira de afirmar sua ascendência ou poder. É como que uma aposta ou uma maneira de testar sua vontade contrapondo-a a alguma outra. Você gosta de desafios.

Como os antigos romanos, você tende a ser supersticioso, a despeito da sua personalidade evoluída e lógica. Acredita firmemente na possibilidade de moldar o seu próprio destino, mas está ciente de que certas forças espirituais podem e irão intervir. Você trata essas forças com medo e respeito, a despeito de seu ceticismo com relação a elas. Não quer fazer opções erradas que mais tarde possa vir a lamentar. A seu ver, é apenas uma questão de lógica considerar todas as possibilidades, ainda que elas lhe pareçam estranhas ou alheias a você. Acha que tudo é possível mesmo que, de início, não consiga aceitar a idéia, a teoria ou o conceito.

Quando se sente inseguro ou dividido, pode se mostrar obstinado. Pode buscar um conflito onde não existe conflito algum. O que lhe parece uma discussão salutar ou uma avaliação de forças pode ser visto pelos demais como uma altercação descortês e sem sensibilidade. A coragem é um dos seus atributos mais admiráveis. Porém, até se tornar capaz de permitir que os outros tenham suas próprias opiniões, você terá dificuldades em manter seus amigos.

É sincero e diz o que pensa. Não pretende com isso ferir ninguém, mas, sim, revelar verdades razoáveis que lhe parecem óbvias. Precisa lembrar-se de que muitas pessoas preferem viver mergulhadas em seus sonhos mesmo que sejam sombrios, decepcionantes ou autodestrutivos. É-lhe difícil ficar parado olhando alguém tomar uma decisão errada sem fazer comentários sobre o erro que está cometendo. Isto talvez não o torne muito popular, mas, com toda certeza, lhe conquistará uma reputação de autenticidade.

Quanto ao lado positivo, você tem um pronunciado senso estético. Sente-se provavelmente atraído pela arte e pela leitura, preferindo os objetos ou as histórias que tenham uma estrutura palpável, mais do que qualquer fantasia translúcida e sobrenatural. Gosta de ver o lado moral, o conceito ou a lição implícitos numa história. Prefere não desperdiçar seu tempo com algo que nada lhe possa ensinar. As atividades nas quais não exista algum desafio simplesmente não o interessam, o que é muito bom, pois você tende a evitar as atividades autodestrutivas ou escapistas.

Sua vida pregressa entre os romanos lhe dá um acesso entusiasmado a todos os níveis de aprendizado e experiência. Você aceita prontamente o desafio de transformar este planeta num lugar melhor e mais estimulante à existência da espécie humana. Ao olhar para o horizonte futuro, tranqüiliza-o a certeza de que suas realizações serão reconhecidas e levadas a cabo. No melhor sentido da frase, você pode dizer a si mesmo: "Vim, vi e venci."

X

"Filho da velha Lua."

• • • ● X ● • • •

Máscara Jukun de Akuma

♦ Símbolo ♦

O símbolo que você escolheu é uma máscara do espírito Akuma esculpida pelo povo jukun da Nigéria. Associada ao culto de Akuma, essa máscara é utilizada como um objeto ritual e, portanto, não se destina ao uso comum.

A máscara do Akuma representa um carneiro. Os jukuns recorriam a ela principalmente em busca de cura ou em ritos de purificação. Eles acreditavam que os espíritos ancestrais ou uma divindade Akuma residiam no interior de cada máscara cuidadosamente esculpida. Esses objetos rituais não extraem seu poder de si mesmos, mas das forças psíquicas neles contidas.

♦ Lugar ♦

O reino sudanês, ao qual pertencia o povo jukun, situava-se originalmente na Nigéria setentrional. Em 1930, cerca de vinte e cinco mil indivíduos de língua jukun viviam na bacia do rio Benue. Nestes últimos anos, influências cristãs e muçulmanas reduziram significativamente o seu número.

♦ Época ♦

Em 1250 d.C., quando da primeira expedição Magumi a oeste do lago Tchad, descobriu-se o povo jukun. Os exploradores Magumi não esperavam encontrar uma sociedade agrária altamente desenvolvida: pastores que, num florescente país, criavam bois e ovelhas ao lado de elefantes domesticados. Os costumes dos jukuns eram muito mais evoluídos que os das outras tribos que os cercavam naquele tempo.

No nosso século, têm sido propostas muitas teorias curiosas a respeito do povo jukun. Os antropólogos traçaram paralelos entre as crenças dos atuais jukuns e as dos antigos egípcios. As praxes funerárias dos jukuns são particularmente semelhantes às do antigo Egito. Admite-se que a sociedade jukun pode remontar à época das dinastias egípcias, atribuindo à cultura jukun uma duração de vários milhares de anos.

♦ Grupos ♦

Os jukuns constituem uma tribo única de negros africanos com muitas divisões lingüísticas diferentes. Eles fazem parte do reino sudanês mais antigo.

♦ Grupos lingüísticos ♦

A língua jukun tem seis dialetos: o wukari, o donga, o kona, o jibu, o wase tofa e o gwana. Esses dialetos têm parentesco com as outras línguas Bantu. O Bantu é o tronco lingüístico mais importante da África Central.

♦ Aparência ♦

Os jukuns apresentam dois tipos físicos diferentes. Os jukuns da região Wakuri da Nigéria são altos e musculosos, têm pele escura e pêlos abundantes no corpo. Os jukuns do segundo tipo são menores e têm pele clara, cor de café. Esses jukuns mais baixos têm uma aparência levemente asiática. Os dois grupos são dotados de olhos oblíquos, malares salientes e pernas e quadris esguios. As cicatrizes no rosto ou no corpo, resultantes de ferimentos propositais, são consideradas sinais de grande beleza entre os jukuns.

♦ Características ♦

O elemento mais fascinante da cultura jukun é sua evidente conexão com os primitivos reinos do Egito antigo. O ritual fúnebre dos jukuns é conhecido como "a retirada da mordaça", cuja semelhança com a tradição funerária egípcia da "abertura da boca" chama a atenção. A concepção jukun de um duplo espiritual (ou *dindi*) corresponde perfeitamente à Ka egípcia.

Kindo é o reino espiritual onde as almas humanas vão viver depois da morte. O Kindo assemelha-se à existência que cada jukun teve aqui na terra – na verdade, um feliz território de caça. A crença dos jukuns no Kindo também reproduz a crença dos antigos egípcios na vida depois da morte. É interessante observar que se podem encontrar, ao longo do rio Benue, antigos remanescentes da influência egípcia.

Os jukuns acreditam que, no Kindo, o dindi supera a espécie humana em número e em sabedoria. Por isso, todas as manhãs dirigem uma oração aos espíritos dindi de seus ancestrais, esperando que os invisíveis poderes do Kindo os proteja durante o dia. Os jukuns também acreditam que a morte amplia o poder de cada alma humana. É somente graças à morte que esses poderes divinos se concretizam e se tornam manifestos.

Tal como outros povos indígenas, os jukuns observam os sinais da natureza e acreditam firmemente na interpretação dos sonhos. Eles interpretam a maioria dos sonhos como mensagens às avessas. Por exemplo: sonhar com a morte significa simplesmente que será concedida à pessoa uma oportunidade para uma vida nova. (Esse conceito é bem junguiano.) Sonhar, entretanto, com vermes vermelhos pode indicar um funeral, pois no Kindo o morto se alimenta de vermes vermelhos.

As cerimônias religiosas dos jukuns se baseiam no culto dos mortos e na adoração dos *aku*, ou espíritos dos ancestrais. Para os jukuns, esses ancestrais estão sempre presentes e, por isso, jamais levam à boca qualquer alimento sem antes fazer uma oferenda sagrada ou pronunciar uma oração de agradecimento. Acreditam também na reencarnação. Para os jukuns, entretanto, os ancestrais se encarnam na mesma família. O espírito de uma avó, por exemplo, pode reencarnar no corpo de uma neta. Não é raro ouvir uma jovem mãe dizer a uma filhinha chorona: "É melhor você ficar quietinha, senão eu voltarei como sua filha para atormentá-la do mesmo modo que está me atormentando agora!"

O tratamento dado pelos jukuns a seus mortos apresenta fortes semelhanças com os ritos fúnebres dos egípcios. Os cadáveres são lavados, ungidos com óleos e envoltos em tiras de pano branco. São enterrados depois de terem sido pronunciadas, por um amigo, as seguintes palavras: "Hoje terminou sua associação com este mundo. Sua sabedoria é agora maior que a nossa. Curve sua cabeça onde Chido (deus celestial) o colocou."

Como outros povos tribais, os jukuns são extremamente receptivos e intuitivos e têm acentuadas tendências místicas. Sua percepção baseia-se menos na razão e na lógica que no sentimento. A palavra com que designam a lua é "ela". A deusa é também tratada de "mãe" ou "avó".

Para os jukuns, a lua está associada à tribo, à família e à alma. Sua tradição familiar é extremamente forte. A ausência de uma família é considerada o último grau de degradação. Os jukuns também praticam a feitiçaria, um costume comum entre as tribos africanas. Segundo os jukuns, a bruxa nem sempre é uma mulher, havendo também probabilidade de que seja um homem.

◆ Conclusão ◆

Se escolheu a Máscara Jukun de Akuma como símbolo da sua vida passada, você é uma pessoa sensível aos sentimentos dos outros. Tem qualidades mediúnicas e é impressionável. Embora talentoso, seus talentos podem não estar bem focalizados.

Você precisa sentir que é aceito num ambiente familiar. Se não estiver próximo da sua família biológica, há de buscar a intimidade de um círculo de amigos que lhe dêem apoio familiar. Pode tornar-se tímido ou muito apegado ao seu clã. De início, mostra-se acanhado com as pessoas estranhas, mas, quando chega a conhecer alguém, torna-se um amigo leal e para toda a vida.

Sua aparência é imponente e altiva, mas depende em grande parte do seu humor variável. É freqüentemente difícil avaliar sua verdadeira idade. Seu rosto pode ser suavemente arredondado. As pessoas muitas vezes lhe atribuem uma idade bem inferior à que realmente tem. Tal como a lua, você parece melancólico e misterioso.

Sente-se atraído pelas belas jóias e por tecidos suntuosos. Acha importante causar boa impressão. Dá muita atenção às roupas que usa, pois elas constituem sua maneira individual de expressar-se. Talvez não dê a mesma atenção a outros aspectos de sua vida.

Provavelmente, a área que você mais ignora é a do seu talento. Tende a sacrificar-se e a pôr de lado suas habilidades, enquanto procura ajudar os outros a descobrirem seus próprios caminhos. Sabe estimular os talentos alheios, pois é um indivíduo que se preocupa particularmente com os outros. Enquanto assim procede, seus próprios recursos interiores e suas habilidades podem ser negados ou suprimidos.

Você tende a fazer com que as coisas aconteçam, mas as outras pessoas talvez não possam ou não queiram reconhecê-lo. São capazes de ver que algo está acontecendo, mas talvez não percebam que o poder de desencadeá-lo vem de você. É possível que nem mesmo você reconheça esse seu poder. Aprenda a fazer com que lhe sejam creditadas as coisas que você faz e não permita que seus talentos sejam reivindicados por outras pessoas.

Você conhece o significado do sofrimento; ocorre, porém, um nascimento espiritual durante as épocas de infortúnio que você corretamente interpreta como necessárias ao seu desenvolvimento interior. Cuide de não atribuir a si mesmo o papel de mártir. Admire e tenha sempre presente na sua memória as mensagens de Cristo ou de Buda, mas esteja atento para que sua bondade não seja explorada.

Você compreende profundamente a condição humana, mas pode relutar em levantar-se em defesa de suas convicções. Você se afasta de discussões demasiadamente violentas para sua natureza sensível.

Agrada-lhe a segurança do útero e é particularmente acentuada a sua sensibilidade táctil. Quando se encontra num ambiente onde não pode tocar carinhosamente nem ser tocado e acariciado, é grande o seu mal-estar. Sente-se atraído por parceiros que o possam proteger contra a dureza do mundo exterior.

Como médium, você é um poderoso receptor. Percebe imediatamente como uma outra pessoa se sente com relação a você. É particularmente sensível à rejeição. Quando sente que alguém não gosta de você, fica incapacitado de agir adequadamente enquanto não convencer essa outra pessoa a aceitá-lo. Quando suas energias pessoais não fluem harmoniosamente com as de alguma outra pessoa, você tende a se responsabilizar por isso. Você precisa compreender que nem todos são tão complicados quanto você. A maioria das pessoas não é tão sensível às fases da lua e da terra.

Uma lição importante que você precisa aprender é a de viver no presente. É maravilhoso sonhar com os belos e esplêndidos tempos passados, mas é importante criar um mundo no qual as coisas valiosas do passado encontrem guarida no presente.

XI

"A máscara da Deusa."

• • • ● XI ● • • •

Deusa Iugoslava da Terra

♦ Símbolo ♦

O símbolo escolhido é uma estatueta em argila, anterior à era cristã, de uma deusa iugoslava. Acredita-se que a deusa está peneirando algum cereal que simboliza uma colheita farta e o poder de transformação da terra.

♦ Lugar ♦

Não existe um único centímetro quadrado neste planeta isento de remanescências de tradição de alguma deusa. Por trás da fachada de cada cultura deste mundo, encontra-se subjacente a obra criativa e mágica do princípio feminino. O local em que você se encontra agora contém os estímulos de uma divindade feminina que surgiu com o aspecto de uma deusa. Talvez seja a Mulher Búfala Branca dos lakotas ou a Deusa Aranha dos hopis. Para os sumerianos, era Inanna. Entre os assírios e babilônios, era Ishtar. É igualmente Diana a caçadora, Shakti a transformadora ou a bela deusa serpente de Creta. Seja qual for o seu nome, ela retém dentro de você a energia espiritual e elementar, e anseia por ser reconhecida e chamada à tona.

♦ Época ♦

A tradição da divindade feminina tem exercido uma forte influência há pelo menos vinte mil anos e talvez há mais tempo ainda. Esta deusa iugoslava da terra, em particular, data mais ou menos de 400 a.C.

♦ Grupos ♦

Essa tradição abrange todas as culturas do mundo, particularmente as da Antiguidade mais remota. O estilo da deusa iugoslava é europeu, porém semelhante ao de outras estatuetas antigas encontradas em todo o mundo.

♦ Grupos lingüísticos ♦

Todas as línguas antigas estão incluídas.

♦ Aparência ♦

Todos os traços físicos estão representados.

♦ Características ♦

Coragem, sabedoria e sensualidade: tais são as forças que se encontram por trás da tradição da deusa. Há uma acentuada espiritualidade que reconhece o poder das forças elementares. A espiritualidade da deusa se faz sentir mais diretamente através da chuva, do vento, da pedra, da flora e da tempestade e não tanto como habitante de um céu abstrato. Há um respeito pelas energias da terra e pelas forças cósmicas naturais. Uma percepção do mito, da lenda e da poesia vem em primeiro plano. A sexualidade é encarada como um caminho para a transformação espiritual.

A essência do divino é percebida como um aspecto feminino. Surge com aparências muito diversas. Sua primeira manifestação é a da donzela ou menina-moça interior. Existe nela uma sabedoria que só se pode encontrar na pureza e na inocência. É a virgem tendo ao colo a cabeça de um unicórnio adormecido. É a musa do gentil poeta. Sua sabedoria é adquirida naturalmente, graças à intuição, e vai desabrochando a capacidade de desenvolvimento que ela proporciona e que se assemelha a um terreno fértil na primavera. Os botões começam a abrir-se em flor como jovens seios; descongelam-se nas montanhas os cursos d'água que fluem como o primeiro mênstruo. A Deusa Donzela oferece uma generosa confiança e os primeiros frêmitos do amor.

A Deusa personificada como Mãe mostra o poder centralizado da espiritualidade feminina. Ela representa a fecundidade da terra, com uma abundante coleta de ovos. Toma conhecimento de seu poder elementar na mulher adulta. É a Mãe Nutriz e a guardiã da paz no nosso planeta. Mantém, contudo, sob seu poder, as tempestades e todas as fases climáticas. Suas canções conseguem acalmar os ventos e ela pode desencadear ou interromper as chuvas. A Deusa Mãe controla todas as forças naturais, sejam elas positivas ou negativas, materiais ou etéreas. É a detentora da pura alegria da sexualidade; é harmonia cósmica e equilíbrio. Representa os aspectos mais criativos da personalidade, tanto para as mulheres como para os homens, e é comparada à profusão luminosa da lua cheia.

A Deusa vista como a velha feiticeira, a Anciã, fornece os poderes de transformação da morte. Está se aproximando do final de sua vida e vive entre mundos em transformação. Sua sabedoria abrange o conhecimento deste mundo e a energia do que vem depois. Com a maturidade, percebe-se magia em tudo. Ela é a feiticeira que faz as mesas dançarem e interpreta as mudanças climáticas. Seu caminho não apresenta obstáculos e ela comete poucos erros. Seu corpo físico começou a murchar como as folhas das árvores no outono, porém intensifica-se a sua força espiritual. Seus olhos enevoados conservam um lampejo de sabedoria. Ela é a Avó para todos os seres esclarecidos que vão à sua procura. Audaciosa, a velha feiticeira perscruta o mundo futuro e nos oferece sua visão. Ela se mantém no limiar da morte, à espera do renascimento, mais audaciosa e viva que nunca, no belo corpo da donzela.

As mulheres e os poetas têm estado há muito tempo conscientes das forças femininas e receptivas que se agitam no seu interior. Percebe-se a presença de uma energia na noção de "outrem", na qual a individualidade pode se fundir e se transformar. Tal como o luar, que é uma luz refletida mas não é um simples reflexo, ela projeta uma aura sutil, bela e misteriosa. Sob essa luz, o conhecimento surge naturalmente a partir da intuição. Esse conhecimento pode ser mais exato e preciso que o obtido graças à dedução lógica. "As idéias que se formam à luz da lua", escreve M. Esther Harding, em *Women's Mysteries*, "têm uma força e um poder de persuasão raramente encontrados nas que se originam da cabeça."*

♦ Conclusão ♦

Se escolheu como símbolo da sua vida passada a Deusa Iugoslava da Terra, você passou por transformações importantes nestes últimos anos. Muito provavelmente, essas mudanças ocorreram na sua atitude, na sua filosofia pessoal e na sua maneira individual de ver o mundo. É possível que você tenha amadurecido muito. Talvez tenha até mesmo procedido a alguma alteração de grande monta na sua maneira de viver ou na sua profissão.

Sente-se particularmente ligado a tradições do passado e perfeitamente à vontade em companhia de mulheres. É muito importante que sua família lhe dê apoio. Você precisa de uma base estável para poder enfrentar o resto do mundo. Em certas ocasiões, você tem a impressão de estar se desenvolvendo de maneira excessivamente lenta e que o mundo o está deixando para trás. Você precisa aprender que se achegar à vida sem pressa permite que se construam alicerces muito mais sólidos para o futuro. Não se sinta mal se seus amigos lhe derem a impressão de estarem passando à sua frente. Você logo os alcançará. Confie na sua voz interior, pois ela é sábia.

Se você é do sexo masculino e escolheu esta carta, isso indica que está entrando em contato com as partes mais intuitivas e estimulantes da sua personalidade. Está evoluindo de modo a se tornar um ser humano mais completo e reivindicando poderes intuitivos que, durante muito tempo, você ignorou. Está agora mais sensível às energias vitais que o circundam. Caso se interesse pelo desenvolvimento de suas habilidades psíquicas, é este o momento adequado.

A Deusa tem múltiplas identidades. Você talvez sinta mais afinidade com Diana ou Ártemis, a poderosa caçadora que amava a caça e a conquista. Ela é a "Senhora das Coisas Selvagens", aquela que respeita a natureza e as forças dos elementos. É uma mulher corajosa que gosta de ter êxito, bem como protege os fracos e os jovens. Diana é arguta, sábia e precisa. É impossível destruí-la ou tirar vantagens dela. É a deusa forte, plenamente consciente de seus poderes.

Talvez você se assemelhe mais a Vênus ou Afrodite. Pode perceber em seu íntimo a gentil disposição para o amor e a beleza. Sua energia feminina é suave, exigente e irresistível. Sua excelente imagem, por si só, faz perder o juízo aos mais sensatos. Tal como Vênus, você é a deusa da água e da sensação. Adquire uma

* Esther Harding, *Woman's Mysteries; Ancient and Modern: A Psychological Interpretation of the Feminine Principle as Portrayed in Myth, Story and Dreams* (Nova York: Pantheon, 1955).

sabedoria etérea por osmose e intuição, mas possui seu próprio tipo de força. Diante dela os ventos se esquivam; sob seus olhos as flores desabrocham na paisagem. Sua árvore é a murta, e sua ave, a pomba.

Não importa com que deusa você sente maior afinidade: você é uma pessoa congenitamente sensual. Suas opções são complexas e você muda com freqüência o rumo de suas ações. Parece-lhe por vezes difícil decidir entre mostrar-se agressivo ou cooperar. Há suavidade em você, mas também um núcleo cheio de força que você facilmente pode fazer vir à tona.

Você pode ter iniciado sua vida como uma bondosa Afrodite, ajudando e socorrendo as outras pessoas, transformando-se em seguida na corajosa Ártemis. Como Afrodite, você protege os que sofrem, os que são abandonados ou indignamente explorados. Essas duas qualidades podem ser acionadas quando se fazem necessárias. Você pode, inclusive, gostar de recolher belas pedras, ninhos abandonados de aves, plantas odoríferas e outras expressões da natureza. É provável que você goste de ficar observando o céu com um vivo interesse durante um flamejante pôr-do-sol, ou levado pelas luminosas fases da lua, pelos eclipses e outras configurações planetárias. Suas afinidades com a natureza podem lhe ter valido uma reputação de "bruxo" ou "esquisito".

A palavra *witch*,* derivada do termo do inglês antigo *wych* (que significa dar forma ou encurvar), significa que você é sábio (*wise*), desembaraçado, habilidoso e capaz de se adaptar às forças da natureza. Mas não se esqueça: as pessoas como você acrescentam um sabor especial à existência insípida daqueles que não se encontram tão harmonizados com essas misteriosas expressões da vida.

* Palavra inglesa que significa "bruxo", "bruxa". (N. T.)

XII

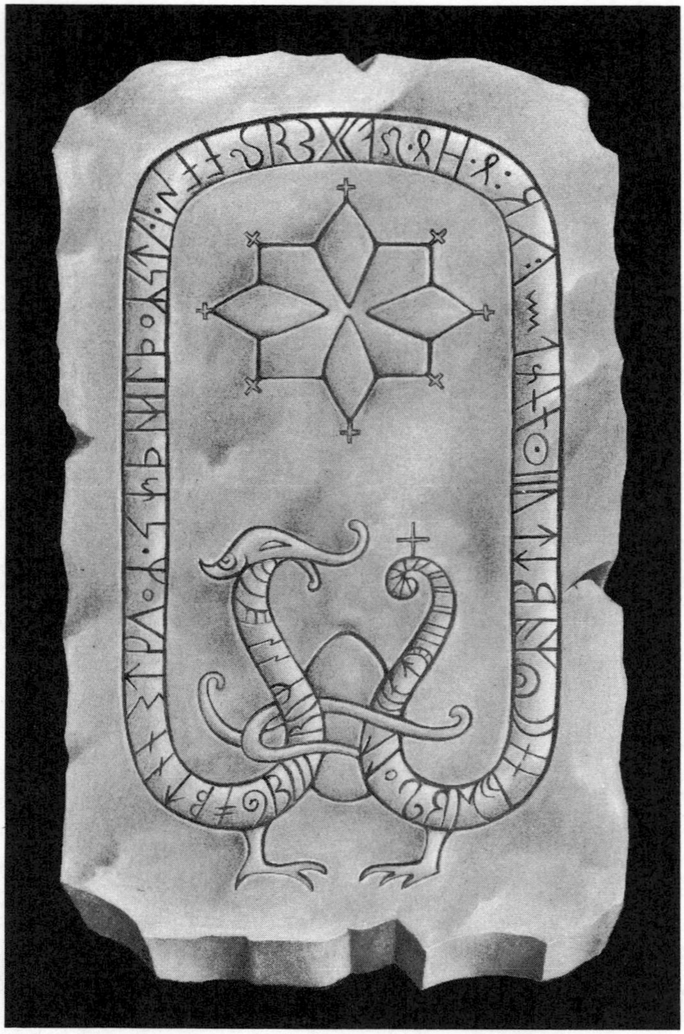

"Amor à vitória."

XII

Pedra Viking das Runas

♦ Símbolo ♦

O símbolo que você escolheu é uma pedra rúnica erigida em homenagem a um chefe viking. As runas gravadas na pedra constituem um alfabeto de origem escandinava. Os antigos noruegueses usavam as runas, não só para transmitir as idéias, a história e as sagas dos vikings, mas também para a adivinhação. Os monumentos rúnicos aos mortos inspiraram o hábito moderno de colocar lápides sobre os túmulos. Como muitos outros povos antigos, os vikings acreditavam que as pedras continham os fantasmas e espíritos de seus ancestrais.

♦ Lugar ♦

Os vikings eram um povo escandinavo que habitava a Noruega, a Suécia e a Dinamarca. Estabeleceram-se na Groenlândia, na Islândia, nas ilhas Britânicas, tendo chegado até o Novo Mundo. Em suas viagens, os comerciantes vikings chegaram a muitos países estranhos, entre os quais a Rússia. A palavra *Rus*, um nome tribal entre os vikings, designou mais tarde a Rússia. Admite-se correntemente que os vikings foram os primeiros homens brancos a entrar em contato com os ameríndios (a quem os vikings chamavam *Skraelings*) num ponto qualquer da Terra Nova.

♦ Época ♦

Em 793 d.C., os vikings chamaram a atenção do mundo cristão quando atacaram Lindisfarne, na costa da Inglaterra. A narrativa desse primeiro incidente foi registrada por um enfurecido saxão: "No ano de 793, os pagãos vindos do Norte chegaram à Bretanha com uma frota de navios feito um enxame de agressivas vespas". Monges europeus escreveram mais tarde: "Nem fogo nem aço podia detê-los".* O auge da expansão viking ocorreu por volta do ano 1000 d.C., quando Thorfinn Karlsfni embarcou para Vinland (ou América). Em 1347 d.C., os vikings

* David M. Wilson, *The Vikings and Their Origins: Scandinavia in the First Millennium* (Nova York: McGraw-Hill, 1970).

empreenderam sua última viagem às terras hoje conhecidas como América do Norte.

♦ Grupos ♦

Os vikings foram os antepassados dos atuais dinamarqueses, suecos e noruegueses. Já em eras remotas os vikings se haviam separado em três grupos distintos.

Os *thrall* (ou escravos) constituíam um bando selvagem. Eram descritos como dotados de rostos feios e amassados e dedos grossos. Os *thrall* construíam cercas, criavam porcos e gado e foram responsáveis pela aplicação de adubos. Os *karl* (ou agricultores domésticos) eram gente sedentária, de rostos corados e grandes olhos claros. Os *jarl* eram chefes guerreiros ou aristocratas de cabelos louros, rostos corados e olhos penetrantes como os de uma serpente. Eram responsáveis pela fabricação de escudos, pela tomada de decisões importantes e, nas batalhas, chegavam à vitória montados em seus cavalos.

♦ Grupos lingüísticos ♦

Os vikings falavam uma língua germânica, com diversos dialetos.

♦ Aparência ♦

O manuscrito de um árabe requintado e erudito, Ibn Fadlan, fala de um encontro com os vikings em 922 d.C. "Vi com meus próprios olhos a chegada dos homens do Norte com suas mercadorias, e como armaram suas tendas às margens do Volga. Eu nunca vira gente tão gigantesca: eram altos como palmeiras, de tez rosada e rubicunda. Da ponta dos dedos até o pescoço, cada um deles tem tatuadas imagens de árvores, de seres vivos e de outras coisas."*

Fadlan comenta mais adiante: "São a raça mais sórdida jamais criada por Deus. Eles não se limpam depois de evacuarem, nem se lavam depois da polução noturna, como se fossem asnos selvagens."**

Os vikings, porém, descreviam-se de maneira diferente. Em "A Saga de Njals", um rapaz viking é descrito da seguinte maneira: "Ele era extremamente belo, com sua pele clara, seu nariz reto, seus argutos olhos azuis e suas faces coradas. Seu cabelo era comprido, abundante e amarelo, bem distribuído sobre a cabeça."***

Os antigos relatos de vikings altos e majestosos são exagerados. A altura média de um viking alcançava apenas 1,70 m. Vikings escuros, de cabelos e olhos negros, eram comuns entre esses nórdicos.

* Michael Crichton, *Easter of the Dead* (Nova York: Alfred A. Knopf, 1976).

** *Ibid.*

*** David M. Wilson, *The Vikings and Their Origins: Scandinavia in the First Millennium* (Nova York: McGraw-Hill, 1970).

♦ Características ♦

Os vikings constituíam um grupo estranho e ambíguo. Consideravam a bisbilhotice o pior crime. "A língua que mais fere", escreveu o rei viking Sigurd Jorsalafar, "deveria ser severamente castigada." No entanto, eles eram capazes de matar um homem ou uma mulher sem nem mesmo piscar um olho. Embora por vezes compassivos, raramente demonstravam ternura. Na verdade, para os vikings, a gentileza era um comportamento desconcertante.

Quanto a seus assuntos pessoais, mantinham-se friamente distantes e perplexos diante das paixões que não tivessem nenhuma relação com as guerras. Eles simplesmente recusavam reconhecer uma derrota. Ibn Fadlan observou que, embora não alimentassem nenhum sentimento de culpa quando se tratava de matar, os vikings mostravam-se bondosos para com seus escravos.

Combatentes horrendos e ferozes, suas táticas eram desnorteantes. Em suas batalhas, não havia estratégia nem organização. Os vikings dependiam da força física bruta e do impacto de seus ataques para derrotar o inimigo. Eram geralmente bem-sucedidos. Esses nórdicos bem depressa se tornaram conhecidos em toda a Europa como guerreiros furiosos – fortes como ursos e desatinados como cachorros loucos.

Segundo a maioria dos relatos, o tratamento dado pelos vikings às mulheres era aviltante e cruel. Eram tratadas pior que os escravos e podiam ser entregues como presentes sexuais a vários homens diferentes. Quando morria um chefe guerreiro importante, sua escrava favorita era estrangulada por uma velha feiticeira, ou "anjo da morte", a fim de que o acompanhasse na viagem até o Valhalla ou Paraíso. Os dois corpos eram colocados num navio e, em seguida, queimados. Para um homem, entretanto, morrer pela mão de uma mulher era considerado extremamente degradante.

O fabulário viking revela um medo dos poderes ocultos das mulheres. Contém histórias de misteriosas habitantes dos bosques que fascinavam os homens com sua beleza e sua sedução feminina. De acordo com a lenda, quando se aproximava de uma dessas mulheres, o homem descobria que ela não era realmente de carne e osso. Era, em vez disso, uma aparição oca, um receptáculo de coisa alguma. A habitante dos bosques tinha o poder de lançar encantamentos envenenados sobre o homem, de seduzi-lo e de transformá-lo para sempre em seu prisioneiro – terrível situação para um viking.

Os vikings eram audazes, temerários e agressivos, e marcaram sua presença em todo o mundo como conquistadores corajosos. Sua vida transcorria às portas da morte e aceitavam a possibilidade de caírem vitimados pela espada de algum inimigo a qualquer momento. Para eles, "morrer num leito de palhas" era inteiramente inaceitável, pois os guerreiros que tombavam durante uma batalha podiam chegar num instante ao Paraíso.

♦ Conclusão ♦

Se escolheu a Pedra Viking das Runas como símbolo de sua vida passada, você se sente pouco à vontade para revelar a outras pessoas suas emoções mais profundas. Isto faz com que seja freqüentemente malcompreendido. Não se trata de indiferença nem de frieza da sua parte; você simplesmente prefere manter-se objetivo ou desprendido na maioria das situações normalmente carregadas de emoção. Quando decide expressar seus sentimentos, você o faz, na maioria das vezes, através de ações iradas ou agressivas. Isso geralmente acontece quando o fazem chegar aos limites da sua tolerância. Seu temperamento é facilmente inflamável.

Escondido bem lá no fundo, você tem um ponto sensível que dificilmente se deixa enternecer. Você mantém esse ponto em segredo e até com uma espécie de pudor. Não quer que os demais vejam em você um indivíduo fraco ou subdesenvolvido. É possível que tenha sufocado durante tanto tempo as suas emoções que elas agora lhe parecem fora de alcance. Por outro lado, sua solidão lhe causa muito sofrimento. As outras pessoas podem interpretá-lo mal, o que lhe acarreta grande tristeza.

Você dá a seus amigos a impressão de que não precisa da ajuda deles quando, na verdade, precisa. Mais do que qualquer outra coisa, você receia as intimidades. Na realidade, seus sentimentos são de tal modo profundos que você tem medo de não conseguir controlá-los se chegarem a se desencadear. Você se preocupa com isso como se fosse uma criança e talvez ainda receie essas forças estranhas e obscuras que se agitam em seu íntimo.

Sua natureza enérgica e tempestuosa assusta as pessoas. Algumas podem se "aliar" contra você, tentando minar sua autoridade ou seu poder. Seus silêncios podem provocar críticas ou maledicências. Você tende a rebelar-se contra as leis ou a religião estabelecidas. Não gosta de ser dominado, sobretudo por pessoas que recorrem a maneiras ardilosas a fim de manipulá-lo. Para você, isso é inteiramente inaceitável.

Caso pertença ao sexo masculino, talvez se sinta intimidado ou desconcertado pelas mulheres. Elas lhe revelam um aspecto da sua personalidade que, durante muito tempo, você tentou esquecer. Você precisa aprender a confiar um pouquinho mais nas mulheres, pois elas são capazes de atingir níveis com os quais você não está em contato no plano consciente. É importante que chegue a experimentar e a compreender a força da bondade e do vínculo emocional verdadeiro. Trata-se de um tipo de entrega que você desconhece, mas você precisa compreender que jamais chegará a sentir um amor verdadeiro se não estiver disposto a entregar uma parte de si mesmo a uma outra pessoa.

Para você, a vida é séria e seus pensamentos são profundos. Você é capaz de suportar privações e sofrimentos melhor que ninguém. Parece, por vezes, que a vida usa de má fé contra você. Embora rigoroso consigo mesmo, você alimenta alguns sonhos. Esses sonhos costumam realizar-se quando você se torna mais velho e aprende a enfrentar a vida de maneira mais despreocupada e alegre. Fiscalize sua tendência à rigidez, pois isso atrai críticas e lhe torna difícil aceitar elogios.

A escolha das runas vikings pode indicar dificuldades ou problemas com mulheres. Talvez sua mãe não tenha sido capaz de aceitá-lo com facilidade, de modo que, hoje, você pode achar difícil aceitar as mulheres. Talvez você tenha nascido num ambiente deficitário do ponto de vista emocional ou quando sua família estivesse passando por um período de grande tensão. As coisas agora são diferentes; por isso, aprenda a desculpar a si mesmo e aos outros.

Se você é mulher e escolheu a Pedra Viking das Runas, então você é sábia, forte e dotada de poderes mágicos. Nunca tenha medo de sua força e de sua autoridade por mais que as outras pessoas tentem criticá-la ou dominá-la. A despeito da sua aparente doçura e bondade, você jamais se curvará diante de forças que pretendam prejudicar a você ou aos seus entes queridos. Terá provavelmente de enfrentar dificuldades antes de tomar consciência do seu poder e de afirmá-lo. Uma existência entre os vikings pode-lhe conferir uma determinação interior capaz de lhe proporcionar muitas vitórias nesta vida. Aprenda a canalizar o seu poder e traga para outras pessoas a luz da vitória.

XIII

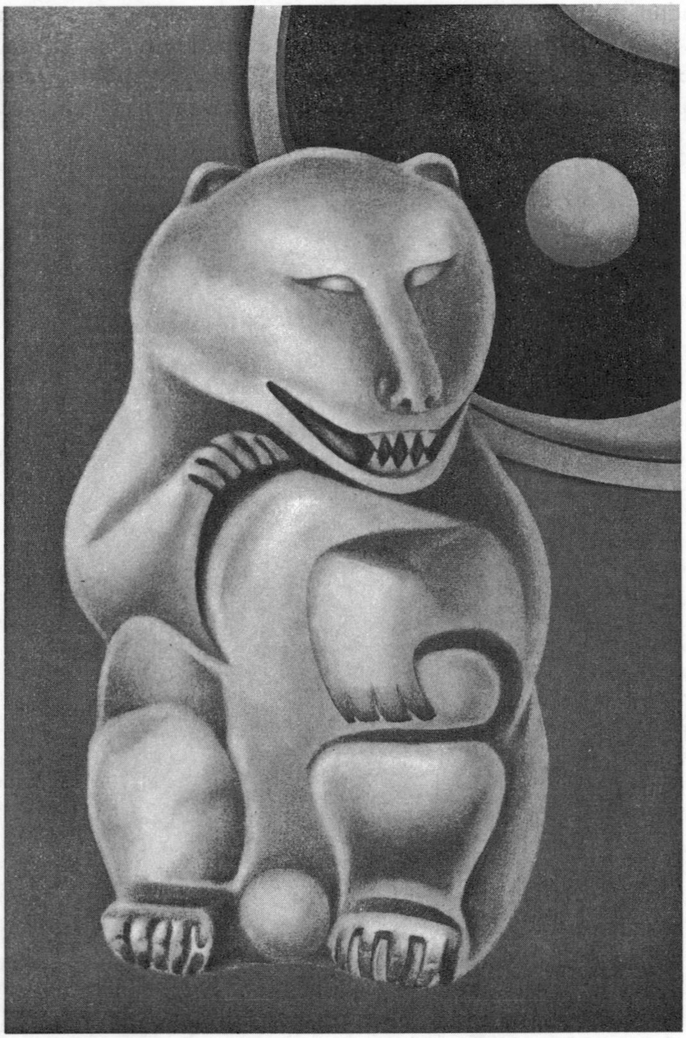

"O saber é perfeito. Nada pode ser acrescentado."

• • • XIII • • •

Urso Chinês

♦ Símbolo ♦

Como símbolo da vida passada, você escolheu a estátua funerária de um urso chinês modelado em bronze. Entre os chineses, o urso é tradicionalmente considerado um símbolo da boa sorte.

Todavia, podemos encontrar um significado mais profundo em culturas afins, nas quais o urso representa a cura psíquica e um terrível poder espiritual. As tribos *ainu* do Japão sacrificam, ainda hoje, filhotes de urso para garantir um lugar no mundo futuro. As tribos de ameríndios consideram o urso *wakan*, algo tão mágico e grandioso que fica além da compreensão humana.

Este urso dourado, em particular, servia de leme num carro funerário durante o período dos Reinos Combatentes na China. Esperava-se, provavelmente, que fosse portador de boa sorte e felicidade para o ocupante no mundo espiritual.

♦ Lugar ♦

Essa imagem é proveniente de Lo-yang, na província de Honan da China central. A China é um imenso e diversificado país, cuja extensão é quase igual à dos Estados Unidos. No transcorrer da História, os limites da China têm abarcado a Mongólia, o Tibete, partes da Coréia, a Manchúria e o Sin-kiang.

♦ Época ♦

Os objetos artísticos de bronze são típicos da dinastia Han, da China antiga, que se estendeu de 206 a.C. até 220 d.C. A estátua do urso de Lo-yang data aproximadamente do século I antes de Cristo.

♦ Grupos ♦

É tão grande a diversidade dos grupos e povos da China antiga que uma relação completa se faz impossível. Os chineses antigos geralmente eram identificados segundo suas províncias de origem, as quais se estendiam da Manchúria e de Sin-kiang, ao norte (nas proximidades da Mongólia e das fronteiras soviéticas), até Hunan e Kwangtung, na China meridional.

♦ Grupos lingüísticos ♦

É imensa a diversificação dos dialetos e línguas na China. Embora haja um parentesco entre suas línguas, os habitantes das diferentes regiões da China em geral não conseguem falar uns com os outros.

Por outro lado, a linguagem escrita da China permaneceu uniforme e a escrita era facilmente compreendida por pessoas que viviam a milhares de quilômetros umas das outras. Isso facilitou a formação de uma sociedade altamente ilustrada na qual as concepções literárias, religiosas e filosóficas puderam florescer e desenvolver-se em escala universal.

♦ Aparência ♦

Os chineses constituem um dos povos de aspecto mais característico do mundo. Têm cabelos negros e lisos e pálpebras epicânticas (dobradas); fazem parte de um grupo racial de ascendência mongolóide.

Comparados com outros povos do mundo, os chineses são pequenos. Em virtude de seus hábitos alimentares, os jovens chineses raramente são gordos. Sua pele, geralmente amarela, apresenta colorações que vão de um leve bronzeado até um moreno avermelhado, dependendo da região em que vivem e de sua exposição ao meio ambiente.

♦ Características ♦

Os chineses se instalaram inicialmente no fértil vale do rio Amarelo, onde floresciam a agricultura e a vegetação. Todavia, devido às enchentes e à inclemência do tempo, os chineses antigos aprenderam bem depressa que não poderiam depender exclusivamente dessa região para sobreviver. Começaram a expandir-se por diversas regiões da China; foi quando chegaram a compreender que, para sobreviver, teriam de viver em perfeita harmonia com a natureza. Essa antiga convicção vem sendo transmitida até hoje na China.

Para os antigos chineses, todos os espíritos superiores viviam na natureza. Essa idéia se equipara às crenças panteístas da maioria dos povos nativos. Acreditava-se que os espíritos habitavam as montanhas, os rios, o vento, as árvores, o trovão e a chuva. Neste aspecto, os chineses eram bastante supersticiosos e faziam oferendas de alimentos e bebidas às forças da natureza. Quando os espíritos não estavam aplacados ou satisfeitos, convocava-se um xamã que entrava em comunicação e argumentava com eles. A menos que os espíritos ficassem satisfeitos, a sorte seria adversa e não haveria abundância na época das colheitas anuais.

Provavelmente, a mais interessante e difundida teoria da China antiga é a concepção de forças duais existentes na natureza e que os chineses denominam *yin* e *yang*. Eles acreditavam que cada um de nós traz, dentro de si, uma natureza com dois aspectos, positivo e negativo, masculino e feminino. Essa noção era representada por um símbolo metade preto e metade branco.

O *yin* era considerado de natureza essencialmente feminina, presidindo a obscuridade intuitiva, a noite, a lua e a terra. O *yang*, por outro lado, era tido como voltado para o aspecto masculino, ativo e consciente. O *yang* significa luz do dia, luminosidade, sol e céu. Considerava-se de suma importância que esses dois elementos permanecessem equilibrados, não só no interior de cada indivíduo, mas também na natureza. Quando o *yin* e o *yang* não conseguem atuar conjuntamente em harmonia podem ocorrer enfermidades físicas e mentais, natimortos, secas e inundações.

Acredita-se também que as forças vitais do *yin* e do *yang* existem dentro do corpo humano como uma energia. Quando se interrompe o fluxo de uma dessas forças, a doença assume o seu lugar. A acupuntura, um método chinês de cura com agulhas, que são inseridas em pontos estratégicos da pele, destina-se a estimular e equilibrar a energia vital do *yin* e do *yang*. A acupuntura atua com resultados particularmente benéficos quando se trata de sintomas relacionados com a tensão e nos casos em que a energia fica bloqueada por sentimentos ou pensamentos negativos.

Como muitos outros povos antigos, os chineses mantinham um sistema bastante complexo de culto dos ancestrais. Acreditavam que o espírito de um antepassado morto podia controlar o bem-estar da família. As datas de mortes e de nascimentos mereciam especial atenção, sendo comemoradas com cerimônias nas quais o morto era lembrado em solene meditação e com orações. Em todos os lares da China antiga, havia uma sala especial que, segundo se acreditava, era habitada pelos espíritos ou fantasmas dos ancestrais.

A dinastia Han inaugurou uma nova era de esclarecimento na China. Foi nessa época que as filosofias de Lao-Tzu, de Confúcio e de Buda se tornaram amplamente conhecidas, seguidas e discutidas. As invenções e a arte tornaram-se mais requintadas e especializadas. O povo costumava ler e escrever poesia. Foi quando se começou a fabricar o papel e surgiu a imprensa; abriu-se o caminho da seda para o Oriente Médio, trazendo para a China uma prosperidade anteriormente jamais conhecida.

♦ Conclusão ♦

Se a sua escolha de um símbolo recaiu sobre o Urso Chinês, você é uma pessoa habilidosa, autocrítica e meticulosa. Os demais a consideram discreta, despretensiosa e reservada. Prefere ter em sua vida o equilíbrio, em vez da excitação de uma quantidade excessiva de altos e baixos que interrompem o fluxo suave de sua energia. Nas profundezas de seu ser, existe um ponto cheio de emoções tumultuosas e apaixonadas que você preserva cuidadosamente. Tende a aparentar uma fachada de "frieza". Os outros podem não saber apreciar devidamente sua natureza requintada.

Você é mestre em autocontrole. Pode evitar amizades muito íntimas por estar empenhado em compreender a si mesmo. Talvez perceba que não precisa da distração adicional que viria da tentativa de compreender uma outra pessoa. Quando cuida dos problemas alheios (como acontece freqüentemente), você pode começar a perder a percepção de sua própria personalidade. Isto o faz sentir-se inepto e confuso. A energia das multidões lhe parece desnorteante. Há pessoas que precisam da aprovação dos amigos e de seus grupos para descobrirem quem elas realmente são; você prefere estar sozinho. Só quando em completa solidão pode sentir sua personalidade em toda a sua plenitude.

Aos olhos dos outros, você é uma pessoa minuciosa, dotada de esplêndido senso de equilíbrio e proporção. Tem uma excelente e judiciosa percepção dos detalhes. Muito pouca coisa escapa ao seu olhar cuidadosamente observador. Tem uma inteligência extremamente ágil e uma imaginação artística, o que faria de você um excelente pesquisador, artista ou escritor. Entretanto, as artes modernas e as modas efêmeras não o atraem realmente. É cético com relação a tudo que seja novo ou não comprovado. Suas preferências estéticas são primorosas e requintadas, porém muito conservadoras.

É provável que se interesse por assuntos relacionados com a saúde, e é muito cuidadoso com a alimentação. O corpo humano deixa-o fascinado. A medicina holística desperta particularmente a sua curiosidade, pois você sabe que, para melhorar a saúde do corpo, é necessário curar previamente o espírito. As teorias naturalistas da medicina o atraem, assim como as plantas medicinais, as vitaminas e os alimentos naturais. Possivelmente você alimenta muitas preocupações e temores com relação à sua saúde e às suas condições físicas.

No transcorrer da sua vida, tem tido a impressão de estar prestes a fazer uma descoberta ou de ter uma idéia renovadora bem próximas de seu alcance. A frustração daí decorrente vem da sensação de ter estado várias vezes muito perto de penetrar em regiões desconhecidas. Essa singular experiência pode mantê-lo insone à noite.

Você precisa aprender a ser paciente e a não esperar que as coisas boas aconteçam muito depressa. Sua idéia "perdida" acabará vindo à tona com maior clareza. Confie nisso. Sucesso e fortuna chegarão para você a passos lentos, depois de muitos anos de árduo trabalho. Seja qual for sua opção de trabalho, ela há de ser essencial e permanente. É importante que saiba que suas idéias são valiosas. Tenha cuidado ao escolher com quem compartilhá-las. Não seja um crítico severo de si mesmo e dos outros. Você tende a incidir num criticismo mesquinho, que as outras pessoas acham prejudicial ou desestimulante. Isso é particularmente real no que se refere a seus amigos. Lembre-se de que os outros respeitam suas opiniões; a idéia de que você os "desaprova" pode ser arrasadora, enquanto uma crítica vinda de outra pessoa qualquer seria facilmente posta de lado e tida como inadequada.

Sua existência entre os antigos chineses fez de você um sábio contemplativo e respeitável. Mergulhado no fluxo da vida, você é portador de uma sabedoria especial que só pode ser encontrada nos ritmos da natureza. É a sabedoria da pura simplicidade, tranqüila e despretensiosa. O sábio chinês Lao-Tzu escreveu certa vez: "A sabedoria dos antigos era perfeita. De que maneira era ela perfeita? Eles não tinham conhecimento da existência de tantas coisas. É esta a sabedoria mais perfeita. Nada pode ser-lhe acrescentado."

XIV

"Amor à palavra."

· • ● XIV ● • ·

Dançarina Elisabetana

♦ Símbolo ♦

O símbolo que você escolheu é um exemplo de traje elisabetano, desenhado por Inigo Jones, um artista do século XVI. A dançarina é representada executando uma jiga elisabetana (dança muito rápida, em três tempos) no palco do Teatro Globe. Construído em 1599, esse teatro tinha como um de seus proprietários William Shakespeare, que ali atuou como artista e como autor.

Inigo Jones, famoso arquiteto e artista, desenhava os costumes e os cenários para as peças de Shakespeare e de outros autores no reinado da rainha Elizabeth. Nessa época, os personagens femininos eram representados por jovens atores do sexo masculino. Acredita-se que Shakespeare tenha escrito trinta e oito peças – talvez uma dúzia mais – durante a era elisabetana.

♦ Lugar ♦

O período elisabetano influenciou as culturas de diversos países europeus. A sociedade elisabetana convergia, principalmente, para a figura carismática de Elizabeth I, a Rainha Virgem, em Londres.

♦ Época ♦

As datas do reinado de Elizabeth I são precisas. Começou em novembro de 1558, com a coroação da jovem rainha, e terminou em março de 1603, com sua morte.

♦ Grupos ♦

Os elisabetanos eram os ingleses da segunda metade do século XVI. Nessa época, o País de Gales, a Escócia e a Irlanda encontravam-se sob domínio inglês. Outros países, nos quais se fez sentir a influência elisabetana, foram a Espanha, Portugal, França, Itália e os Países Baixos.

♦ Grupos lingüísticos ♦

Durante a época de Elizabeth I, o inglês desenvolveu-se a partir do anglo-saxão, uma língua indo-européia de origem germânica, e do Francês, trazido pelos invasores normandos em 1066. A estrutura do inglês elisabetano é muito semelhante à das línguas da Alemanha setentrional.

O sucessor da rainha Elizabeth I, o rei Jaime (filho de Maria, rainha da Escócia), é lembrado por ter autorizado uma tradução inglesa da Bíblia. Essa tradução do rei Jaime é um primoroso exemplo do inglês elisabetano tardio.

♦ Aparência ♦

Os ingleses são um povo de origem germânica, e são mais freqüentemente altos e louros que baixos e morenos. Sua pele é clara como a de outros povos nórdicos e seu nariz é amiúde fino e fortemente pronunciado.

Em seu tempo, Elizabeth I foi considerada uma mulher atraente. Herdara a aparência invulgar de seu pai. Sua pele clara, a testa alta, os brilhantes olhos negros e os cabelos dourados chamariam a atenção ainda hoje.

♦ Características ♦

Fruto da malfadada união do rei Henrique VIII e da atraente e sedutora Ana Bolena, Elizabeth foi afastada do convívio social e viveu em lugar desconhecido depois que sua mãe foi decapitada pelo imperdoável pecado de não ter dado um filho a Henrique. Depois da morte desse rei e dos breves reinados de seu irmão Eduardo VI e de sua irmã Maria (Maria a Sanguinária), Elizabeth subiu ao trono da Inglaterra, triunfo que foi como que um desagravo à execução de sua mãe.

Para Elizabeth, ser coroada Rainha da Inglaterra constituiu um feito extraordinário. O século XVI não admitia com facilidade mulheres em posição de mando, preferindo deixá-las passar a vida na cozinha ou morrer de parto. Porém Elizabeth mostrou-se à altura da situação e soube dominar, prosperar, sobreviver e resistir. Insinuou-se com freqüência a existência de ligações românticas de Elizabeth I com os homens de sua corte – ela poderia ter se casado, a bem dizer, com quem quisesse. Manteve, entretanto, sua posição de governante com singular energia, usando astúcias femininas para lisonjear, manipular e derrotar todo homem, mulher ou nação que se interpusesse no caminho da ascensão da Inglaterra.

As mulheres se deram bem sob o governo da rainha Elizabeth. Ela lhes inspirou o desejo de procurar aprimorar sua instrução através dos clássicos, de ler e escrever poesia, de dançar graciosamente e cavalgar com destreza. Graças ao seu exemplo, as mulheres deixaram de viver inteiramente subordinadas aos homens, como acontecia até poucos anos antes.

A própria Elizabeth era uma mulher forte e completa, dotada ao mesmo tempo de atributos femininos e masculinos. Considerava os homens como seus colaboradores e ajudantes. Um nobre escocês expressou sucintamente este fato ao dizer-lhe: "Se fôsseis casada, seríeis apenas rainha da Inglaterra. Agora sois rei e rainha. Não podeis tolerar um comandante".*

O reinado de Elizabeth foi uma era de grandes transformações. O amor à palavra era uma força preeminente que permeava todas as artes. Escreviam-se cartas diariamente, a poesia e as peças teatrais eram apreciadas por gente de todas as classes e o teatro conquistou respeitabilidade como forma de arte. Tolerava-se a sátira política desde que fosse habilmente disfarçada. Desenvolviam-se a arquitetura, a pintura e os modelos de trajes em moda. Aclamava-se a beleza, e a simetria física era considerada como de suma importância.

Elizabeth e sua corte dedicavam-se, amadoristicamente, ao ocultismo. Acreditavam na astrologia, na precognição, em sonhos premonitórios e na magia. Em quase todas as peças de Shakespeare, encontram-se temas ou implicações sobrenaturais. Os elisabetanos jamais punham em dúvida essas questões; eles chegavam a acreditar que uma bruxa era capaz de atear fogo a uma casa com um simples olhar. Ana Bolena, a mãe de Elizabeth, havia sido acusada por Henrique de o ter enfeitiçado para levá-lo a casar-se com ela. O que pode ter sido verdade, pois sua filha Elizabeth demonstrava possuir poderes que pareciam quase sobrenaturais. A Inglaterra elisabetana conheceu uma era de riqueza, de prosperidade e de magia – foi uma esplêndida época para se viver, escrever, falar e inventar.

◆ Conclusão ◆

Se escolheu como símbolo da vida passada a Dançarina Elisabetana, você é uma pessoa culta e que sabe se expressar com facilidade, quer se trate de representar, de ensinar ou de qualquer outra forma de comunicação. Tem grande apreço pela palavra escrita e é dotado de grande poder de elocução. Tem invulgares talentos lingüísticos que podem ser excelentemente expressos através da leitura, da escrita, da fala ou da comédia. É capaz de se fazer de palhaço com o único intuito de alegrar o ambiente. Pode interessar-se pelo sobrenatural, e quase tudo que contenha significados ou mensagens misteriosos o fascina.

É provável que seja dotado de uma voz invulgar ou característica. É bem possível que tenha dotes especiais para falar, cantar ou discursar. Não se sente embaraçado ao se ver no centro de um palco; na verdade, isso lhe agrada. Se se pretendesse comparar sua personalidade com um planeta, haveria de ser com Vênus, o planeta do ardor da emoção e do amor. Você compartilha essa característica com o grande autor e poeta elisabetano William Shakespeare, um taurino governado pela sensual Vênus. O que não é nada surpreendente, pois você provavelmente gosta de literatura, de teatro e das belas artes.

A bondade para com os outros faz parte da sua natureza. Você é cordial, compreensivo e generoso. Não gosta de cenas desagradáveis, de discussões acrimo-

* Lacey Baldwin Smith, *The Horizon Book of the Elizabethan World* (Nova York: American Heritage, Inc., 1967).

niosas nem de conflitos inúteis. Preferiria dar a coisa por encerrada e rir. Sua atitude diante da vida é: viva e deixe que vivam.

Seu coração é terno e romântico. É capaz de se apaixonar depois de uma simples troca de olhares que tenha durado mais de cinco segundos; às vezes, isso não é muito sensato. Sua capacidade de perceber a beleza e as potencialidades existentes em praticamente toda pessoa pode levá-lo a criar uma imagem nem sempre muito adequada ao objeto da sua afeição. É a idealização do romance a que você dá tanto valor e que tende a ir buscar tal como sairia em busca do arco-íris ou de alguma bela miragem. Esse amor quimérico acaba, muitas vezes, numa amarga desilusão. A responsabilidade cabe menos à outra pessoa que à sua vontade de encobrir falhas evidentes. Você deseja intensamente amar e ser amado com paixão.

Pode sentir-se, ocasionalmente, como se você fosse um anacronismo. Agradam-lhe o ritual e o opulento esplendor de eras passadas. Você pode até mesmo gostar de ficar a refletir sobre a monarquia, a fantasiar e a se perguntar como seria se fizesse parte dessa realeza. Por esse motivo, você não é tão cético como os demais com relação à autoridade. Respeita as hierarquias e está convencido de que há de subir e de chegar um dia a ocupar uma posição preeminente. No momento presente, a defesa desse tipo de opinião pode ser mal vista, mas sua curiosidade fica espicaçada quando se põe a imaginar como seria a existência entre os ricos e poderosos.

Você pode ser extrovertido, indecoroso e até mesmo vulgar. Gosta de se divertir e de gozar a vida ao máximo. Embora exista em você um lado mais reprimido que gosta de ler tranqüilamente, de escrever e de redigir cartas para os amigos, sente com freqüência a necessidade de estar com outras pessoas para testar algumas de suas novas idéias. Não lhe faz nenhum bem ficar sozinho com muita freqüência. Vem daí uma tensão que o faz muito infeliz. Quando fica deprimido, é porque tem a impressão de que sua existência foi despojada de alguma coisa. Talvez simplesmente de uma carícia apaixonada, de objetos caros e suntuosos, ou apenas do prazer de uma companhia agradável.

Sua existência entre os elisabetanos lhe permite enfrentar a vida cheio de ambição, do prazer de viver e com firme determinação. Seu riso excêntrico e sua tépida luz interior podem levar felicidade ao coração de muitas pessoas que vivem solitárias em seus cantos escuros e depressivos.

XV

"A escuridão se transforma em luz."

• • ● XV ● • •

Espelho Celta

♦ Símbolo ♦

O símbolo que você escolheu foi extraído da parte de trás de um espelho celta do século I a.C., gravado com água-forte e coberto de pátina com bronze. Examinando-se mais atentamente esse espelho, tem-se a impressão de ver emergir, das formas circulares espiraladas, a face de um animal. Não se sabe se esse efeito foi ou não intencional.

Em tempos remotos, os espelhos eram feitos de metal, mediante o polimento do material até obter-se uma superfície perfeitamente lisa e brilhante. Os reflexos ali produzidos eram ilusórios e como que oníricos: uma imagem adequada das culturas celtas da Europa e das Ilhas Britânicas.

♦ Lugar ♦

Geralmente, associamos as culturas gaélica e celta à antiga Irlanda. Os celtas também habitaram partes da Inglaterra, da Escócia e da França.

♦ Época ♦

Acredita-se que os primeiros seres humanos a habitarem a Irlanda ali viviam por volta de 9000 a.C. Os celtas não eram, entretanto, nativos daquele país. A época exata de sua chegada ainda é tema de controvérsias.

No século VI a.C., o historiador Heródoto localizou os celtas nos Pireneus e às margens do Danúbio, na Europa oriental. No século V a.C., registrou-se a existência de celtas vivendo na Espanha e na França. Por volta do ano 500 a.C., a Irlanda era um país inteiramente celta. As tribos celtas e gaélicas predominaram na Irlanda durante, pelo menos, mil e trezentos anos antes das invasões vikings.

♦ Grupos ♦

Os celtas que povoaram as Ilhas Britânicas pertenciam a dois grupos distintos. Os britônicos instalaram-se na Inglaterra, enquanto os gaélicos ocuparam a Irlanda e partes da Escócia. Os gaélicos também se instalaram em algumas partes da

França. Trouxeram consigo para a Europa central e setentrional sua primorosa habilidade em trabalhar com metais da Idade do Ferro.

Existem misteriosas ligações entre os celtas e muitos outros povos indígenas. Supõe-se que eles podem ter tido origem às margens do Mar Cáspio, nas proximidades do Irã ou no Casaquistão, uma das repúblicas da extinta União Soviética. Alguns lingüistas chamaram a atenção para as impressionantes semelhanças existentes entre as crenças religiosas, as leis e as línguas dos celtas e as dos hindus mais antigos da Índia.

Depois de chegarem à Irlanda, os celtas dividiram-se em três classes: a dos agricultores, a dos guerreiros e a dos druidas. Os druidas beneficiavam-se de uma elevada posição social entre os antigos celtas, quer como sacerdotes, poetas, profetas, curandeiros, professores ou juízes.

♦ Grupos lingüísticos ♦

A língua dos celtas na Irlanda era o gaélico, uma língua de origem indo-européia.

♦ Aparência ♦

Os irlandeses e escoceses atuais são descendentes dos antigos celtas. Existem algumas evidências de que os celtas primitivos podem ter sido um povo de pele escura.

♦ Características ♦

Pairam em torno dos antigos celtas e de suas crenças muitas lendas e enredos. Em língua gaélica, a "Sagrada Ilha Verde" tinha o nome de Erin. A terra e seus rios, assim como outros aspectos da natureza, eram considerados divinos, e sentia-se a presença de espíritos nas pedras e na flora.

Quando os modernos entusiastas da metafísica pensam na antiga Bretanha e na Irlanda, os misteriosos druidas vestidos de branco surgem imediatamente à sua mente. Como poetas, sacerdotes e magos, os druidas eram os intermediários entre as tribos celtas e o mundo espiritual. Os druidas constituíam a classe que tinha um contato mais direto com as forças naturais, invocava os deuses e as deusas (cujo número chegava a pelo menos quatrocentos) e ensinava as pedras a "falar" ou a compartilhar seus antigos segredos.

Acredita-se também que os druidas realizavam sacrifícios humanos e de animais. Isto pode nos parecer chocante se o considerarmos à luz do aparente grau do seu desenvolvimento espiritual. Mas esta era uma característica que os celtas partilhavam com outros povos que emergiam em todo o mundo. Eles acreditavam numa alma imortal e ensinavam a seus seguidores a sagrada lei da reencarnação. O mundo futuro dos celtas era governado por um deus, a quem chamavam Dis, que era o pai de toda a humanidade. Todavia, para os druidas, as divindades mais importantes eram as deusas da terra fértil e do mundo material, primevo.

Para tornar-se druida era preciso muita disciplina, grande talento, inteligência, determinação interior e energia psíquica. Referindo-se aos druidas em seu livro sobre as guerras gálicas, Júlio César escreveu: "Conta-se que eles confiam à sua memória poesias em enorme quantidade e que alguns deles prosseguem seus estudos durante vinte anos. Consideram inconveniente pôr por escrito os seus estudos (...) Têm igualmente grande conhecimento das estrelas e de seus movimentos, do tamanho do mundo e da terra, da filosofia natural e dos poderes e esferas de ação dos deuses imortais, que eles discutem e transmitem a seus jovens alunos".*

Com seus sacerdotes e sacerdotisas druidas, os celtas são freqüentemente associados aos milhares de megálitos encontrados na Irlanda, embora a maioria dos eruditos considere esses monumentos como anteriores aos celtas. É provável que, ao chegarem às Ilhas Britânicas e ao entrarem em contato com as culturas das sociedades ali existentes, os celtas se tenham aprimorado e assimilado essas culturas. Sob esse aspecto, os monumentos de pedra têm conexões válidas e arcaicas com os druidas.

As comemorações da véspera do Dia de Todos os Santos constituem o remanescente mais popular dos costumes celtas e druídicos. O festival celta do Samhain ocorria no dia 31 de outubro, quando os espíritos, bons e maus, percorriam a terra. Samhain era o senhor celta da morte e governava todas as forças das trevas. Acreditava-se que Samhain permitia que as almas dos mortos voltassem a seus lares terrenos. Por ordem dos druidas, o povo apagava o fogo nas lareiras de suas casas. Mais tarde, acendia-se uma fogueira sagrada e as lareiras eram reanimadas com os carvões dessas cerimônias comunitárias. Acredita-se que as lanternas feitas com abóboras ocas e com aspecto de cabeças humanas eram colocadas nas janelas para afastar os maus espíritos. Enquanto a véspera do Dia de Todos os Santos representava a deterioração e a transformação das forças naturais, o dia seguinte, o Dia de Todos os Santos, anunciava o ano novo.

Os celtas eram um povo expressivo, conhecido pelo seu hábito de exagerar a fim de enfatizar alguma coisa. Demonstravam grande apreço pela magia, pelo misticismo e pela fé nos poderes do mundo invisível. Respeitavam uma imaginação interessante e a capacidade de contar uma boa história. De sua necessidade de explicar as forças dos elementos nasceu uma poesia rica e natural. Os deuses e deusas mais reverenciados entre os celtas eram os que presidiam à arte e à poesia. As expressões do espírito tinham precedência sobre as questões triviais relacionadas com o mundo material.

♦ Conclusão ♦

Se escolheu o Espelho Celta como símbolo de uma vida passada, você tem uma grande capacidade de percepção da psicologia de outras pessoas. Sua compreensão da natureza humana o torna particularmente receptivo e um médium potencialmente bem dotado.

Embora lhe fosse muito agradável convocar visões psíquicas em grande escala, seu talento tende a demonstrar uma compreensão intuitiva das motivações dos outros. É possível que você tenha analisado durante muitos anos suas próprias

* Maire O'Brien e Cruise Conor, *The Story of Ireland* (Nova York: Viking Press, A Studio Book, 1972).

motivações e seja capaz de entrar em sintonia com os pensamentos inconscientes dos demais. Aprecia os quebra-cabeças, e somente as pessoas extremamente complexas têm o poder de captar seu interesse durante muito tempo. Pode sentir-se atraído por pessoas ou grupos algo excêntricos. Compreende o lado oculto de nossas compulsões e poderia ser um excelente psicólogo ou conselheiro.

Na sua existência podem ter ocorrido diversos finais e começos. Quando decide eliminar alguém de sua vida, você o faz de maneira definitiva. É capaz de compreender as ações destrutivas ou os esquemas elaborados em benefício próprio por outras pessoas. Você pode simpatizar com esses indivíduos sem no entanto aceitá-los inteiramente. Compreende que qualquer tipo de ação negativa invalida o seu objetivo. Para sobreviver, terá de construir uma muralha de defesas espirituais. Você não é tolo nem pretensioso. As pessoas negativas simplesmente não encontram lugar em seu mundo.

Você compreende, naturalmente, o conceito de androginia ou unissexualidade e reconhece que existem em você características tanto masculinas como femininas. É sensível às duas polaridades que coexistem no seu íntimo. Você pode ser receptivo mas não submisso. Pode ser ativo mas não exageradamente agressivo. É provável que sinta um intenso fascínio por pessoas que dêem a impressão de lhe serem exatamente opostas. Nesse caso, é porque você está tentando atingir e entrar em contato com a "diversidade" perfeita que está escondida dentro de sua psique.

Embora possa estar orientado para a sua mente, a sensualidade o atrai. Você percebe os ritmos sutis da vida no seu próprio corpo e é atraído para tipos que podem parecer mais lógicos ou "razoáveis". Não é que lhe falte alguma coisa; trata-se simplesmente de uma parte de você mesmo da qual se manteve afastado ao longo dos anos. Essa busca de um "oposto" na sua vida amorosa cria uma tensão sexual e uma excitação compulsiva.

Você pode fazer experiências escrevendo poesias e outros gêneros literários com certo empenho. Tem talento para contar histórias ou falar com "vozes" de outros personagens. Por mais estranha ou esquisita que lhe pareça uma pessoa, você tem uma capacidade invulgar para compreender e aceitar essa excentricidade.

Encontra sua mais sublime inspiração nos ritmos da natureza – repousando à beira de um cintilante córrego ou observando as diferentes formas das nuvens que vão passando tranqüilamente. As pedras bonitas ou incomuns o atraem. Sua maneira criativa de se expressar muda constantemente e você aprecia os aspectos regenerativos do mundo natural.

Você sente um interesse nada corriqueiro pela morte e a vê como uma enigmática transformação da matéria física em espírito. A morte o fascina, assim como a transição antes do nascimento. Esse interesse pode se manifestar de duas maneiras diferentes. Pode sentir-se muito nervoso diante da idéia da morte ou demonstrar uma amadurecida sabedoria com relação aos ciclos naturais da vida e à passagem da alma para um mundo espiritual.

Podem ter ocorrido muitas mudanças na sua vida, algumas delas aparentemente fora do seu controle e tendo pouco a ver com suas metas, seus desejos ou sonhos. Com o passar do tempo, você verá que essas mudanças chegaram a acontecer em virtude de suas próprias manobras inconscientes. Você pode ter cometido algum erro monumental, agido de maneira irresponsável ou obedecido a algum impulso de autodestruição; todavia, o seu eu superior o estava guiando, fazendo-o ver que se fazia absolutamente necessária uma transformação completa.

A idéia de espíritos e fantasmas desperta a sua curiosidade. você gosta de se transformar em algo diferente ou inteiramente novo. Essas transformações representam um aspecto oculto da sua personalidade que você deseja encarar ou expressar. Por esse motivo, as outras pessoas podem interpretá-lo erroneamente. Podem julgar que seus interesses são projeções de uma natureza tenebrosa ou malévola. Nada poderia estar mais distante da verdade. Suas motivações são o produto de uma imaginação inocente e infantil. Enfrentar com coragem os aspectos sombrios da natureza lhe confere uma certa força. Tudo que é proibido constitui para você um desafio, e enfrentá-lo é uma maneira criativa de superar os seus temores.

Você aprecia uma boa história, quer se trate de ouvi-la ou de contá-la. Quando termina de contar ou de escrever uma história, em geral ela está muito mais interessante e enriquecida do que quando lhe foi narrada pela primeira vez. Você gosta de embelezar e exagerar. É possível que se sinta atraído pela ficção científica, pela fantasia, por narrativas góticas e por escritos sobrenaturais.

É com toda a certeza um leitor ávido que muda constantemente sua concepção do mundo ao confrontá-la com as diferentes filosofias e concepções espiritualistas. Sua existência entre os antigos celtas fez de você um indivíduo cheio de energia e de capacidade de transformação. Percebe que, para provocar alguma alteração positiva em nosso mundo exterior, é preciso que antes tenha nascido dentro dele uma idéia.

XVI

"Eu interrogo ao criar."

• • • ● XVI ● • • •

Anjo Renascentista

♦ Símbolo ♦

O símbolo escolhido é um anjo pintado por Rafael, o mestre renascentista, contemporâneo genial – e muito mais jovem – dos artistas Leonardo da Vinci e Michelangelo. Os anjos foram temas místicos populares nas pinturas da Renascença, nas quais se misturavam, com muito bons resultados, as tradições pagã e cristã. Descrevendo essa pintura intitulada "Libertação de São Pedro", Vasari declarou:

> Quando olhamos para esse quadro, ele ilumina o nosso rosto. E a luz pintada com diferentes efeitos compete tão adequadamente com a luz viva que temos a impressão de ver a fumaça de uma tocha, o esplendor do anjo e a sombra escura da noite, isso tudo tão natural e real que jamais diríamos que foi pintado, tamanha a exatidão com que foi expressa tão difícil e fantasiosa concepção. A armadura, as sombras, os reflexos e a luminosidade da tepidez das luzes foram tão deslumbrantemente executados que, na verdade, se pode afirmar que ele [Rafael] foi o mestre de todos os outros.*

♦ Lugar ♦

A Renascença italiana teve seu centro na Itália setentrional, estendendo-se até Roma. Ela incluiu Milão, Turim, Florença, a Úmbria, Siena e Verona. Outras áreas da Europa grandemente afetadas pela Renascença foram as regiões de Avignon, na França, e de Aragão, na Espanha. Na Holanda, na Inglaterra e na Alemanha também surgiram importantes movimentos renascentistas.

♦ Época ♦

A data aproximada do apogeu da Renascença (quando foi pintado o anjo de Rafael) pode ser situada por volta de 1492, quando Leonardo terminou sua obra-prima, "A Última Ceia". Durou até o final do reinado do Papa Sixto V, em 1590. A obra de Rafael Sanzio (1483-1520) é típica dos artistas da Alta Renascença. Foi ele talvez o mais hábil pintor.

* Vasari, *Lives of the Artists* (Nova York: Penguin, 1966).

♦ Grupos ♦

Durante a Renascença, a Itália era constituída de cidades-estados fortemente ligadas ao Papa. Durante esse período, os grupos culturais diferenciavam-se de acordo com suas províncias, por exemplo, Florença, Milão e Úmbria.

♦ Grupos lingüísticos ♦

Os italianos do período Renascentista falavam uma língua de base latina, uniforme que podia ser entendida em todo o país.

♦ Aparência ♦

Geralmente, os italianos tendem a ser morenos de pele, não sendo entretanto raro encontrarem-se italianos louros, de olhos azuis, sobretudo nas regiões mais ao Norte. Ficou registrado que tanto Leonardo como Botticelli pertenciam a esse tipo de italianos claros do Norte.

As mulheres renascentistas descoloriam muitas vezes os cabelos escuros e arrancavam as sobrancelhas e os cílios para acentuar seus atrativos. Nas classes superiores, dava-se muita atenção ao trajar, às vestimentas feitas com ricos brocados, veludos e sedas. Os homens da Renascença usavam túnicas curtas e pregueadas, chapéus de veludo, calças ajustadas ao corpo e meias.

♦ Características ♦

"Eu pergunto" é a expressão mais freqüentemente encontrada nas anotações de Leonardo da Vinci. É um epíteto muito adequado a todos os movimentos renascentistas. Associamos ainda hoje a Renascença ao "gênio inspirado" e ao "homem universal". Foi uma época em que as descobertas artísticas e científicas afetaram profundamente a implementação das leis papais. O idealismo, a curiosidade insaciável e o desejo de transformar em grandeza tudo que era medíocre foram as brilhantes forças que deram respaldo à Renascença. Foi Michelangelo quem disse: "Nada que mereça ser preservado pode ser feito sem genialidade".

Sob muitos aspectos, encontramos o gênio em toda a sua grandeza nas obras dos mestres da Renascença. Seus cérebros intuitivos e lógicos pareciam funcionar em perfeita harmonia. A arte unificara a matemática e as ciências pictóricas. Tanto Rafael como Leonardo utilizavam em suas pinturas complexos sistemas matemáticos. Só Michelangelo declarava adotar uma abordagem mais intuitiva ou inspirada. Acreditava que o artista não era um *criador* de idéias, mas sim um mero *receptor*. Michelangelo dizia que em todo indivíduo existiam idéias potencialmente grandiosas, mas que se fazia necessária uma receptividade invulgar e intuição para "descobri-las" no mundo natural através da genialidade de cada um. Estava convencido de que somente através de inúmeros malogros se tornaria possível a emergência do verdadeiro gênio.

Os pensadores renascentistas propuseram uma concepção da natureza derivada dos escritos de Platão. Julgava-se que as pinturas realistas imitavam a natureza e revelavam uma verdade maior, oculta nas formas por eles retratadas. Todas as coisas possuíam uma natureza secreta que seria revelada pela dedução analítica e pela descoberta criativa. A luz e seus efeitos despertavam particularmente o interesse dos mestres renascentistas. "Banhar em luz os objetos é imergi-los no infinito", escreveu Leonardo.

O fascínio da Renascença pelos anjos assumiu um novo significado nas anotações de Leonardo. Ele sonhava transportar-se para um domínio sobrenatural e, para tanto, criava asas adejantes e reproduzia os movimentos dos pássaros. "Ele passava com freqüência por lugares onde se vendiam aves", registrou Vasari, "e, com suas próprias mãos, as tirava de suas gaiolas, pagando o preço exigido pelo vendedor; em seguida, deixava-as voar, devolvendo-lhes assim a liberdade perdida."* Foi graças às muitas experiências malogradas de Leonardo que se desenvolveu a idéia do vôo para o homem, habilitando assim a espécie humana a concretizar esse sonho no século XX.

Os três grandes mestres da Renascença tinham personalidades diferentes. Leonardo era o taciturno, exibia uma aparente indiferença e tristeza, mantendo-se gelidamente retraído. Canhoto, redigia seus diários numa "escrita do espelho", que só poderia ser lida se exposta diante de um espelho. Teóricos têm especulado sobre a possibilidade de Leonardo ter sido disléxico. É muito provável que ele tenha tentado manter secretas as suas experiências, pois a dissecação de cadáveres já lhe havia custado uma acusação de bruxaria por parte da Igreja. Há uma narrativa que nos fala das muitas tardes que Leonardo passava no hospital visitando um ancião centenário, confortando-o e agasalhando-o com cobertores quando ele se queixava do frio. Logo que o homem morreu, Leonardo pôs imediatamente mãos à obra e realizou uma autópsia.

Michelangelo era o gênio arrogante, um gerador de energia criativa e um solitário. Tinha uma inveja irracional de Leonardo que o levava amiúde a admoestá-lo em público, zombando de seus inúmeros projetos inacabados e de suas experiências fracassadas. Mas Rafael escreveu certa vez que Michelangelo era tão "solitário quanto o carrasco". Não obstante, Michelangelo gozou das boas graças da Igreja como pintor da Capela Sixtina e como arquiteto e supervisor da construção da Basílica de São Pedro. Rafael era o mais jovem e o mais benquisto entre esses magistrais artistas. Cordial e amistoso, sua grandeza era menos abrangente que a de Michelangelo ou a de Leonardo. Porém, para alguns críticos, Rafael os supera pela perfeição artística de suas pinturas.

♦ Conclusão ♦

Se escolheu o Anjo Renascentista como símbolo de sua vida passada, você é uma pessoa versátil, portadora de inúmeras facetas e, acima de tudo, curiosa – formulando continuamente uma pergunta a mais. Deseja expressar-se com clareza, mas com uma visão singular ou artística. Percebe em todas as coisas uma natureza mais profunda, que você anseia por desvendar. É muitas vezes incapaz de relaxar e tende a manifestar uma instabilidade nervosa. Sua mente escapa ao seu controle, colocando o seu corpo em estado de constante tumulto. Por isso, é possível que

* Liana Bortlon, *The Life & Times of Leonardo* (Philadelphia, PA: Curtis Publishing, 1967).

você sofra de doenças relacionadas com a tensão, pois seu corpo reage a esses conflitos interiores.

Você se interessa particularmente pela filosofia e pelo misticismo. Sua opinião sobre o misticismo transparece em seu interesse pelas leis supremas da teologia, pela poesia e pela filosofia de Platão. A concepção desses seres celestiais e de um céu provoca a sua curiosidade. Você talvez não seja particularmente religioso no sentido tradicional; interessa-se, porém, pelas raízes do Cristianismo e pela vida de Cristo. De certa forma, essa bela história representa uma expressão interior de você mesmo. As concepções pagãs são igualmente fontes de curiosidade, mas você não é daqueles que focalizam exageradamente seu interesse numa direção qualquer. Prefere manter-se aberto para considerar muitas possibilidades.

Pode dar início a projetos com grande entusiasmo para, em seguida, cansar-se deles logo que lhe ocorra alguma idéia nova. É imprescindível que aprenda a levar a cabo um projeto. Se é artista ou escritor, é bem possível que tenha deixado inacabados muitos quadros ou histórias. Se teve uma idéia brilhante para construir a casa de seus sonhos, é muito provável que ela continue inacabada. Com essa procrastinação crônica, você priva o mundo de preciosos dons. Você pertence assim ao tipo de personalidade de Leonardo. Referindo-se ao mestre barbado e de olhar sombrio, Vasari escreveu o seguinte: "Quanto à erudição e, particularmente, à literatura, ele teria daí extraído grande proveito se não tivesse sido tão instável e inconstante. Dava início a inúmeras coisas e, uma vez iniciadas, desistia delas".*

Você tem um aprimorado senso de percepção espacial e de identificação de fisionomias, bem como mais talento para se lembrar dos rostos que dos nomes. É possível que tenha tido problemas com a leitura na escola ou desenhado certas letras do alfabeto de trás para diante quando criança. Mas não lhe foi preciso muito tempo para se desenvolver e transformar-se num leitor acima da média. A arte lhe tem sido uma fonte de prazer ao longo de toda a sua vida e é provável que seja artisticamente bem-dotado em muitos meios diferentes de comunicação.

Qualquer oportunidade criativa o estimula facilmente. Considera, porém, indispensável uma liberdade completa de expressão. Não consegue sobressair nem se sentir bem consigo mesmo quando procura ajustar-se, e isto constitui para você um grande problema. Acha o conformismo impossível e conturbador. Você jamais seguiria uma multidão. Não é particularmente rebelde nem subversivo; sabe apenas fazer as coisas à sua própria maneira. Tem uma visão especial e singular do mundo. Tende a considerar sua própria existência como uma "obra de arte" que só você pode amoldar, transformando-a em algo mais elevado, bom ou mesmo grandioso. Sua incapacidade de fluir juntamente com as massas é por vezes desanimadora e você pode se sentir como um estranho que tenha despencado de algum outro domínio. Lembre-se apenas de que, ao se negar a "ajustar-se", só lhe resta a possibilidade de "distinguir-se" (embora isso por vezes acarrete a solidão). Desta maneira você se aparenta aos mestres renascentistas. Graças à sua visão, você pode marcar sua presença conduzindo outras pessoas a níveis de transformação mais elevado. A todos os demais resta apenas a possibilidade de acompanhar.

* Liana Bortlon, *The Life & Times of Leonardo* (Philadelphia, PA: Curtis Publishing, 1967).

XVII

"Esta vida é como um sonho."

• • • ● XVII ● • • •

Pintura Aborígine em Couro

♦ Símbolo ♦

O símbolo escolhido é uma pintura aborígine em couro representando um caçador e um canguru oriunda de Oenpelli, na Terra de Arnhem, Austrália. É uma pintura feita pelos primitivos povos aborígines do continente e tem muito pouca relação com a arte de regiões vizinhas. A maioria dos objetos aborígines tinha uma função ritual e eram usados para proteger as pessoas num contexto lendário conhecido como tempo de Sonho ou *acheringa*, o lugar onde se originavam todos os começos. As pinturas aborígines são curiosas pelo fato de as representações de animais e de seres humanos assemelharem-se às de nossas atuais chapas de raios X, tal como a arte do homem do Paleolítico Superior, na Europa.

♦ Lugar ♦

A Austrália é um continente com cerca de 7000000 km^2, cercado pelos oceanos Índico e Pacífico. O Trópico de Capricórnio passa pelo seu centro. A Terra de Arnhem situa-se na parte mais setentrional do continente.

♦ Época ♦

Os aborígines australianos são um povo extremamente antigo. Supõe-se que a primeira migração de aborígines tenha ocorrido durante o último Período Glacial do Plistoceno, cerca de 12000 a.C. A outras migrações foram atribuídas datas bem posteriores, como 4000 a.C. Marco Polo talvez tenha sido o primeiro homem branco a atingir a Austrália, em 1295, mas isso não pode ser confirmado. Mais tarde, exploradores britânicos e holandeses encontraram os aborígines que viviam completamente nus em habitações toscas e de certa forma assemelhando-se ao povo da Idade da Pedra.

♦ Grupos ♦

Na maioria, os nativos aborígines pertencem a uma raça única e apresentam características físicas e tradições culturais semelhantes. As tribos distribuem-se em duas nações dominantes: os arandas, da Austrália central, e os narrinyeris, da região inferior do rio Murray. As filiações tribais não são fixamente determinadas, ao contrário do que acontece com os índios americanos. Entre algumas tribos aborígines contam-se os baadus, os *Byool-nyool*, os aruntas, os *Wong-gai-i-Waddi*, os koogurdas, os wirongas, os marduwongas e os dieris.

♦ Grupos lingüísticos ♦

Existem diversas línguas aborígines que se agrupam em famílias específicas. O dialeto mais importante atualmente falado é o pitjantjara. Mais ao Norte, esse dialeto passa a ser o aranda. Existem espantosas evidências de ligações entre a língua aborígine e as antigas línguas dravídicas da Índia. Admite-se hoje a possibilidade de serem os aborígines originários da Índia, como muitos outros povos do mundo.

♦ Aparência ♦

Embora os aborígines sejam habitualmente considerados como pertencentes à raça negra, apresentam fortes semelhanças com outras raças, inclusive com as do Cáucaso. Entre os aborígines predominam os tipos sangüíneos O e B, exatamente como entre os brancos europeus, evidenciando mais uma vez as raízes comuns dessas duas raças. Alguns teóricos chegam a afirmar que os aborígines constituem uma raça, universalmente ligada, entretanto, a todas as outras raças.

Num nível superficial, os aborígines parecem um povo negro. Sua pele tem a cor do chocolate, com matizes acobreados. Seu cabelo é normalmente fino e liso, e não crespo e compacto como o de seus antigos vizinhos, os tasmanianos. Nos adultos, o cabelo é mais freqüentemente castanho escuro ou negro, sendo rara a calvície.

Os aborígines são altos e têm uma bela ossatura, com mãos e pés elegantes. Suas testas proeminentes e inclinadas, assim como os olhos alojados em órbitas profundas, transformaram-nos em alvo para certos antropólogos excessivamente zelosos, que os proclamaram derradeiros remanescentes do homem de Neanderthal. Os especialistas reconhecem hoje que os aborígines têm tão pouca semelhança com o homem de Neanderthal quanto qualquer outra raça do mundo.

Crânios semelhantes aos dos aborígines foram encontrados na Índia, ao longo do vale do Indo, na Palestina, em algumas regiões da África e também em Java. Os australóides, que vivem atualmente no Ceilão e na Índia, constituem outro grupo de povos praticamente indistinguível dos aborígines australianos.

♦ Características ♦

No dia 20 de fevereiro de 1962, foi lançada a nave espacial *Friendship 7*. Controlava-a o austronauta John Glenn, o primeiro americano a circundar a Terra, no espaço. Depois de algumas horas de vôo, relatou que estava vendo uma estranha pulverização de pequeninas luzes do lado de fora da janela da espaçonave e descreveu-as como semelhantes a pirilampos. Mal sabia Glenn que, naquela mesma hora, os *jalnagangorooroo*, ou xamãs aborígines, estavam reunidos ao redor de uma fogueira tentando viajar fora de seus corpos para se juntarem ao homem branco em órbita. Segundo alguns espiritualistas entusiastas, eles foram bem-sucedidos.

As experiências extracorpóreas fazem parte, há milhares de anos, da trajetória espiritual dos aborígines. Para eles, o sobrenatural é a força que está por trás de toda crença. Sonhar é uma parte importante de todos os rituais e de todas as experiências naturais, incluindo o nascimento e a morte. Reencenar o Tempo do Sonho (um universo de lendas misteriosas, de heróis destemidos e do alvorescer da história) é um acontecimento particularmente sagrado. As narrativas do Tempo do Sonho são encenadas para iniciados selecionados. São então transmitidas oralmente e memorizadas por pessoas espiritualmente bem-dotadas e pelos xamãs. Tábuas de oração, rochedos pintados, pinturas com areia e pinturas em cavernas sagradas eram utilizadas como recursos que ajudavam a relembrar o Tempo dos Sonhos. Dava-se a esses recursos o nome de *churingas* e acreditava-se que neles houvesse uma poderosa carga mágica. Seus padrões tinham um significado totêmico que representa o "sonhar" do artista.

Para os aborígines, tudo o que ocorre no mundo natural é resultado de um sonho. Acreditava-se que os filhos são sonhados pelas suas mães. As mulheres então engravidam quando o espírito de uma criança surge dos rochedos ou de outras áreas freqüentadas pelos espíritos. Acredita-se que os espíritos não nascidos vivem num país denominado *Jimbin*, situado abaixo do solo ou no fundo dos mares. É preciso que o pai também sonhe com seu filho. Se não sonhar, o filho não será dele. Se o pai sonhar com uma criança de sexo diferente do de seu filho, a mãe terá de procurar o pai "verdadeiro" que tenha sonhado com o filho dela.

Os aborígines fazem pouquíssimas referências a uma vida depois da morte. Acreditam, entretanto, na reencarnação e sustentam que o espírito e a alma são imortais. Acreditam mais especificamente num mundo paralelo inteiramente governado pelos sonhos. Não existe nenhuma fronteira definida entre este mundo presente e o universo dos sonhos. Quando morre alguém, os aborígines dizem que essa pessoa "foi para algum outro lugar", e pronto.

A crença na reencarnação e nos espíritos ancestrais revelou-se desastrosa para os aborígines dos séculos XVIII e XIX. Eles julgavam que todos os espíritos superiores, incluindo os seus próprios, fossem brancos. Em seus primeiros contatos com o homem branco, os aborígines imaginaram que eles fossem os espíritos de seus ancestrais do Tempo do Sonho. Foram, por isso, miseravelmente explorados. Durante o século XIX, organizavam-se caçadas nos fins de semana nas quais os homens brancos atiravam nos aborígines por esporte. Por vezes, envenenavam os alimentos e os reservatórios de água num empenho em exterminar os povos nativos. Felizmente, esse empenho não foi bem-sucedido. Os aborígines continuam a prosperar e seu número chega atualmente a mais de 500000 no continente australiano.

♦ Conclusão ♦

Se escolheu como símbolo de sua vida passada a Pintura Aborígine em Couro, você é um sonhador intuitivo, com uma percepção especial do mundo invisível. Pode ter ocasionalmente a estranha sensação de ser um estranho em seu próprio ambiente, como se tivesse vindo de outra época ou lugar. Acontece-lhe naturalmente cair num estado durante o qual você tem a impressão de abandonar seu corpo por vários momentos. As outras pessoas podem achar que você as está ignorando ou não é capaz de ouvir o que elas dizem, mas você está apenas perdido no seu mundo particular. Deixa-se freqüentemente dominar por esses pensamentos erradios. Essa sensação de distanciamento do seu corpo pode ocorrer quando você está devaneando durante o dia ou quando está descansando adormecido. É provável que você venha a ter uma ou mais experiências extracorpóreas durante a sua existência.

Singularmente supersticioso, você é inicialmente cético com relação às outras pessoas. Embora seja afável e generoso, existe em você uma parte que os outros jamais chegam a conhecer. É a parte que diz mais respeito ao seu eu espiritual e às suas idéias secretas. Você não se deixa influenciar pelos dogmas com os quais possa se deparar ao longo dos anos; tem, porém, seu próprio sistema de fé, cultivado desde a infância. Procura descobrir o aspecto espiritual do nosso universo. Na verdade, você é bastante flexível com relação às suas crenças, mostrando-se raramente dogmático. Por demonstrar uma tolerância tão grande, as pessoas tendem a confiar em você.

Você é capaz de ver a verdade em todas as coisas. Assemelha-se nisso à visão de raios X da arte aborígine. Sua capacidade de percepção vai muito além da "camada superficial" de qualquer assunto. É igualmente dotado de talento para efetuar curas espirituais. Se quisesse, poderia detectar, antes dos profissionais da medicina, praticamente qualquer doença física. É um caminho que você talvez deseje estudar e desenvolver; trata-se de um talento especial do qual bem poucas pessoas podem se gabar.

Você tem sensibilidade para as belas cores, assim como uma aptidão invulgar para o desenho. Seus desenhos são extremamente originais, pois você só consegue fazer as coisas à sua própria maneira. É capaz de executar um trabalho entediante e gosta de pintar pormenores especiais. Organizar suas idéias em algo palpável é, para você, como que uma experiência espiritual, sobretudo quando deixa suas energias fluírem para suas próprias concepções particulares. É até mesmo possível que se sinta revigorado por executar um trabalho tão complicado e eficaz.

Costumes exóticos e outras culturas indígenas despertam a sua curiosidade. Está sempre a fazer conjecturas sobre as origens da espécie humana e sobre "onde tudo isso começou", e se interessa profundamente pela antropologia, pela arqueologia, pela metafísica e pela história. A concepção dos aborígines de um Tempo do Sonho é uma das mais belas e complexas cosmologias do mundo. Para eles, o início de toda vida constitui um acontecimento sagrado e motivo para grande admiração. Sua existência entre os aborígines ensinou-lhe a importância dos sonhos. Você sabe que as coisas notáveis não podem existir sem que tenham sido antes sonhadas.

XVIII

"Eu crio o meu próprio sistema de crenças."

• • • XVIII • • •

Shiva Hindu

♦ Símbolo ♦

O símbolo escolhido é proveniente de uma estátua de bronze de Shiva. Shiva, "o Auspicioso", é um dos deuses mais poderosos do Hinduísmo, Senhor dos poderes destrutivos, assim como dos criativos. É também o mais antigo deus hindu, sendo provavelmente uma combinação de deuses e deusas mais antigos e remontado à pré-história da Índia. Shiva é tido como um senhor terrível e apavorante. A força da sua magnífica presença lhe vale inúmeros seguidores entre as diferentes seitas hindus. Tal como uma súbita tempestade que livra a paisagem de árvores quebradas e desgalhadas, Shiva representa a germinação potencial de um novo crescimento depois da aniquilação completa, e a perfeição nascida do poder brutal de destruição e de morte.

Shiva tem uma correspondente feminina, Shakti, que simboliza muitos dos mesmos elementos contrastantes que ele. Shakti pode ser bondosa, bela e benevolente, mas também se nutre de sangue humano. Pode ser uma maldosa "mãe devoradora", com uma fisionomia voraz, ou uma deusa nutriz. Ela participa na criação de todas as coisas, e é diferentemente conhecida como Durga (A Inacessível), Kali (Negra como a Meia-noite), Uma (Deusa da Luz) e Parvati (Filha da Montanha). Tal como Shiva, Shakti simboliza aspectos de muitos deuses e deusas encontrados pelo mundo afora.

♦ Lugar ♦

A Índia é mais uma cultura que um país. Existem, não obstante, fronteiras importantes que circunscrevem, tanto no passado como no presente, aquilo que conhecemos como Índia. Ao norte da Índia estendem-se o Tibete e a maciça Cordilheira do Himalaia. Ao sul do Himalaia, ficam os vales dos rios Indo e Ganges, onde se originou grande parte da cultura indiana. A península da Índia é uma terra de florestas tropicais e de densas áreas férteis. Os climas na Índia são rigorosos com o calor tropical de seus áridos desertos, as geleiras e as montanhas cobertas de neve e áreas onde chove continuamente. A geografia da Índia é tão diversificada quanto sua população.

♦ Época ♦

Quando surgiram as primeiras dinastias egípcias, por volta de 4000 a.C., a cultura indiana encontrava-se em estado embrionário. A grande fase do estilo de vida hindu ocorreu entre 320 d.C. e 447 d.C. Esta imagem de bronze em particular data da dinastia (e período) Chola, durante os séculos XII e XIII d.C.

♦ Grupos ♦

Acredita-se que os primeiros habitantes da Índia tenham sido povos de pele escura. Por volta do segundo milênio antes de Cristo, a Índia foi invadida por um povo de pele clara e alta estatura que atribuía a si mesmo o nome de "ariano", ou "gente nobre". Supõe-se que os arianos tenham tido origem numa região qualquer da Ásia central e que trouxeram consigo a religião védica, que constitui a base escritural da maior parte da filosofia hindu. Algum tempo depois, a miscigenação desses dois povos veio a formar o grupo hoje conhecido como indianos modernos.

♦ Grupos lingüísticos ♦

O idioma mais falado na Índia é o hindi, baseado no sânscrito. O urdu tem estreitas ligações lingüísticas com o hindi e é falado pela maior parte da população muçulmana. Os idiomas dravídicos da Índia meridional não têm nenhuma relação com ele e são provavelmente mais antigos.

É simplesmente espantoso o fato de existirem relações entre o sânscrito e todas as línguas européias, inclusive com o inglês. A Índia parece culturalmente distante do Ocidente e tendemos a supor que essas duas sociedades nada têm em comum. Existe, porém, um elo bem definido entre os idiomas europeus e o tronco lingüístico do sânscrito que se supõe ter sido levado para a Índia pelos arianos. Os indianos atuais são considerados descendentes desses invasores arianos, assim como as populações germânicas da Europa. Na verdade, a palavra celta "Erin", que se transformou em *Ireland* [Irlanda], está intimamente ligada à palavra "Arya", transformada por sua vez em "Irã", o nome atual da Pérsia.

♦ Aparência ♦

A população da Índia inclui indivíduos brancos, amarelos, morenos e negros. Os grupos dravídicos da Índia meridional são os povos mais escuros do continente indiano, e acredita-se que estão relacionados com os aborígines australianos. A maioria dos indianos modernos tem pele morena e grandes olhos negros, com longos cílios. A despeito dessa aparência escura, os indianos, em sua maioria, são caucasianos, tendendo, porém, a ter uma estrutura física menor que a dos europeus. Alguns indianos do norte da Índia têm pele amarela.

♦ Características ♦

A maioria dos ocidentais mantém-se fiel ao conceito de verdade absoluta. Uma coisa é verdadeira ou não. Da mesma forma, uma coisa é boa ou má e daninha, benéfica ou malfazeja; não existe meio termo. Os hindus admitem a existência de muitos níveis de verdade. O que é verdade para uma pessoa talvez não constitua a realidade final para outra. Uma árvore pode ser verde ou dourada, dependendo das estações. Em suma, a filosofia e o estilo de vida do hindu são flexíveis. São bem acolhidas as mais diversas crenças e todos os níveis de fervor religioso.

Isto se baseia em parte na sua crença no carma e no conceito menos divulgado de *dharma*. Carma é simplesmente colher o que se semeia. As sementes talvez tenham sido plantadas numa vida passada, mas a energia volta a você. O carma não é obra de Deus e tampouco uma opção específica feita pelo homem. É uma lei natural destituída de parcialidade. Tudo que acontece está de acordo com o tipo de energia que você emite. Você não cria a energia, mas ela flui através de você. Se é uma energia egoísta, você sofrerá as conseqüências. Se é uma energia generosa, você há de colher generosidade e bondade. Sua árvore produzirá frutos que poderão ser saborosos e alimentícios ou mortalmente venenosos.

O *dharma*, por outro lado, pode ser traduzido, aproximadamente, como dever ou chamamento. É a maneira correta de fazer as coisas. Quando você falha diversas vezes ao fazer alguma coisa, é bem possível que não seja esse o seu *dharma*. Seu *dharma* é governado por um destino superior. Ele afeta o seu carma e também suas vidas futuras. Seguindo seu *dharma*, você trará benefícios ao mundo através de algo mais elevado e espiritual. O sistema de castas inclui a crença hindu na "diferença" e no desenvolvimento da alma. Embora os resultados sejam freqüentemente desventurados quando as pessoas são menosprezadas por terem nascido numa casta inferior, acredita-se que a alma será por fim capaz de progredir até alcançar o domínio superior da iluminação espiritual.

♦ Conclusão ♦

Você acredita firmemente na igualdade de todos os seres humanos. Tem grande respeito pelo reino animal, e toda espécie de vida lhe parece sagrada. Sua atitude desprendida leva muitas pessoas a considerá-lo esquisito ou diferente. Existe em você uma característica que faz pensar numa alma evoluída. Você dá aos outros uma impressão de pureza e inocência que, para indivíduos mais pragmáticos, pode parecer o cúmulo da ingenuidade. Deixa, no entanto, transparecer uma sabedoria superior à da maioria das pessoas. Você insiste em acreditar que, a despeito de tudo, cada indivíduo e cada coisa deveria ter uma oportunidade justa ou um momento propício na vida.

Ao contrário do que supõe a maioria das pessoas, você compreende o poder das forças destrutivas. Não é algo com que você se envolva. Por exemplo: se alguém pretende caçar animais selvagens, projeto que você veementemente desaprova, não será você quem irá tentar dissuadi-lo. Sua tendência consiste em deixar que as pessoas sigam os seus próprios esquemas e você permite que elas afundem ou nadem por conta própria. Compreende que há sempre verdades mais altas envolvidas, algumas das quais você talvez não compreenda. Sabe perfeitamente que as forças destrutivas voltam decuplicadas, mas não se arvora em juiz.

Você vê a natureza como um espelho do mundo espiritual. Acredita firmemente que nem você nem ninguém deveria perturbar a ordem cósmica, pois isso significaria morte, tanto física como espiritual. É provável que você tenha muitos talentos, especialmente para a música, o canto ou a dança. Talvez goste de pintar ou desenhar, criando obras delicadas ou miniaturas.

Existe em você um lado que anseia por se fundir com o infinito. Você tende a deixar-se absorver por outras pessoas, acreditando por vezes que as idéias e necessidades delas são muito mais importantes que as suas próprias, o que é um erro lamentável e o impede de tomar conhecimento de todo o seu potencial. Seu desprendimento é muito bonito, mas você precisa compreender que é uma pessoa tão importante quanto qualquer outra. Sua existência passada entre os hindus fez de você uma pessoa delicada e cooperativa na qual existe, entretanto, um núcleo de força e de individualidade que precisa vir à luz. Dotado de uma calma espiritual que traz alívio e cura, para alcançar sua realização pessoal é imprescindível não viver a vida dos outros. "Para a alma, não há nascimento nem morte. Uma vez nascida, jamais ela cessará de existir. Ela é não-nascida, eterna, para sempre existente, jamais morta e primeva. Não é exterminada quando se extermina o corpo." (*Bhagavad-Gita*, Cap. 2, 21:20).

XIX

"Amor à razão."

• • • XIX • • •

Pintura Grega

♦ Símbolo ♦

O símbolo que você escolheu é uma pintura de uma taça ornamental que ostenta o mito grego de Jasão e da Serpente, retratados pelo artista Douris. A lenda de Jasão e de sua busca do Velocino de Ouro é uma das epopéias mais ricas e imaginativas encontradas na mitologia grega. Nesta peça, Jasão é mostrado sendo engolido por uma gigantesca serpente. Tal como aconteceu na história de Osíris e Ísis, Jasão morreu e foi ressuscitado pela deusa Atena. Tornou-se assim imortal. Os antigos gregos acreditavam que cada indivíduo traz encerrado dentro de si um potencial divino. Já se disse que os gregos transformavam seus deuses em homens e seus homens em deuses.

♦ Lugar ♦

A Grécia antiga dominou, durante o período helênico, vários países mediterrâneos e do Oriente Médio. A origem do poderio grego estava na efervescente cidade de Atenas, cuja população naquela época era de cerca de 100000 habitantes. A Grécia é um pequeno país rodeado de uma cadeia de ilhas no mar Egeu. Nos tempos antigos, a Grécia tinha fronteiras com a Tessália, a Macedônia e a Jônia.

♦ Época ♦

A lenda de Jasão e do Velocino de Ouro tornou-se muito popular entre os gregos no século V a.C., quando foi executada esta pintura. A lenda de Jasão foi extraída de um relato do poeta grego Apolônio e, mais tarde, ampliada por Eurípedes. A era helênica durou de 323 a.C. até 146 a.C. O fim do período helênico foi provocado pela "libertação" romana da Grécia.

♦ Grupos ♦

Os antigos gregos atribuíam a si mesmos o nome de helenos. Eram uma mistura dos povos egeus primitivos e dos posteriores invasores indo-europeus, entre eles os dórios e os jônios.

♦ Língua ♦

O grego é uma língua indo-européia.

♦ Aparência ♦

Fisicamente, os gregos antigos eram mais freqüentemente morenos que louros. Como a da moderna população da Grécia, sua pele era olivácea, seu cabelo negro e encaracolado. Os primeiros invasores indo-europeus podem ter sido mais claros. Os cabelos ruivos e louros não são raros nos primeiros retratos e nas esculturas pintadas. Entretanto, é possível que essa coloração dos cabelos tenha sido incluída devido à sua raridade, e não por serem nuanças típicas desse povo.

♦ Características ♦

"Pois somos amantes do belo, embora com simplicidade, e cultivamos a inteligência sem perda da masculinidade." Essa atitude requintada é rara até mesmo na sociedade contemporânea. É difícil imaginar que Péricles, estadista ateniense, general e orador, tenha feito esse comentário a respeito da vida na Grécia há mais de 2000 anos. Para os antigos gregos, "conhecer-se a si mesmo" era a mais alta expressão da alma humana. Era somente através da razão e do conhecimento que a espécie humana poderia se encaminhar para um estado do ser mais espiritualizado e esclarecido.*

Para começar, os gregos assemelhavam-se a muitos povos que estavam surgindo em todo o mundo. Adoravam os espíritos da natureza que passaram a personificar os deuses e deusas. Todavia, com relação às suas divindades, os gregos eram muito menos rígidos que os antigos egípcios. Quando transformaram seus deuses em seres humanos, operou-se uma completa conversão. Todos os deuses e deusas tinham uma potencialidade humana para a grandeza, mas também apresentavam fraquezas humanas. Naturalmente, o indivíduo perfeito, ou "semelhante a deus", passou a ser o ideal grego.

Essa luta para alcançar uma natureza divina processava-se através das energias mentais da razão e da lógica, e esse ideal era igualmente transposto para a perfeição física. Os gregos eram extremamente conscientes de seu corpo. A beleza física, a competição atlética e a capacidade de resistência eram consideradas bênçãos das forças celestiais. Enquanto outras culturas associavam a nudez à escravidão, os gregos foram os primeiros, dentre as civilizações primitivas do mundo, a retratar nus os personagens por eles esculpidos. O filósofo Sócrates comentou certa vez: "Há não muito tempo, os helenos eram da opinião (a qual é ainda hoje geralmente aceita entre os bárbaros) de que a visão de um homem nu era ridícula e inadequada. Porém a experiência tem demonstrado que deixar descobertas todas as coisas é muito melhor do que cobri-las."**

* Louise Gardner, *Art Through The Ages* (Nova York: Harcourt Brace Jovanovich, 1948).
** *Ibid.*

A maior contribuição dada ao mundo pela antiga Grécia talvez tenha sido a teoria da razão, desenvolvida pelos seus filósofos. Todas as nossas ciências modernas têm raízes no pensamento grego. Aristóteles levou ainda mais longe o desenvolvimento da razão grega, chegando à ciência que hoje denominamos lógica. A lógica é um sistema de raciocínio baseado na idéia de que devem ser consideradas todas as circunstâncias e de que o esquema todo pode ser dividido em partes susceptíveis de serem então analisadas. Entretanto, nem tudo se pode apreender por dedução. Sob este aspecto, ao insistirem no papel da razão e da lógica, os gregos tenderam a sacrificar talentos intuitivos mais basicamente primordiais. É interessante observar que nosso mundo moderno ainda é governado por um senso grego de lógica e razão.

Quem primeiro desenvolveu e aprimorou o debate público foram os gregos. Eles tinham grande apreço pelas competições intelectuais nas quais cada indivíduo podia demonstrar a superioridade de seus poderes mentais. Protágoras escreveu: "O desejo de saber faz parte da natureza de todos os homens". A potência da inteligência humana, segundo se acreditava, era o que distinguia a espécie humana do mundo animal. A excelência moral, a coragem e a justiça eram modelos lógicos para o indivíduo esclarecido. Os gregos se empenhavam em alcançar a perfeição e a beleza vivendo como criadores de suas próprias existências. Para os antigos gregos, o paraíso podia ser atingido graças ao simples pensamento, sendo o homem o centro e a "medida de todas as coisas".*

◆ Conclusão ◆

Se escolheu a Pintura Grega como símbolo de uma vida passada, você é uma pessoa invulgarmente perspicaz e inventiva. Para você, a vida é um empreendimento intelectual que precisa ser planejado pelo pensamento racional e pela razão. Embora possivelmente dotado de uma natureza requintada e artística, sua inteligência ativa gosta de analisar. Você é também muito eloqüente, e seu talento verbal lhe trará grandes benefícios se conseguir discipliná-lo um pouco mais.

Você demonstra uma incitante capacidade de persuasão e é um excelente negociador. Aprecia as controvérsias, mas evita as discussões triviais. Não desperdiça suas energias debatendo idéias negativas, sem sentido ou estéreis. A idéia de uma verdade superior o atrai e você a procura, tal como outras pessoas tendem a ir em busca de Deus ou de assuntos espirituais.

Você manifesta a força superior da sua mente discutindo, ensinando ou simplesmente falando. Nessas circunstâncias, você deixa fluir toda a vitalidade da sua mente e gosta da sensação que daí lhe advém. Pensar constitui, no seu caso, um relaxamento. O escopo da sua mente é amplo e excepcional, porém exaltado e superativo. Por isso, é provável que tenha problemas com o sono ou com sonhos estranhos, nos quais fica a procurar algo que não consegue encontrar.

É possível que você seja uma pessoa exacerbadamente consciente do seu próprio corpo, embora talvez não se sinta atraído pelos esportes competitivos.

* Louise Gardner, *Art Through The Ages* (Nova York: Harcourt Brace Jovanovich, 1948).

Gosta, entretanto, de se sentir saudável, forte e ativo. Pode até mesmo ser um pouco vaidoso; acredita que o aspecto exterior do seu corpo reflete a sua natureza interior. Considera importante sentir-se atraente e agradável à vista como uma bela estátua grega. Compreende instintivamente que o espírito floresce no físico como expressão da sua atitude e da percepção de sua própria pessoa e que o seu desenvolvimento é prejudicado por uma aparência rude e desleixada.

Entre seus amigos e associados é provavelmente conhecido o seu hábito de formular perguntas irrespondíveis. Você pergunta: "Por que estou aqui?" e "Qual o significado de tudo isto?" Seu questionamento intenso talvez se torne mais moderado à medida que você for envelhecendo, mas você tenderá a ponderar conceitos e idéias que a maioria das pessoas jamais considera ou imagina. Esta maneira superior de pensar pode alçá-lo a níveis que os demais não se interessam por alcançar e pode lhe acarretar a reputação de intelectual ou "sabichão". É importante que você jamais se sinta inibido e hesite em formular um número exagerado de perguntas estranhas. Se não existissem pessoas como você, a humanidade jamais poderia continuar a progredir.

Provavelmente, você sobressai nas áreas da matemática e das ciências naturais. Procede com lógica quando se trata de sua própria vida, e gosta de pesar, considerar e comparar as coisas objetivamente. Quando provocado, pode se mostrar evasivo, loquaz e extremamente nervoso. É importante, para você, pôr por escrito suas idéias assim que elas lhe ocorrem, caso contrário elas se desvanecerão logo que você volte sua atenção para outras questões. Ser-lhe-ia aconselhável o estudo das línguas, da filosofia, da medicina ou das ciências. Sua vida entre os gregos lhe conferiu sabedoria e uma percepção especial da razão e da lógica. Além disso, você tem um conhecimento da natureza humana que supera a razão. Na acepção grega, "conhecer-se a si mesmo" é, na verdade, indício de uma alma desenvolvida e plena de beleza.

XX

"Eu resisto."

• • ● XX ● • •

Iluminura Medieval

♦ Símbolo ♦

O símbolo que você escolheu é uma inicial adornada com iluminuras, extraída de um manuscrito medieval do trabalho de Santo Agostinho sobre a doutrina cristã. Embora essa ilustração, que retrata um jovem louro lutando contra um monstro, tenha pouco a ver com o texto, ela representa a orientação cristã com relação ao sobrenatural durante a Idade Média européia. Iniciais como esta, primorosamente ornamentadas, eram características dos manuscritos medievais.

♦ Lugar ♦

Quando pensamos na Idade Média, geralmente associamos essa época a toda Europa. Essa inicial foi elaborada na Borgonha, região do sudeste da França.

♦ Época ♦

Os historiadores consideram Idade Média os mil anos transcorridos entre os anos 400 e 1400 depois de Cristo. A inicial agostiniana foi desenhada e pintada na primeira metade do século XII.

♦ Grupos ♦

A Europa foi povoada por diversos grupos de povos germânicos durante a Idade Média. As tribos bárbaras primitivas incluíam os francos, os burgúndios (que se haviam transferido da região do mar Báltico para a do lago de Genebra, no século V), os godos, os visigodos e os vândalos.

♦ Grupos lingüísticos ♦

O francês é uma língua indo-européia, classificada como um dos idiomas românicos (a língua romance) juntamente com o italiano, o latim, o espanhol, o português e o romeno. Entre outros idiomas românicos incluem-se o reto-românico, o catalão e o provençal. O Latim servia como língua universal na época medieval.

♦ Aparência ♦

A característica física mais comumente encontrada entre os europeus é a pele clara. São inúmeras as variações no colorido dos cabelos e dos olhos, na altura, no peso e na estrutura óssea. Entre os franceses primitivos, o grupo mais típico era o alpino. Fisicamente, esse grupo caracterizava-se por sua compleição entre mediana e corpulenta, por seus lábios grossos, a pele pálida, os olhos de cinzentos a escuros e o cabelo castanho.

Outro grupo encontrado entre os franceses primitivos era o de tipo dinárico. Os dináricos eram mais altos que os alpinos e tinham narizes proeminentes. Seus corpos e faces eram acentuadamente mais peludos que os dos povos alpinos.

♦ Características ♦

A vida medieval primitiva era uma síntese do Cristianismo, das tradições greco-romanas e da espiritualidade mais ativa dos povos céltico-germânicos. Havia um interesse manifesto pela natureza, e a espécie humana era considerada um microcosmo de todo o universo existente. No início dos tempos medievais, na era das trevas, as pessoas acreditavam que cada parte do corpo estava submetida à influência de um signo astrológico diferente, conceito esse derivado do pensamento grego. Nesse tempo, a astrologia floresceu com o declarado consentimento da Igreja. O medo e a superstição ligada às tempestuosas forças da natureza acabaram evoluindo e transformaram-se no conceito cristão dos demônios do inferno. Em comparação com a benéfica adoração da natureza a que se entregavam os primitivos povos germânicos, isso constituiu um marcante retrocesso.

À medida que o Cristianismo ia evoluindo, o mundo natural passava a ser encarado com desconfiança. De acordo com os ensinamentos de Santo Agostinho, o objetivo precípuo da existência medieval era a salvação da alma, o que poderia ser mais bem atingido através de um modo de vida piedoso, distante das forças naturais. Qualquer tipo de conhecimento alheio à religião estabelecida era suspeito, o que não impediu a construção de universidades, nas quais se estudavam a ciência, as leis e a medicina. Aos estudantes era permitido viajar e estudar nessas diferentes universidades durante o tempo que lhes aprouvesse, e a Igreja se mostrava tolerante.

Do ponto de vista da justiça, as Cruzadas foram, provavelmente, o maior erro da Idade Média. Com religioso fervor, os cruzados cristãos iam para a Terra Santa reivindicar sua autoridade sobre os infiéis (ou muçulmanos). Milhões de pessoas morreram durante as Cruzadas. Saquearam-se templos, derramou-se sangue inocente para conquistar relíquias preciosas. Pilharam-se aldeias, e os cruzados que iam em peregrinação tombavam vítimas das intempéries, de esgotamento ou de doenças.

A vida nas cidades medievais era um constante desafio, pitoresco e ameaçador. As doenças decorrentes das condições de vida insalubres e nada aprazíveis cobravam o tributo que lhes era devido. Admite-se que a peste bubônica tenha eliminado um quarto da população da Europa durante a Idade Média. Apesar disso, espíritos inteligentes e aventureiros aceitavam o desafio de viver nas cidades.

Esta era a única maneira de conseguir vislumbrar o resto do mundo através de viajantes, tais como mascates, vendedores e trovadores que por ali se arriscavam de vez em quando.

O povo medieval gostava de contar histórias que, em sua grande maioria, tratavam da vida dos santos, de heróis guerreiros ou de temas religiosos. Os poemas e canções eram escritos e memorizados. Na Idade Média, uma intensa percepção do misterioso estava em primeiro plano nas convicções religiosas e nas filosofias. Havia também um sombrio pessimismo e uma crença no destino ou no inevitável. Embora a época medieval seja freqüentemente descrita como Idade das Trevas, houve um grande progresso nas ciências, nas artes e no pensamento religioso comparado.

♦ Conclusão ♦

Se sua escolha recaiu sobre a Iluminura Medieval como símbolo da vida passada, você é um lutador, dotado de personalidade ambiciosa. Tem um senso especial de disciplina e não se importa de trabalhar com afinco para alcançar metas importantes. Exteriormente, você pode parecer distante, retraído ou tímido, e dificilmente as pessoas chegam a conhecê-lo. Você tende a retrair-se diante de pessoas que pareçam ameaçadoras, francamente emotivas ou possessivas. Sente-se mais à vontade vivendo num universo particular, que você usa como fortaleza para manter afastados todos os outros.

Você quer ter amizades e excitações amorosas, mas pode recear essa intimidade. Por isso, os demais podem achá-lo frio e indiferente, o que simplesmente não é verdade. Você é capaz de chegar a profundidades que pessoas mais extrovertidas não conseguem alcançar. Talvez não confie realmente nas suas próprias emoções. Para você, os sentimentos são muito fortes e parecem controlá-lo. Prefere escolher o caminho mais seguro e guarda para si mesmo seus impulsos mais íntimos. Com o passar dos anos, você perceberá que sua personalidade vai se tornando muito mais alegre. É preciso cultivar sua amizade porque, quando sua confiança for finalmente conquistada, sua fidelidade resistirá a tudo. Você jamais esquece um gesto de bondade.

Astrologicamente, você é governado por Saturno, o planeta da força, da sabedoria e da resistência. Você é um estudioso aplicado da ciência esotérica e poderia ser um excelente professor. Sob muitos aspectos, percebe que o mundo é um lugar cruel onde muito pouca luz brilha para iluminar a opressiva escuridão. É provável que sua infância tenha sido infeliz ou cheia de restrições. Existe em você uma certa tristeza que os demais podem perceber. Mesmo quando criança, você aparentava uma maturidade física e mental superior à de sua idade real. Você nunca se sentiu inteiramente aceito. Precisa aprender que merece ser amado tanto quanto qualquer outra pessoa, talvez ainda mais, pois é extremamente leal e digno de confiança.

Sua vida é estruturada de tal forma que dá a impressão de ter sido construída sobre areia movediça, havendo ocasiões em que tudo parece desmoronar ao seu redor. Isso é inquietante, pois você teria naturalmente preferido a segurança. O problema é que você por vezes se esforça em demasia. Você pode lidar com as questões relacionadas com a sua vida com uma tensão tão grande que afasta as outras pessoas. Pode sair correndo para atingir seus objetivos antes de haver refletido maduramente sobre a questão. Embora saiba vagamente o que deseja, você talvez não consiga cristalizar suas idéias. Seus planos serão bem-sucedidos somente depois que seus sonhos tiverem sido bem considerados e esclarecidos.

Você percebe todos os detalhes, por mais insignificantes e intricados que sejam, e tem um excelente senso das proporções. É também muito competente quando se trata de avaliar objetos preciosos e de estimação, sobretudo antiguidades. Talvez colecione livros e manuscritos antigos, sendo provavelmente atraído pela literatura e pela arte de épocas passadas. Sua noção de estilo é muito segura e quase gótica, chegando a parecer arcaica ou fantasmagórica. Agrada-lhe pensar em castelos, em reluzentes séries de panóplias, em feiticeiros e na cadenciada canção de um trovador. Este é um aspecto extravagante de sua personalidade que você muitas vezes hesita em revelar. Sua existência durante a Idade Média fez de você uma pessoa séria, estável e esclarecida. A Iluminura Medieval indica um professor bem-dotado. É importante que fiquem bem esclarecidos os seus talentos para que outras pessoas os compartilhem e imitem.

XXI

"Eu envolvo à medida que me expando."

• • • ● XXI ● • • •

Catedral Russa Bizantina

♦ Símbolo ♦

Como símbolo de uma vida passada, você escolheu um exemplar da arte bizantina russa tardia. A Catedral da Assunção faz parte do Kremlin, em Moscou. As ilustrações do rei e da rainha bizantinos foram obtidas num antigo manuscrito russo, em Kiev. A arte russa bizantina fundiu influências orientais e ocidentais, misturando superfícies decorativas com um certo realismo estilizado. A emergência da arte bizantina foi o prenúncio de um período de intensificação do pensamento religioso entre os russos. Foi também uma época de melancólico romance e de introspecção mística

♦ Lugar ♦

A Rússia é um grande país situado na vasta planície eurasiana. Suas fronteiras são, ao Sul, as montanhas da Criméia e o mar Negro; o Oceano Ártico, ao Norte; os montes Cárpatos e o mar Báltico, a Oeste; e os platôs siberianos, a Leste. A Rússia setentrional sofreu influências escandinavas, enquanto a Rússia meridional admite uma mistura de elementos orientais e bizantinos.

♦ Época ♦

Na Rússia, a era bizantina tardia estende-se, aproximadamente, desde o século X d.C. até o final do século XV. A Catedral da Assunção foi construída em 1479.

♦ Grupos ♦

A Rússia é povoada principalmente por eslavos, uma combinação de muitos grupos étnicos diferentes. Os monumentos fúnebres primitivos revelam uma cultura cito-siberiana, supostamente originária do Irã. Houve também uma influência mongólica levada pelos hunos no século IV. No século XVII houve um afluxo de colonos judaicos que rapidamente se adaptaram à maneira de viver dos russos.

♦ Grupos lingüísticos ♦

Os russos primitivos falavam um dialato eslavônio dos idiomas indo-europeus. O eslavônio está estreitamente ligado à família lingüística iraniana ou persa. Os hunos que viviam na Rússia falavam um dialeto turco. No século IX, deu-se finalmente forma escrita à língua russa. Dois monges gregos, São Cirilo e São Metódio, inventaram o alfabeto cirílico, usado até hoje.

♦ Aparência ♦

A Rússia abriga muitas raças diferentes. Os mais típicos são os eslavos, considerados um povo germânico. Mas também se acredita que eles têm traços de sangue asiático. Entre os ancestrais dos russos atuais incluem-se os escandinavos, os godos e os hunos. Essa curiosa mistura de raças criou um grupo de indivíduos de pele clara, com ossos malares proeminentes, boca generosa e belos olhos amendoados de aparência quase oriental.

♦ Características ♦

A Rússia é um país com uma longa história e primórdios vagos e misteriosos. Primitivamente, a Rússia pagã era uma miscelânea de culturas diferentes, incluindo a escandinava, as orientais, a do Império bizantino e a dos eslavos nativos. Ainda hoje, a Rússia não é oriental nem ocidental, mas um vasto país cuja cultura é um amálgama de diversas influências e de crenças conflitantes. A dança folclórica popular da Rússia contemporânea tem movimentos de origem indiana e chinesa. A palavra "Rússia" deriva de uma tribo escandinava que atribuía a si mesma o nome de "Rus".

A sociedade russa (até a época bizantina) era altamente individualista. São poucas as evidências de alguma organização tribal ou de clãs. Parece, pelo contrário, que as proporções da maioria das unidades sociais não ultrapassavam as do grupo familiar mais imediato. São poucas as relíquias antigas encontradas que comprovam as histórias tribais ou as religiões originais do povo russo. Sabe-se que o mais importante dos deuses eslavônios chamava-se Perun. Foi, aparentemente, uma pálida imitação de Thor, o deus escandinavo. Há outras evidências de que os russos primitivos tenham adotado centenas de deuses diferentes das sociedades vizinhas. Esta flexibilidade de "fés" pessoais assemelha-se, na prática, à dos antigos egípcios e romanos.

No ano 860 d.C., os russos juntaram suas forças e atacaram o Império bizantino em Constantinopla. Foi um tremendo fracasso, mas os soldados levaram de volta para a Rússia uma profunda fé pessoal e um novo sistema religioso. O Cristianismo havia sido reconhecido por Constantino em 325 d.C. e se tornara a religião oficial do Império. A derrota russa abriu as portas para que o Cristianismo e a cultura bizantina, impregnada de influências gregas, iranianas e turcas, se espalhassem pela Rússia.

Enquanto os pagãos primitivos viviam inteiramente no plano terrestre, os cristãos bizantinos acreditavam que se deve suportar este "vale de lágrimas" por causa da promessa de uma recompensa celestial. Os russos nativos estavam preparados para esta nova fé e a assimilaram rapidamente. Associaram a ortodoxia oriental às suas próprias tradições eslavônias. As igrejas russas tornaram-se espelhos dos templos gregos bizantinos. A conversão dos antigos russos pagãos ao Cristianismo foi espantosa. O zelo e a piedade dos novos fiéis foram muito além dos daqueles que os haviam convertido. O fanatismo não era raro. A capacidade de incorporar diversas influências exteriores (como a bizantina) à sua própria cultura ajudou os russos a emergir como povo forte e único.

◆ Conclusão ◆

Se escolheu a Catedral Russa Bizantina como símbolo de uma vida passada, você é uma pessoa cheia de magnetismo e dotada de um forte poder de persuasão. Pode-se sentir e perceber a grandeza de sua mente e de sua alma. Do ponto de vista astrológico, você é governado por Júpiter, o planeta da expansão. Tem paixão pelo espetáculo e por tudo o que seja grandioso ou magnificente. De maneira puramente intelectual, sente-se também atraído pelos rituais religiosos e por ícones. A idéia de um mundo espiritual o interessa e você pretende conhecê-lo e compreendê-lo melhor estudando os símbolos. Qualquer tipo de doutrina religiosa o atrai e é bem provável que tenha estudado a maioria das religiões do mundo. Não hesita em ligar-se a um grupo para descobrir como funciona internamente uma religião ou filosofia, mas não sente nenhuma admiração especial por seus líderes.

Os opostos o fascinam, assim como a ação mística do bem e do mal. Você é um pensador individualista, mas espera por vezes que as outras pessoas reproduzam os seus pensamentos. Pode desejar impor sua vontade e suas idéias. Esta é uma das suas facetas que você deve aprender a controlar, caso contrário acabará descobrindo que só lhe restam alguns poucos amigos leais, sem que saiba por quê. Você por vezes oprime as pessoas com seus inúmeros conceitos e pensamentos.

Quanto ao lado positivo, você é um amante da liberdade, capaz de inspirar aos demais o desejo de grandes realizações. Detesta ficar confinado e tem um talento inato para visualizar a vida a partir de vários ângulos diferentes. Raramente desperdiça seu tempo analisando infortúnios passados. Pelo contrário, assume riscos e lança-se à conquista do próximo obstáculo com renovada percepção e outras habilidades. Para você, o mundo está em contínua transformação e evolução. Você tende a pegar todo touro a unha, sem hesitar.

Os outros podem considerá-lo uma pessoa cheia de entusiasmo, com um dom especial para a profecia. Tem uma capacidade maravilhosa para interpretar os livros sagrados e muitas formas diferentes de conhecimentos secretos. É capaz de expressar com grande precisão as mais sutis vibrações. Mesmo quando envolvido em atividades mundanas, você permanece sensível às energias psíquicas, por mais tênues que sejam. Propenso a trabalhar com desenhos, você aprecia particularmente as obras de arte religiosas e os emblemas. A abrangência da sua mente leva-o por vezes a negligenciar detalhes importantes. Não gosta de ser incomodado por trivialidades e quer chegar logo ao assunto importante. Isto pode impedi-lo de usufruir alguns dos aspectos mais agradáveis da vida. Por vezes, quando os outros têm a impressão de que você não está ouvindo ou prestando muita atenção, na verdade você está absorvendo certos pormenores e pequeninas energias a que recorrerá mais tarde. Você realmente pode surpreender as pessoas ao lhes fornecer essas informações.

Há ocasiões em que você talvez sinta que os outros o subestimam. Até certo ponto, é verdade; as pessoas tendem a não sentir muita simpatia pelos indivíduos talentosos e motivados como você. A intensidade da sua energia por vezes as assusta. Sabem intuitivamente que você se eleva muito acima delas. Entretanto, é provável que você não desperdice uma energia preciosa preocupando-se com isto; você olha para o mundo a partir de uma posição universal e superior. Sua vida passada durante a era bizantina da Rússia fez de você uma pessoa sincera que produz uma forte impressão, a qual não pode ser rapidamente esquecida.

XXII

"Submissão a Deus."

• • • ● XXII ● • • •

Crescente e Estrela do Islamismo

♦ Símbolo ♦

O símbolo que você escolheu mostra um templo islâmico com o crescente e a estrela. Muitos países ostentam esse emblema em suas bandeiras, o que demonstra a grande difusão do Islamismo depois da morte de seu bem-amado profeta Mohammed ibn Abd-allah (Mensageiro de Deus) em 632 d.C. O crescente e a estrela não representam o Islamismo; muitas outras ordens místicas, inclusive a franco-maçonaria, adotaram esse símbolo, revelando assim a influência muçulmana sobre seus ritos secretos. A palavra "islan", numa tradução livre desse vocábulo árabe, significa "submissão a Deus".

♦ Lugar ♦

A maioria dos países do Oriente Médio, inclusive o Egito, é islâmica. A área de influência do Islamismo se estende desde a Espanha até a China. Começou como uma visão recebida pelo profeta Maomé, na pedregosa encosta de uma colina perto de Meca, na Arábia central. Ainda hoje, ao fazerem suas orações, os muçulmanos viram-se na direção de Meca a fim de mostrarem seu respeito por Maomé e suas visões.

♦ Época ♦

Maomé nasceu em Meca em 570 d.C., aproximadamente. Aos quarenta anos, sentiu-se inspirado por uma poderosa visão, a qual lhe ordenou que ensinasse uma nova religião aos seus concidadãos árabes, fundamentada na noção de um único Deus. (Até então, os árabes oravam a uma coleção de diferentes deuses e deusas pagãos.) Maomé começou a pregar sua crença nas ruas de Meca em 631 d.C., depois de se proclamar profeta escolhido por Deus. O Corão (ou Qur'an), o livro sagrado islâmico, só teve o seu texto coerentemente concatenado em 650 d.C., cerca de vinte anos depois da morte do profeta. Depois disso, o Islamismo tornou-se rapidamente uma religião importante, que continua até hoje a florescer por todo o mundo.

♦ Grupos ♦

Os diferentes grupos muçulmanos dividem-se em cinco categorias. A mais conhecida seita muçulmana é, provavelmente, a dos xiitas. A denominação "xiita" deriva da palavra árabe *shia*, que significa "um partido", ou "Partido de Alá". Os xiitas acreditam que Deus predestina vários e diferentes *imams* (líderes espirituais) a guiarem a comunidade baseando-se no conhecimento divino. É grande o número de xiitas no Irã, no Iraque, na região meridional da península arábica e na Índia, constituindo talvez a mais militante das seitas muçulmanas.

A idéia de *imams* espiritualmente predestinados é, para muitos muçulmanos sunitas, uma blasfêmia. Os sunitas acreditam que o conhecimento espiritual está, todo ele, contido no Corão e na concordância de toda a comunidade. Embora tenham santos homens, aos quais chamam califas, os sunitas não exercem tanta influência quanto os *imams* nas comunidades xiitas. Os sunitas consideram-se descendentes dos Bedu, a tribo do Profeta.

Os ismaelianos constituem a menor dentre todas as seitas muçulmanas com seus sete *imams* que interpretam a vontade de Deus. Os kharidjitas são muçulmanos rebeldes. A essência de sua doutrina está no poder agressivo da espada como proteção para as verdades sagradas do Islamismo. Acreditam que, para criar um muçulmano, não basta a fé. É preciso que a fé espiritual esteja acompanhada de uma disposição a lutar e morrer pelas convicções islâmicas.

Os sufis são mais conhecidos pelos seus rituais místicos. Eles preservaram o anseio persa por uma fusão total com Deus. Os sufis enfatizam muito mais as experiências sobrenaturais de Maomé que a estrita observância do Corão. Eles acreditam na suma importância do mundo invisível e que o encontro com Deus se dá através de visões pessoais, e não através das escrituras.

♦ Grupos lingüísticos ♦

O Corão é escrito em árabe. Outras línguas islâmicas incluem o farsi (o idioma persa) e o urdu (uma língua hindustani do Paquistão e da Índia).

♦ Aparência ♦

Os árabes são um povo semita, assim como os antigos hebreus e os judeus atuais. Outros povos islâmicos são os camitas da África do Norte e alguns grupos habitantes da Índia que falam o sânscrito. Os camitas apresentam uma grande semelhança física com seus vizinhos semitas. Os semitas e os camitas têm cabelos e olhos escuros e sua ossatura é menor que a dos europeus. Os árabes caracterizam-se por seus grandes e expressivos olhos, por suas largas e arqueadas testas e pelos narizes longos e finos.

Em público, quase todas as mulheres islâmicas permanecem envoltas em véus. Na Arábia Saudita, as mulheres só saem à rua com o rosto coberto por véus negros e usando uma *abba* que lhes esconde inteiramente o corpo. Entre os xiitas do Irã e do Iraque, manda a tradição que as mulheres cubram os cabelos e a testa e deixem o rosto à vista. Tem-se sugerido a hipótese de que seja anterior a Maomé a tradição das mulheres muçulmanas cobertas de véus.

Acredita-se que a total exclusão de mulheres da vida pública tenha suas raízes nos haréns persas. Embora muitas tribos habitantes do deserto sejam muçulmanas, a maioria de suas mulheres não usa véus. Isto é particularmente verídico com relação às tribos Bedu. Roupagens pesadas e desajeitadas não facilitam sua maneira de viver tirando leite de cabras, procurando água, apascentando rebanhos de carneiros. Para os Bedu, a sobrevivência é muito mais importante que a modéstia.

♦ Características ♦

O Islamismo difere de outras religiões sob muitos aspectos importantes. Embora os muçulmanos não considerem suas escrituras como opostas às crenças cristãs e judaicas, o Islamismo distingue-se por uma característica exclusiva. O Corão foi recitado na íntegra por um único profeta, Maomé, durante o êxtase de um transe. Na verdade, a palavra árabe "Corão" tem o sentido de uma recitação ou palavra última e final de Deus. Jamais algum outro conjunto doutrinário produzido por um indivíduo exerceu sobre o mundo o mesmo efeito que o Corão. O Cristianismo e o Judaísmo reúnem as obras de diversos profetas. Embora Maomé tenha colhido abundantes subsídios nessas religiões (os muçulmanos aceitam Abraão, Moisés, Davi e Jesus como profetas islâmicos fundamentais), a maior parte do Corão é inteiramente produto da visão de Maomé. Segundo Maomé, o Corão substitui todos os outros ensinamentos dos cristãos e dos judeus. A sua palavra foi a palavra final e derradeira de Deus; não haveria mais nenhuma outra.

Surpreendentemente, a princípio Maomé duvidou de sua visão. Durante três anos não deu ouvidos às vozes até se convencer de que os pensamentos e frases que lhe ocorriam eram formulados por uma força divina. A certa altura, foi tão grande a pressão sobre Maomé que ele chegou a pensar em suicídio, mas Khadija, sua esposa, o convenceu de que sua tarefa tinha uma importância única e de que sua forte ligação com Deus era algo grandioso. Maomé teve revelações espantosas durante quase vinte anos e atuou muito à maneira de um médium espírita. Acredita-se tenha recitado todo o Corão a um secretário enquanto se encontrava num estado alterado de consciência, em vez de tê-lo escrito pessoalmente. Embora suas palavras e visões só tenham sido reunidas em forma de livro depois da sua morte, começaram a ser conhecidas e difundidas enquanto ele ainda vivia.

O crescente sucesso do Islamismo baseia-se em diversos fatores. Maomé não tolerava os cultos árabes dos *jinn* (ou gênios, espíritos capazes de assumir forma humana) e de outras divindades locais. Os infiéis que não se convertiam ao Islamismo eram decapitados. Maomé demonstrou muito mais complacência para com os cristãos e judeus, aos quais se referia como o "Povo do Livro". Maomé ensinou que muçulmanos e judeus tinham um ancestral comum, o profeta Abraão. Acreditava que Ismael, filho de Abraão, havia sido pai dos árabes, enquanto Isaque foi o pai dos judeus. Por esse motivo, não era de se esperar que cristãos e judeus se convertessem ao Islamismo. Cobrava-se-lhes simplesmente um tributo. Através de Maomé, afirma o Corão: "E Eles disseram: 'Sede judeus ou Cristãos e sereis guiados.' E tu disseste: 'Não, mais vale o credo de Abraão, homem de pura fé. Ele não era idólatra' " (Corão, 2:129).

O Islamismo é uma religião poderosa que concede pouca margem a outras opiniões. A palavra *jihad*, com a qual estão tão familiarizados os americanos devido aos infelizes incidentes no Oriente Médio durante a década de 1980, significa simplesmente lutar e fazer um grande esforço pelo Deus único. *Jihad* passou a significar também uma "guerra santa" travada contra os infiéis. Sua meta final consiste meramente em converter outras pessoas ao Islamismo.

O ideal islâmico não se realiza através de uma diversidade religiosa, e sim mediante uma fé comum compartilhada. O objetivo final é viver enquanto um só mundo, um só povo, servindo todos ao mesmo Deus. Talvez um dia judeus e árabes se lembrem do elo que têm em comum em sua herança religiosa, criado pelos irmãos bíblicos Isaque e Ismael. Como há de ser maravilhoso esse dia!

♦ Conclusão ♦

Se escolheu o Crescente e a Estrela do Islamismo como símbolo de uma vida passada, você é uma pessoa enérgica que talvez se sinta freqüentemente dominada pelas suas próprias emoções intensas e conflitantes. Quando entra numa sala, os presentes percebem a sua presença antes mesmo que você tenha pronunciado uma única palavra. Sua personalidade é governada por Plutão e Saturno. Do mesmo modo que esses distantes planetas exteriores, você tem uma energia tão grande que afeta o mundo que o cerca de uma maneira muito significativa. Você suscita uma reação forte; de duas uma: ou as pessoas gostam muito de você ou o hostilizam violentamente.

Há ocasiões em que elas parecem em conluio contra você sem nenhum motivo aparente. Talvez seja porque você pode influir sobre a sua maneira de encarar o mundo, fazendo-as se sentirem muito insignificantes. Você exerce um predomínio que parece, a princípio, assustador. Embora perceba inconscientemente seu próprio poder, ocasionalmente você pode deixar as outras pessoas pouco à vontade, pois perturba seus modos de pensar preconcebidos. Elas sentem a necessidade de lhe opor resistência, o que provoca em você muita frustração.

Na verdade, não é difícil conviver com você. Você tende a ser uma pessoa tranqüila que gosta de ponderar o significado da vida e as implicações de um Espírito superior que governa todas as coisas. Você prefere a companhia familiar de seus próprios pensamentos e sentimentos à de multidões ou de amigos. Construiu seu mundinho particular e prefere não permitir a intromissão de outras pessoas na sua realidade pessoal. Esse mundo secreto é tão poderoso que chega a criar uma influência própria, totalmente separada e alheia a você.

Os demais podem achar que você está "preparando alguma coisa" ou planejando atacá-los de uma maneira qualquer. Podem até mesmo chegar a comentar que, à sua volta, existem "vibrações" que os deixam pouco à vontade. Não se deixe influenciar por isto. Você é uma pessoa fora do comum, dotada de uma visão especial. São maravilhosas as contribuições que pode dar ao mundo. Não permita que críticas mesquinhas e opiniões hipócritas invalidem seus melhores esforços.

Bem lá no fundo, você é um lutador, muito embora possa parecer que as outras pessoas estão levando a melhor. Quanto mais os outros o criticarem e tentarem destruir seu espírito, mais forte você se há de tornar. Sua luta não se expressa através de discussões ou de fúteis atos de vingança. A seu ver, toda resistência representa uma oportunidade para forjar seu caráter e se aproximar ainda mais de uma sabedoria superior. Nesse sentido, você se assemelha à Fênix, a ave mítica que, renascendo de suas próprias cinzas, cria uma individualidade ainda mais bela e transformada. Embora em certas ocasiões sua alma se sinta profundamente ferida, seu espírito jamais chega a ser destruído.

As mudanças o aprimoram e você está em constante transformação, a fim de se tornar um ser inteiramente novo. Não é por coincidência que sua aparência intimida e nunca deixa de atrair a atenção. Seus olhos refletem a complexidade da sua alma. Sua vida entre os antigos povos islâmicos fez de você uma pessoa dotada de formidável personalidade e de impressionante força de vontade. Embora inicialmente seus companheiros possam não apreciá-lo, sempre acabam por admirá-lo. Sua sabedoria especial com relação à Divindade e às diferentes religiões traz muita luz para um mundo desamparado e mergulhado nas trevas.

XXIII

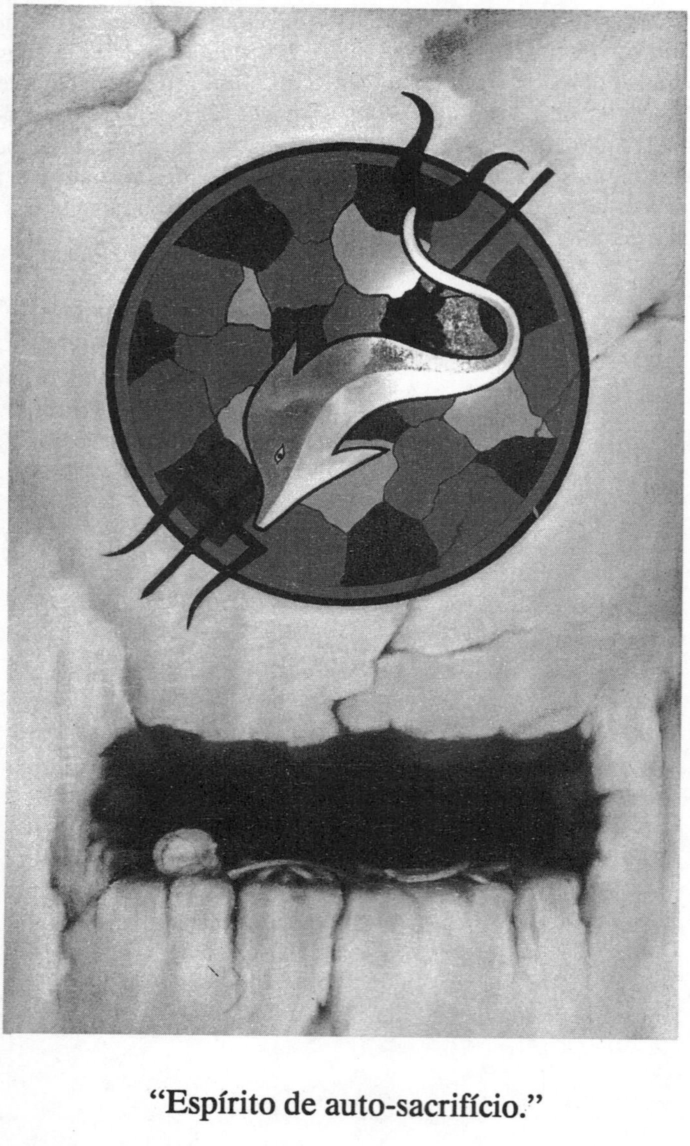

"Espírito de auto-sacrifício."

XXIII

Pintura em Antiga Catacumba Cristã

♦ Símbolo ♦

O símbolo que você escolheu é um exemplar da primitiva arte cristã encontrado nas catacumbas de Roma. Essa pintura de um golfinho e de um tridente foi criada durante uma fase de perseguições em que os cristãos se escondiam, prestavam culto, oravam e enterravam seus mortos num escuro labirinto de passagens subterrâneas, situado por baixo da cidade.

As catacumbas, originalmente usadas como cemitérios para os cristãos que morriam em martírio, transformaram-se em esconderijos para os fugitivos. As pinturas eram rapidamente debuxadas e concluídas num estilo quase impressionista. A úmida atmosfera das catacumbas ficava deteriorada pelo cheiro dos cadáveres em decomposição e pela sufocante umidade. Os artistas corriam o constante risco de serem surpreendidos e executados.

É óbvio o simbolismo astrológico deste exemplar. Os cristãos primitivos não viam nenhum conflito entre sua fé e a astrologia. Muitas pinturas cristãs primitivas incorporam em suas composições hieróglifos e símbolos astrológicos. O tridente, por exemplo, é um hieróglifo que representa o planeta Netuno. A conjunção de vários planetas durante o ano do nascimento de Jesus leva os eruditos a supor que Cristo (Yeshua Christas) nasceu no final de março. A suave natureza de Jesus tem sido muitas vezes comparada com a do signo de Peixes. Esse signo é governado por Netuno, planeta do auto-sacrifício e do amor incondicional. É igualmente reconhecido como medida de todas as coisas e representa o vasto oceano do inconsciente coletivo.

"Vinde após mim, e eu vos farei pescadores de homens" (Marcos, 1:17). O simbolismo desta citação de Jesus de Nazaré é notável quando consideramos seu significado astrológico. A mensagem de Cristo era inteiramente pisciana. Entretanto, séculos antes do nascimento de Cristo, *Pisces* era o signo do par de peixes. Não se sabe se Cristo tinha alguma noção de astrologia. Os Magos, que seguiam a estrela no Oriente, sem dúvida tinham esse tipo de conhecimento. Naquele tempo, os homens instruídos eram com freqüência astrólogos. Caso contrário, como poderiam saber que aquela estrela tinha um significado?

Muito tempo depois da morte de Jesus, os cristãos primitivos assimilaram importantes conhecimentos dos pagãos romanos. Esse golfinho e o tridente eram usados para disfarçar o verdadeiro significado cristão enquanto símbolos que representavam o Príncipe da Paz e a Santíssima Trindade. Esse simbolismo astrológico tinha livre curso entre os cristãos primitivos. Jesus não condenou a prática da astrologia. Encontra-se no Antigo Testamento uma condenação antiga dos que ficavam a contemplar as estrelas; no Novo Testamento, entretanto, não existe nenhuma referência a eles. O Cristianismo moderno incorpora muitos costumes pagãos e símbolos astrológicos a suas festividades, tradições e arte.

◆ Lugar ◆

A maior comunidade de cristãos primitivos localizava-se nas cercanias de Roma. Houve outras comunidades cristãs importantes em Tessalonica, Filipos, Éfeso, Atenas, Antióquia, Sídon, Tiro, Jerusalém e Alexandria.

◆ Época ◆

O período da primeira perseguição aos cristãos começou por volta do ano 40 d.C. e terminou em 312 d.C., quando Constantino reconheceu e aceitou o Cristianismo. Essa pintura em catacumba data, aproximadamente, de 200 d.C.

◆ Grupos lingüísticos ◆

A língua falada por Jesus Cristo era o aramaico. A língua universal do Cristianismo era o grego. No Egito, os primeiros cristãos falavam a copta, idioma afro-asiático dos coptas. Outros cristãos falavam idiomas indo-europeus baseados no Latim.

◆ Aparência ◆

Na origem, os cristãos eram uma mistura de diversos grupos étnicos com características físicas semelhantes. Pareciam-se, provavelmente, com os atuais povos de ascendência mediterrânea. Os primeiros cristãos eram de estatura um pouco mais baixa que a da maioria dos europeus nórdicos; sua pele tinha uma coloração olivácea, seus cabelos eram escuros e encaracolados e seus olhos eram cor de avelã, cinzentos ou castanhos. Vestiam-se modestamente, sem opulência nem ostentação.

◆ Características ◆

Nenhuma existência individual transformou a consciência do mundo ocidental tanto quanto a de Jesus Cristo. Com seus feitos, parábolas e ensinamentos, Cristo incitou a espécie humana a seguir o caminho da fraternidade, afastando-se do egoísmo, do poder e da cobiça. Como autêntica personificação desse tipo de amor, Cristo ficou conhecido no mundo como o Príncipe da Paz e o Cordeiro do Amor. Os primeiros cristãos foram seus adeptos mais fervorosos e talvez os seguidores mais fiéis dos ensinamentos originais.

As narrativas das perseguições aos primeiros cristãos estão bem documentadas. O conflito entre o Cristianismo e a tradição greco-romana é um capítulo significativo na história da humanidade. O Cristianismo contestou praticamente tudo aquilo que o mundo romano defendia. Os primeiros cristãos não eram estimados e, evidentemente, não foram tolerados. Sua maneira inédita de conceber a salvação do mundo tornava-os imediatamente suspeitos. Corriam boatos de ocorrências de curas espirituais entre eles. Sabia-se também que os primeiros cristãos expulsavam demônios e praticavam uma espécie de mediunidade espiritual para se tornarem "um" com a mente de Cristo. Muitos cidadãos romanos acreditavam que os cristãos estavam ligados aos poderes das trevas. (Compare-se isto com o ceticismo do cristão atual diante dos intentos de outros grupos religiosos.) Os romanos ficavam perplexos diante de muitos ensinamentos cristãos, sobretudo pela prática da abnegação e do desejo de imergir, dissolvendo-se, numa fonte divina. Os romanos viviam inteiramente neste mundo, enquanto os cristãos viviam em função de um mundo futuro.

Essas duas culturas foram mais tarde conciliadas, produzindo o que hoje designamos como Cristianismo. Na sociedade moderna, entretanto, podemos detectar mais vestígios da influência romana que da cristã. Para os primeiros cristãos, o mundo material e o mundo espiritual não se misturavam. Um deles demonstraria sua predominância, e, para os primeiros cristãos, teria de ser o mundo espiritual. Os cristãos atuais optam, evidentemente, por um equilíbrio desses dois mundos – afastando-se assim dos ensinamentos originais de Jesus que instruía seus discípulos a desfazer os laços mundanos e a dirigir sua vida para uma existência espiritual.

A despeito do acesso que temos às suas palavras e ensinamentos no Novo Testamento, continuamos sabendo muito pouco sobre o homem Jesus. Os Evangelhos deixam de lado dezoito anos do seu aprendizado espiritual. Muitos de seus ensinamentos são contrários à lei judaica ortodoxa. Em vida, Jesus só encontrou receptividade num pequeno grupo de seguidores. Em seu tempo, diversos indivíduos se proclamavam "messias". O nome Jesus ou Yeshua, "o ungido", era comum entre os judeus. Argumentam alguns que Jesus foi um ser excepcional, pois foi concebido e nasceu de uma mãe virgem. O mesmo se disse de Krishna, na Índia, e de Ahura-Mazda, na Pérsia. Ambos precederam Cristo por alguns milhares de anos. É interessante observar que a árvore genealógica de Jesus remonta a Davi através de José. Isso induz alguns teóricos religiosos a ponderar a realidade do parto de uma virgem. O Antigo Testamento especifica que o Messias seria um descendente do rei Davi. Mas, se o pai de Jesus é Deus, por que determinar sua linhagem através de José?

Hoje em dia, alguns pesquisadores preferem rejeitar o significado de Jesus como avatar espiritual devido às terríveis atrocidades cometidas em seu nome. Jesus, entretanto, tinha muito pouca paciência com os hipócritas e os fariseus. Afirma-se que, com absoluto desprendimento, realizou centenas de milagres que seriam hoje incluídos entre as mais espantosas ocorrências psíquicas. Ainda mais importantes são os seus inúmeros gestos de misericórdia e de amorosa bondade. O mundo jamais vira alma tão aperfeiçoada, tão bondosa e tão capaz de expressar o divino.

♦ Conclusão ♦

Se escolheu a Pintura em Antiga Catacumba Cristã como símbolo de sua vida passada, você compreende e procura pôr em prática o amor universal. Você traz dentro de si o fanal do auto-sacrifício e a chama do verdadeiro conhecimento espiritual. Sim, é melhor dar que receber. Desde criança, você tem proclamado e seguido esse princípio, ainda que apenas no plano mais intuitivo. Você é forte, carinhoso e gosta de ajudar os outros. Para você, é mais fácil agir altruisticamente que adotar um comportamento frio ou insensível. Mesmo quando enganado e miseravelmente explorado, você se conservará capaz de encontrar em seu coração ternura suficiente para levá-lo a perdoar. Essa é uma qualidade rara.

Não quer isso dizer que não sente pesar sobre o seu coração uma enorme tristeza. Pelo contrário, você talvez seja propenso a ficar pensando em injustiças passadas de maneira pouco saudável. Compreender que sua poderosa imaginação e o seu senso de injustiça alimentam esses sentimentos é muito importante. Se não estiver disposto a controlar a impressão de que está sendo martirizado, você talvez se torne um indivíduo infeliz e amargurado. O reverso do idealismo é muitas vezes o cinismo. Você não pode se tornar um cínico sem ter sido antes um idealista.

Não se pode negar a beleza e o grau de aperfeiçoamento da sua alma. Você pode ser uma pessoa mística, espiritualizada e profética. Dar é o que constitui a sua verdadeira alegria. Não espera grandes retribuições: apenas companheirismo e boa acolhida. Enquanto outros podem buscar Deus em orações e rituais, você encontrará sua fonte espiritual mantendo-se atento ao universo em silenciosa meditação. Muitas das suas idéias são verdadeiramente inspiradas e enviadas pelo céu. Embora espiritual e emocionalmente ativo, você prefere evitar a atividade física. Em certas ocasiões você se retrai para dentro de si mesmo e reúne suas energias para enfrentar o mundo. É bom que seja capaz de proceder assim, pois sem esse período de solidão você perderia as forças. Sua energia vibra em nível muito elevado e você utiliza de tal modo suas faculdades mentais que poderia facilmente esgotar a sua força vital. Você pode ter sido uma criança doentia ou delicada, o que talvez o leve a acreditar que não lhe será concedida a longevidade. Contudo, é provável que você viva mais tempo que a maioria das pessoas, pois não impõe ao seu corpo físico excessivas solicitações desarrazoadas.

Há uma determinada situação incômoda na qual você se vê amiúde enredado. Sua capacidade de perdoar pode atrair pessoas que irão contar com isso. Muitas vezes você olha para seus amigos como se fossem inimigos e para seus inimigos como se fossem amigos. Mesmo quando sabe que certas pessoas o estão ferindo, você pode tentar protegê-las. Isto decorre por vezes de seu desejo de se abster de julgar os demais. Quando um sócio ou amigo não procede corretamente, você prefere esconder a mágoa e perdoar em lugar de enfrentar o problema. Para você, é particularmente difícil assumir uma atitude de confronto direto.

Isto se deve em parte à sua impossibilidade de encontrar no seu coração disposição para negar os sentimentos que estão por trás do comportamento inadmissível. Dar sem restrições e sempre perdoar faz parte da sua natureza. Você se sente melhor e mais confiante quando se vê ajudando os outros. Naturalmente, isso atrai os que precisam de ajuda. Nem sempre é este o melhor fundamento para uma relação satisfatória. É importante lembrar-se do conselho bíblico que adverte contra lançarem-se pérolas a porcos.

Seus pensamentos são puros, profundamente sentidos e muitas vezes inspirados. Quanto ao aspecto negativo, quando percebe uma falta de confiança, você tende a imitar outras pessoas que talvez não estejam à sua altura. No decorrer de toda a sua vida, você há de se encontrar em situações nas quais irá pensar: "Por que será que fiz isso?" Algumas vezes, a pressão de seus pares o desviará do caminho espiritual. Você não consegue tolerar a idéia de desapontar as outras pessoas, o que pode levá-lo a fazer coisas das quais mais tarde se envergonhará. Nesses momentos, é importante lembrar-se de que você é realmente uma excelente pessoa. Aprenda a arte de proteger-se a si mesmo. É impossível viver entre lobos quando se está desempenhando papel de cordeiro do sacrifício. Foi Jesus quem disse: "Eis que eu vos envio como ovelhas entre lobos; por isso, sede sagazes como as serpentes e sem malícia como as pombas" (Mateus 10:16).

XXIV

"Espírito de ambição."

• • ● XXIV ● • •

Sumo Sacerdote Hebreu

♦ Símbolo ♦

O símbolo que você escolheu é um Sumo Sacerdote de Israel, representando a cultura dos antigos hebreus. Com a mão direita, o sacerdote segura um candelabro que simboliza as sete luzes planetárias, ou regentes do mundo. O intricado ornamento peitoral usado por ele é o *Essen*, ou "peitoral da integridade e da profecia". Suas doze pedras simbolizam as doze tribos de Israel e suas virtudes e qualidades mágicas individuais. Aí se incluem a iluminação, a força, a vitória, a alegria, a sabedoria, a humildade, a justiça, a paz, a verdade, o equilíbro e o amor.

Segundo se supõe, os hebreus chegaram a conhecer a astrologia graças aos egípcios, de modo que é possível que as doze jóias correspondam aos signos do Zodíaco. É igualmente possível que as pedras correspondam à concepção egípcia das diferentes inteligências e energias que existem em cada ser humano e que criam um indivíduo mais perfeito ou semelhante a Deus. Doze era um número místico tanto para os hebreus como para os cristãos primitivos. Para os antigos hebreus, doze era o número em que se dividia a divina energia de Deus para ser canalizada por toda a superfície da Terra.

♦ Lugar ♦

É difícil localizar com exatidão o território dos hebreus primitivos, pois sua história transcorreu em grande parte em cativeiro por todo o Oriente Médio. O Judaísmo começou quando Abraão se transferiu com seus rebanhos e manadas da Mesopotâmia, atravessando o rio Eufrates, para a terra de Canaã (hoje Israel). Supõe-se que Abraão tenha nascido no Irã, nas proximidades do Golfo Pérsico. Posteriormente, Canaã se tornou a grande nação do povo judaico. O peitoral hebraico foi elaborado algum tempo depois do êxodo judaico do Egito.

♦ Época ♦

O Judaísmo surgiu há mais de 5.000 anos. Moisés morreu por volta de 1.100 a.C., depois de conduzir os judeus para fora do Egito. Os judeus prosperaram em

Canaã sob os governos de Josué, Saul, Davi e Salomão. Em 587 a.C., o povo judaico foi levado para a Babilônia e permaneceu escravizado durante mais meio século.

♦ Grupos ♦

Os primeiros hebreus dividiam-se em doze tribos, tradicionalmente considera-das como descendentes de Abraão. Os habitantes primitivos de Canaã, os cananeus, designavam Abraão com o nome de "Ibri" e referiam-se a seus seguidores chamando-os de "Ibrim", palavra semítica que acabou se transformando na palavra "hebreu".

Israel tornou-se mais tarde o reino setentrional dos judeus, enquanto a terra de Judá foi o reino hebraico meridional. Em 722 a.C., o reino de Israel foi destruído pelos assírios. Os hebreus do Norte foram levados em cativeiro e desapareceram por completo. Embora houvesse conseguido manter-se valentemente durante mais dois séculos, o reino de Judá acabou finalmente subjugado pelos babilônios. Seus súditos conseguiram, entretanto, preservar a cultura judaica, suas escrituras e tradições. São esses os valentes ancestrais de todos os judeus atuais.

♦ Grupos lingüísticos ♦

O hebreu é a língua semítica da região Noroeste, em que foi redigida a maior parte do Antigo Testamento. Referindo-se à sua língua, os hebreus primitivos a qualificavam de "a fala de Canaã"; mais tarde, porém, chamaram-na de judaica. Depois da destruição de Judá, o hebreu tornou-se, sobretudo, uma língua clássica e o aramaico passou a ser a língua cotidiana e oficial dos judeus.

O iídiche, língua dos judeus europeus, vem do alemão, incluindo porém muitas palavras hebraicas e eslavas. O hebreu tem ressurgido atualmente em Israel graças aos esforços pioneiros de Eliezer Ben Yehuda, um lituano que trabalhou incansavelmente no final do século XIX para ressuscitar essa língua antiga. O vocabulário utilizado no Antigo Testamento abrange apenas 7704 palavras, mas o hebreu moderno inclui pelo menos 100000 vocábulos.

♦ Aparência ♦

Os antigos hebreus assemelhavam-se muito a seus vizinhos semitas, que incluíam os fenícios, os egípcios e os babilônios. Os hebreus primitivos provavelmente eram mais parecidos com os sírios atuais do que com os modernos judeus. Tal como outros povos semitas, os hebreus primitivos tinham uma ossatura delicada, pequena estatura e, geralmente, eram escuros. Embora jamais se encontrassem cabelos louros entre os hebreus primitivos, acredita-se que alguns deles fossem ruivos e tivessem olhos claros, sobretudo os da região da Galiléia.

♦ Características ♦

O Judaísmo, o Cristianismo e o Islamismo muito devem à visão individual do profeta Abraão, que baseou sua filosofia religiosa na noção de um Deus poderoso, senhor de todas as coisas. Os hebreus primitivos deram a seu Deus o nome de Jeová (*Yahweh*). Por considerarem até o próprio nome do "Supremo" dotado de um poder tão assustador, jamais o pronunciavam. As vogais eram omitidas e o nome de Deus era sempre escrito, em completo sigilo, como "Y-hw-h". Por isso, a pronúncia exata de *Yahweh* continua sendo até hoje um mistério.

Até a época de Abraão, os ancestrais dos judeus (assim como de outros povos primitivos) adoravam uma coleção de deuses e deusas baseados nos espíritos da natureza. Contudo, a noção de um Deus único talvez tenha se originado unicamente com Abraão. Sob muitos aspectos, o Ámon-Rá egípcio, ou Deus do Sol, tinha muita coisa em comum com Jeová. Segundo se acreditava, ambos detinham poderes destrutivos e criativos. Ambos eram vistos como fontes de energia que deviam ser adoradas e aplacadas. Embora o amor constituísse uma faceta de Sua onipotente natureza, Jeová era um Deus imparcial que exigia obediência absoluta. Evoluiu, mais tarde, tornando-se um Deus mais benigno e amoroso, prenunciando os ensinamentos de Cristo, que viria um milênio depois.

Existe uma nítida possibilidade de que Jeová tenha sido um amálgama de deuses e deusas hebraicos primitivos. Ele era visto como uma combinação de tudo. Neste sentido, o Judaísmo limitou-se a unificar essas religiões mais antigas, constituindo um todo, único e coerente. Anteriormente, quase todas as religiões tinham sido regionais ou fragmentadas.

Primitivamente, os hebreus começaram a referir-se a si mesmos como o "povo escolhido" por Deus. Num momento qualquer, a maioria dos povos se atribuiu a designação de "povo verdadeiro", ou algum outro título específico para distinguir-se das tribos vizinhas. A concepção dos judeus como povo escolhido baseia-se em grande parte no pacto especial entre Deus e Abraão. Nesse pacto, Abraão prometia a seu criador lealdade, adoração e obediência desde que ele e sua família pudessem viver em paz, em Canaã, e crescer para formar uma grande nação. Durante algum tempo, isso se tornou realidade. A nação hebraica cresceu em força e independência. Mas a fome obrigou os israelitas a abandonar seu país e a buscarem as terras mais férteis do Egito, onde foram bem depressa capturados e escravizados.

A história completa dos hebreus é a mais pormenorizada e documentada cronologia de um povo na historiografia do mundo antigo. Ao longo de uma seqüência de cativeiros, de escravizações e de exílios, que se estenderam por quase 2000 anos, os judeus se tornaram um dos povos mais brilhantes e influentes do planeta. Embora escravizados, oprimidos e submetidos a inúmeras tentativas de aniquilação total, os descendentes do profeta Abraão triunfaram, tendo contribuído com algumas das maiores filosofias, línguas escritas, literaturas e reflexões religiosas que o mundo jamais conheceu.

> Às margens do rio de Babilônia,
> Aí nos sentamos, sim, chorando
> Quando nos lembramos de Sião.
> Sobre os salgueiros que ali estavam
> Penduramos nossas harpas.
> Pois ali os que nos mantinham em cativeiro
> nos pediam canções,
> E nossos torturadores queriam alegria:
> "Cantem-nos uma das canções de Sião."

Como cantar a canção do Senhor
Numa terra estranha?
Se eu te esquecer, Jerusalém,
Que minha mão direita esqueça a sua destreza.
Que minha língua se cole ao céu
da minha boca
Se eu não me lembrar de ti;
Se eu não colocar Jerusalém
Acima de minha maior alegria!

(Salmo 137)

♦ Conclusão ♦

Se escolheu o Sumo Sacerdote Hebreu como símbolo de uma vida passada, você é uma pessoa enérgica, dotada de lúcido sentido de direção. As outras pessoas o consideram poderoso. Tem uma forte noção de individualidade, e está disposto a trabalhar arduamente por tudo aquilo que deseja obter na vida. Não espera que a realização de suas metas lhe chegue com muita facilidade. Na sua opinião, as coisas que valem a pena merecem que se lute para consegui-las. Embora tenha probabilidade de alcançar grandes sucessos, você não é realmente uma pessoa com muita sorte. Você é realista, mas, quando vê alguma possibilidade de alcançar seus objetivos mais importantes, se dispõe a despender muita energia física e mental, sem se queixar.

Brilhante e com seu talento para a verbalização, você não hesita em levantar-se em defesa de suas crenças. As controvérsias raramente o intimidam. Você se empenha em desanuviar a atmosfera e dificilmente alimenta algum tipo de ressentimento. Tem uma inteligência superior e é muito competente quando se trata de descobrir as fraquezas dos outros. Até certo ponto, sua maneira de lutar nunca é muito franca, pois você acha muito fácil sair com o argumento decisivo em qualquer discussão. Poucas pessoas podem competir com sua inteligência inquisitiva e com seu humor autodepreciativo, de um tipo exclusivamente seu. Você pode levar sua vida a sério, mas não se leva demasiadamente a sério. Todavia, ao longo de sua existência, as ligações amorosas e as associações podem parecer forçadas.

Você é governado pelo planeta Marte. Do mesmo modo que esse planeta vermelho e abrasador, o calor da sua personalidade é constante e implacável. Isso o torna invulgarmente decisivo, seguro e forte. As pessoas governadas por Marte são criativas e têm energia de sobra. Podem ser obstinadas, mas suas impressões iniciais são geralmente corretas. Embora possam se mostrar a princípio recalcitrantes diante de suas idéias, os outros passam a respeitar sua capacidade mental. Você não se importa de desafiar uma autoridade se, com isso, as coisas ficarem mais esclarecidas, de modo que todos possam compreendê-las e avaliá-las. Você se sente tão importante quanto qualquer outra pessoa e não experimenta nenhuma admiração diante de figurões ou líderes. "Aliás, será que eles podem saber muito mais que eu?", é a pergunta que faz com freqüência a si mesmo.

A única autoridade que você respeita é a divina. Embora se volte muitas vezes para deus, você jamais se mostra fanático e talvez passe grande parte de sua vida como agnóstico. A religião é o único assunto que o faz sentir-se inseguro. Os conceitos de submissão e obediência lhe são estranhos. Suas convicções religiosas baseiam-se amiúde numa filosofia de boas obras, e não na fé e na cega obediência. Quando conseguir sintetizar suas próprias e singulares crenças numa fé ou religião pessoal, você se tornará um praticante espiritualizado, consciente e devoto.

São muitos os seus talentos; entretanto, geralmente têm como centro suas soberbas qualidades verbais e intelectuais. Você daria um excelente filósofo, ensaísta, pesquisador, romancista, cientista ou jornalista. É muito provável que consiga deslindar conceitos abstratos e complexos muito mais rapidamente que os simples ou não complicados. Não dá muito valor às atividades mundanas ou corriqueiras e parece-lhe muito importante receber estimulações intelectuais constantes.

A lição que você mais necessita aprender é a da cooperação. Um ser humano saudável e próspero não pode se desenvolver plenamente numa ilha solitária. Você tem uma inteligência superior e sabe disso; mas, para que suas idéias e conceitos possam desabrochar, é preciso que comece colocando-os à prova com outras pessoas, para conseguir respaldo e reconhecimento. De outra forma, você não terá nenhuma maneira de saber se seus conceitos podem realmente trazer benefícios para o resto da humanidade. Lembre-se de que, se continuar a manter-se afastado, os outros irão opor-se a você. Só quando concordar em trabalhar com espírito de cooperação com os demais lhe será possível conquistar o respeito e a admiração que você merece e deseja.

XXV

"O fogo da criação."

· · · ● XXV ● · · ·

Deusa Havaiana Pele

♦ Símbolo ♦

O símbolo que você escolheu é uma imagem da deusa havaiana Pele. Como protetora da dança e da feitiçaria, Pele é associada às forças primevas e destrutivas do vulcão e aos fogos da criação. Onde sistemas religiosos de orientação masculina terminam freqüentemente em fogo, o culto à havaiana Pele começa com fogo. Para Pele, o fogo é a essência original da criação do mundo.

De início, o culto a Pele estava adstrito aos que a declaravam sua ancestral. Com o passar do tempo, Pele tornou-se a deusa mais importante dos havaianos. Não era conhecida nem adorada fora do Havaí. Ainda hoje, seus devotos erguem-lhe altares à margem dos leitos dos rios de lavas. Há pelo menos duas outras deusas havaianas importantes: Hina, a mulher na lua, e Haumia, a protetora das parturientes.

♦ Lugar ♦

O arquipélago havaiano estende-se por uma área de 1500 milhas do oceano pacífico oriental. As sete ilhas principais são: Havaí, Maui, Oahu, Kauai, Molokai, Lanai e Niihau. A designação Havaí deriva da palavra "Hawaiki", nome da pátria espiritual dos polinésios.

♦ Época ♦

Os polinésios começaram a ocupar o arquipélago de Samoa cerca de mil anos antes de Cristo. Samoa é considerada o local de origem de todas as culturas polinésias posteriores. O arquipélago do Havaí foi colonizado aproximadamente no ano 100 d.C. Pele ainda é cultuada por alguns havaianos.

♦ Grupos ♦

Os havaianos são um produto da miscigenação de vários grupos e raças diferentes. Os primeiros a chegar à Oceania foram os negritos, povo de pele escura, nariz achatado e narinas abauladas. Mais tarde, os negritos se misturaram com os ainos, de pele mais clara e cabelos ondulados. Segundo se supõe, os havaianos primitivos tinham um parentesco mais estreito com os austronésios e resultam da mistura das raças caucasiana e mongolóide.

♦ Grupos lingüísticos ♦

A língua havaiana tem ligações muito estreitas com o idioma dos taitianos. Dispondo de apenas sete consoantes (k,p,m,n,l,w,h) e de cinco vogais, o havaiano é uma língua particularmente sedutora e rítmica.

♦ Aparência ♦

Os havaianos são famosos pela sua beleza física. São muitos os que consideram as mulheres polinésias como as mais bonitas do mundo. Elas têm cabelos negros e ondulados, pele bronzeada pelo sol e olhos negros e aveludados. Com o passar dos anos, os havaianos tendem a engordar.

♦ Características ♦

Tal como outros povos da Oceania, os polinésios eram marinheiros insuperáveis. Viviam numa sociedade organizada e harmoniosa e levaram suas tradições orais para cada uma das diversas ilhas em que se instalaram. Para os havaianos, o mistério da criação era tudo, e imaginavam-no como uma mistura de água e de fogo. A despeito de seu estilo de vida despreocupado e informal, realizavam seus rituais e cerimônias com grande seriedade e formalismo. As invocações e os encantamentos eram recitados palavra por palavra, com a máxima exatidão. O simples poder psíquico de uma palavra omitida podia acarretar a morte ou alguma catástrofe para a comunidade. O narrador reportava-se amiúde ao passado mítico, a que os polinésios se referiam como a "Noite de Tradição", que, sob muitos aspectos, assemelha-se ao sagrado Tempo do Sonho dos aborígines australianos.

Antes de dar início a qualquer empreitada (como construir uma cabana, um barco ou dar início a uma cerimônia de casamento), a primeira coisa a fazer era consagrar uma área com orações e oferendas a Pele, a deusa do vulcão. Os havaianos sentiam uma afinidade muito grande com seus deuses e deusas, chegando a declará-los seus ancestrais. Era essencial que todo chefe, sacerdote e sacerdotisa fosse aparentado com um deus ou deusa importante. Até mesmo a *hula*, que há mais de um século tem sido considerada apenas como uma dança sensual e graciosa, foi originalmente uma forma estilizada e séria de adorar a deusa. A maioria das canções da *hula* é endereçada a Pele:

> De Kahiki (Taiti) veio a mulher Pele,
> Da terra de Pola-Pola
> Da nuvem vermelha de Kane,
> Nuvem abrasada por sobre os céus,
> Ígnea nuvem amontoa-se em Kahiki.*

* Roslyn Poignant, *Oceanic Mythology: Polynesia, Micronesia, Melanesia*. Austrália (Londres: Drury House, 1967).

Os havaianos celebravam sua sexualidade, e não se atribuía grande valor à virgindade. Em geral, homens e mulheres não ficavam separados durante as práticas religiosas ou de aprendizado. Todas as pessoas dotadas de inteligência eram convidadas a fazer parte da Casa do Aprendizado, onde estudavam a mitologia e a linhagem dos havaianos, astronomia, geografia, navegação e ciências naturais. Os que revelavam talentos místicos faziam parte na Casa Na Qual Se Absorvem Invocações. Ali aprendiam cânticos, orações, encantamentos, práticas divinatórias e a ciência de curar. Os sacerdotes e sacerdotisas noviços ficavam com freqüência segregados em cabanas sagradas, preservando seu saber esotérico até que seus poderes fossem considerados suficientemente amadurecidos para serem apresentados ao público. Podiam, em seguida, vir a ser intermediários espirituais para os deuses e deusas ou oráculos adivinhos que poderiam recriar os velhos mitos ou criar outros.

A sombra de Pele, a deusa assustadora, paira sobre todos os aspectos da vida dos havaianos. De certo modo, o culto a Pele equipara-se ao culto a Shakti, a deusa hindu. Como esta, Pele não é boa nem má. Ela controla o poder de destruição dos vulcões e é a essência propulsora de toda a criação. Cabe a Pele livrar o mundo físico da rejeição, da negatividade e do lixo físico ou espiritual. Sob este aspecto, Pele assemelha-se a um vulcão. A lava destrói tudo na sua passagem, criando, porém, ao mesmo tempo, uma nova paisagem. Pele é também aquela que viaja para novas terras. É ainda o espírito que preside e vela as aventuras audaciosas. Pele detém o poder sobre a vida e a morte e representa a energia da lava incandescente e dos fogos ofuscantes. Em nosso século, talvez quem melhor a descreva seja a escritora Anäis Nin, no seu diário:

> "Na subida em direção ao vulcão Kilauea, no Havaí, as árvores, as flores, os arbustos, os frutos e os pássaros iam ficando cada vez mais raros até desaparecerem por completo. Em lugar da terra macia, das veredas verdejantes, das cercas carcomidas pelo tempo, havia somente lava negra, porém não reluzente como quando está úmida e em erupção, mas com a morte cor da cinza enegrecida. Solidificada. Queimou as árvores reduzindo-as a esqueletos brancos. Visto mais de perto, o vulcão continuava a fumegar, pronto para novas erupções. Era uma vasta cratera. Podia-se caminhar sobre a sua borda, olhando para baixo, para aquele buraco infernal. Cheirava a enxofre. Havia um silêncio, um suspense, pois quem se debruçava sabia o que tinha acontecido antes, uma incrível e selvagem explosão, jorros de fogo, rochas lançadas no ar. Talvez por ter estado perto da morte várias vezes em minha vida, recuei, afastando-me do vulcão. Era uma paisagem de morte. Odiei aquele abismo negro, aquela extensão negra e vazia. Desejei voltar para as flores, para a floresta da chuva e senti a mais profunda admiração, não pelo irado e hiante vulcão, mas pelas florezinhas amarelas que teimavam em crescer em meio às rochas negras da fúria. Via somente a explosão devastadora até ouvir de um poeta da Austrália: "Mas foi a energia do fogo que criou o nosso mundo."*

* Anäis Nin, *Eidolons*, org. Rochelle Holt (Iowa City, IA: Ragnarok Press, 1971).

♦ Conclusão ♦

Se escolheu Pele, a deusa havaiana, como símbolo de uma vida passada, você é uma pessoa afetiva e suas emoções são extremadas e cheias de energia. Você é governado por Vênus e por Marte, planetas cujas energias muitas vezes se opõem entre si. Parece-lhe difícil deixar de levar a sério os seus sentimentos; você é literalmente capaz de expelir fogo! Quando apresentado a alguém, mostra-se cordial, carinhoso e receptivo. Sua generosidade transmite a impressão de que você é uma pessoa dotada de caráter liberal e geralmente compreensivo diante de todas as personalidades. Não é difícil agradá-lo em nível superficial ou casual, mas quando alguém cai no seu desagrado, seus sentimentos por ele podem ser estancados como se fossem uma torneira. Embora considere razoável perdoar, acha difícil esquecer. Uma vez traída a sua confiança, desfaz-se a relação.

Sua tolerância pode atrair hipocondríacos, com os quais as outras pessoas são incapazes de lidar. Há ocasiões em que seus amigos perguntam: "Por que é que você tolera esse tipo? Ninguém o suporta!" Você acha que deve dar a todos oportunidades iguais e a possibilidade de conquistar uma amizade. Acha doloroso ver pessoas que não têm amigos. Ver pessoas solitárias força-o a reconhecer o quão solitário você se sente algumas vezes.

Isto não faz de você uma pessoa perfeita, pois freqüentemente exige demais de seus amigos. Você espera que eles correspondam aos seus ideais e deseja ser por eles admirado. Seu retraimento silencioso colhe as pessoas desprevenidas. Embora possam ter abusado da sua paciência durante muitos anos, ao afastar-se da vida delas você as deixa desorientadas; para elas, isso é um tremendo choque.

Como você é uma pessoa amável e generosa, os demais subestimam a extensão de suas emoções. Julgam-no erroneamente clemente e benigno, mas você também é capaz de paixões extremadas. Sente-se compelido a envolver e incluir os outros num círculo afetivo, emitindo ondas de carinho e tolerância. Você é capaz de ter atitudes maternais, aconchegantes e receptivas como uma casinha bem aquecida e iluminada no recesso de uma floresta escura e espessa. Por vezes, entretanto, esse carinho tende a se tornar sufocante e afasta seus amigos mais independentes – aqueles mesmos com os quais você poderia estabelecer uma relação benéfica para ambos os lados. Agrada-lhe pensar no amor como algo igualmente partilhado entre duas ou mais pessoas, com laços semelhantes aos existentes entre pai e filho. É preciso que você pondere e desenvolva a capacidade de amar incondicionalmente.

Suas emoções conflitantes e seus demônios interiores são coisas que os outros não vêem. Você pode parecer alegre e descontraído, mas tem se envolvido em diversas relações de amor e ódio durante sua existência. É possível que tenha tido sérios conflitos com seus parentes mais próximos. Acha difícil sentir-se indiferente ou impassível com relação a alguém. Sente-se por vezes ressentido com as pessoas que você mais ama. É também capaz de sentir simpatia por aquelas que realmente lhe desagradam. Isso pode dar margem a confusões em sua vida e no círculo mais íntimo de seus amigos. Ocasionalmente, você contrabalança seus ressentimentos, dedicando-se até sentir-se completamente esgotado.

Quanto a isto, é preciso haver mais sinceridade de sua parte, e você deve exteriorizar verbalmente seus sentimentos antes que aumentem os ressentimentos.

Quando se fecha para seus amigos, você os deixa completamente confusos e sem saber o que pensar. Eles podem até começar a acreditar que o avaliaram mal desde o começo. Não se esqueça de que, se fizer com que seus amigos e as pessoas que você ama participem de sua verdadeira realidade, isso fortalecerá sua relação com eles. Aqueles que se deixam afastar pela verdade jamais seriam seus amigos ou namorados por muito tempo.

Em certas ocasiões da sua vida, é provável que tenha sonhado com água e que esses sonhos o tenham acalmado ou atemorizado. É possível que lhe tenham transmitido uma sensação de harmonização com as mudanças ocorridas na sua vida atual. Ou talvez tenham resultado numa sensação de desamparo ou de que você está sendo completamente sugado. Parece que o oceano o está tragando do mesmo modo que a lua cheia faz baixar as distantes marés. Ele o atrai e ao mesmo tempo o perturba. Você gosta de estar perto das massas de água, mas jamais consentiria em mergulhar completamente em suas profundezas. Talvez o fascinem a vida submarina e as tonalidades azuis e verdes de qualquer mar ou lagoa que o impressionem. A água o faz pensar em mergulhar mais profundamente para alcançar níveis que você normalmente é incapaz de explorar. Isto se deve à sua conexão com a inspiração pura e sua afinidade com a beleza do subconsciente. Você tem um senso muito elevado da beleza, da forma e do equilíbrio, sendo particularmente sensível aos graciosos movimentos da dança.

No plano físico, talvez prefira usar cabelos longos, levemente ondulados ou suavemente penteados. Seus olhos são sedutores, mas têm uma expressão sonhadora ou insegura. Prefere as cores vistosas e roupas que chamam a atenção. Infelizmente, você tende a aumentar repentinamente de peso, sobretudo em conseqüência de retenção de água em seu organismo. Cerca-se, provavelmente, de pedras preciosas, conchas marinhas, flores exóticas ou de jóias perfeitamente lapidadas.

Sua vida passada entre os havaianos faz de você uma pessoa audaz, com uma compulsiva necessidade de viajar e de aventuras arrojadas. Você terá de percorrer longas distâncias (tanto física como mentalmente) para encontrar o seu verdadeiro eu. Sua intensa necessidade de ter amigos pode fazê-lo penetrar em muitos círculos interessantes. É importante que descubra as almas bondosas com as quais possa compartilhar suas idéias e conviver em paz. Quando está sozinho, mesmo no meio de uma multidão, você o percebe imediatamente e de uma maneira pungente. Encara a vida despreocupadamente e assume riscos com grande entusiasmo. A exemplo da deusa Pele, você carrega a sua luz à sua frente, como se fosse uma tocha, impelindo os outros a maneiras de viver mais apaixonadas e afetivas.

XXVI

"Criança sob o Sol."

• • • ● XXVI ● • • •

Tamborete Sagrado Achanti

♦ Símbolo ♦

O símbolo que você escolheu é um Tamborete Sagrado feito pelo povo achanti da África. O Tamborete Sagrado era um símbolo de um culto dos antepassados, e acreditava-se que tinha sido atirado dos céus por Nyankopon, o deus supremo dos achantis. Por causa de sua santidade, a ninguém era permitido sentar-se naquele tamborete. Algumas vezes, os chefes davam a impressão de nele repousar durante as cerimônias religiosas; na realidade, porém, seus súditos o seguravam com seus dedos, mantendo-os alguns centímetros acima do assento reluzente. Até mesmo os mais terríveis chefes receavam incomodar os espíritos que habitavam dentro do tamborete. Mais tarde, um Tamborete Sagrado passou a representar tanto os achantis (como nação distinta dos outros povos africanos) como os espíritos da tribo. Embora haja muitos e diferentes tamboretes sagrados entre os achantis, supõe-se que o original, feito de ouro, ainda existe, escondido em algum lugar, como medida de precaução.

♦ Lugar ♦

A nação achanti vive na região central de Gana, país fronteiriço da Costa do Ouro, na África.

♦ Época ♦

A maioria das tribos africanas existe pelo menos há 10000 anos. Os achantis estiveram no apogeu de sua cultura entre os séculos XV e XIX. Lamentavelmente, foi também uma época em que prosperou o tráfico de escravos.

♦ Grupos ♦

Cada um dos clãs achantis tem um totem animal específico. Nas verdade, declaram-se descendentes de certos animais totens tais como rãs, papagaios, corvos, morcegos e toupeiras. Entre alguns nomes de clãs achantis incluem-se: os atwae, os abrade, os ada, os amoakwade, os amanwere e os nyampasakyi. Embora os clãs achantis tenham quase desaparecido, entre eles houve outrora fortes laços culturais. Os achantis sentiam-se com freqüência mais próximos dos membros de seu clã que de seus parentes consanguíneos pertencentes a clãs diferentes.

♦ Grupos lingüísticos ♦

Como outras tribos da África Central, os achantis falam um dialeto do grupo lingüístico Bantu. A língua oficial dos achantis chama-se *akan*.

♦ Aparência ♦

Os achantis são africanos negros. São um pouco mais baixos que outros povos africanos. A altura média dos homens é 1,65 m; a das mulheres, 1,50 m.

De início, demonstravam aversão por tatuagens e ferimentos no corpo. Com isso, distinguiam-se de outras tribos africanas que consideravam essas duas práticas sinais de grande beleza. Os trajes dos achantis eram suntuosos e criativos. As mulheres achantis passavam grande parte de seu tempo diante de seus teares, fabricando complicados tecidos chamados *kente*. Os homens ainda usam vestimentas feitas à mão com o *kente*, parecidos com as togas romanas. As mulheres usam suas roupas de kente à maneira dos sáris indianos.

♦ Características ♦

Houve tempo em que os achantis eram a tribo mais poderosa de toda a África. Seu estilo elaboradamente artístico e seu amor pelo luxo distinguiam sua cultura daquela das tribos vizinhas. Enquanto as outras tribos fabricavam seus artefatos com madeira e marfim, os achantis tinham fácil acesso ao ouro que garimpavam nos leitos dos rios. Quando os europeus entraram em contato com eles no final do século XVI, os achantis criavam relíquias de ouro, magníficas peças de artesanato que podiam rivalizar com os artefatos do antigo Egito e da Pérsia. Os achantis criaram fabulosos ornamentos de ouro, inclusive máscaras realistas, móveis, braceletes, colares, faixas para a cabeça, anéis e broches. Os achantis eram um povo talentoso e diligente.

Os achantis contam uma história da criação que se assemelha às de outros povos indígenas de todo o mundo. Acreditam que tenham saído originalmente da Mãe Terra. Afirmam que, antes de evoluir fora da terra, existiam num mundo subterrâneo, muito parecido com uma terra dos mortos. Esta história da criação está vinculada à concepção achanti segundo a qual os mortos devem ser devolvidos à terra. À primeira vista, os achantis primitivos podem parecer um povo mórbido, seus ancestrais mortos permaneciam constantemente em seus pensamentos. Quando morria um achanti, seu corpo era enterrado numa cabana habitada por seus parentes. A família achanti muitas vezes dormia sobre o próprio túmulo da pessoa amada. Eles descansavam, entretanto, tranqüilamente, sabendo que o espírito ancestral estaria velando por eles e afastando todos os maus espíritos. Ao contrário de outros povos do mundo, que talvez fugissem aterrorizados, os achantis sentiam-se a salvo na presença dos espíritos de seus mortos.

Eram uma tribo matrilinear, ou dirigida pela mãe. O parentesco é determinado através das mulheres da família. Quando viaja, um achanti procura em primeiro lugar os parentes do lado materno, mesmo que não os conheça muito bem. Ainda hoje, a maioria dos achantis se sente mais estreitamente ligada ao lado materno da família. Os espíritos dos ancestrais da mãe são protetores, similares a um útero seguro e acolhedor que preserva o achanti de todo mal.

Depois do chefe e de sua rainha, os membros mais estimados das tribos achantis são os que tocam os tambores. Extremamente habilidosos, essas pessoas eram consideradas sagradas. Sabia-se que seus "tambores falantes" transmitiam mensagens a distâncias de quase 200 milhas. Segundo os achantis, o primeiro homem criado foi um tocador de tambor, ou "mensageiro de Deus". Esses homens criam, engenhosamente, padrões e sons que formam frases e sentenças inteiras que podem ser decifradas a grandes distâncias. Antes de se criar um tambor, é preciso que o chefe o ordene. Fazem-se então oferendas ao espírito da árvore que deve ser sacrificada para que se faça um tambor sagrado. Praticamente qualquer árvore serve, mas o cedro é considerado aziago. A pele do tambor é então fabricada com a orelha de um elefante, amaciada e esticada firmemente, de modo a recòbrir a abertura do tambor. Os tambores são considerados masculinos ou femininos, tendo cada um deles uma personalidade distinta e uma voz própria. Os tambores e aqueles que os tocavam tiveram outrora uma importância extrema para a sobrevivência da nação achanti.

Os achantis têm uma aguda consciência de suas origens e da sua linhagem. Quase todos os seus rituais estão intricadamente ligados ao sagrado tamborete de ouro, que é considerdo como uma coisa que vive e pulsa. Segundo os achantis, a espécie humana não existe para dominar a terra e as forças naturais. Pelo contrário, nós fluímos com elas, tal como um rio que absorve a matéria bruta da vida e, em troca, dá ouro e abundância ao seu povo.

◆ Conclusão ◆

Se escolheu o Tamborete Sagrado dos Achantis como símbolo de uma vida passada, você é uma pessoa altiva, culta e cheia de dignidade. Irradia magnificência e tem uma aura de confiança e segurança que o acompanha para onde vai. Embora possa ser de pequena estatura, você dá a impressão de ser muito mais alto. Envolve-o uma sensação de realeza. Não é que se sinta superior aos outros: você é uma pessoa com grande personalidade e sabe disso.

Você não gosta de mentiras, de trapaças, nem de coisa alguma que possa ser considerada desonesta. Mesmo quando criança, você não acompanhava as outras crianças apenas pelo desejo de pertencer ao grupo, sobretudo se elas estivessem em busca de um bode expiatório. Embora se considere importante, você jamais voltaria as costas para alguém. Com freqüência, você se levanta em defesa dos oprimidos. Há em você uma luz especial e está disposto a partilhá-la com outras pessoas.

Sua personalidade é governada pelo Sol. Como esse astro, você se sente mais à vontade estando no centro das coisas. Astrologicamente, o Sol é como o chefe de uma tribo. Você tende a agir como um líder natural, porém jamais de maneira espalhafatosa, violenta ou exigente. Na realidade, você é reservado e discreto, porém acaba com freqüência assumindo posições de mando mesmo quando resiste a essa idéia. Tendo cedido, geralmente acaba gostando das "luzes da ribalta". Aspira continuamente a um estado de ser mais elevado. Embora deseje a dedicação, jamais tolera as exigências.

Sua característica mais positiva é a coragem. Você não se deixa intimidar com facilidade e, quando vê alguma injustiça, é o primeiro a denunciá-la. Isso pode lhe valer a desagradável reputação de insensível, mas sua cordialidade e honestidade fazem com que as pessoas passem a admirar sua franqueza. Você não é nenhum esmiuçador de falhas mesquinhas. Pelo contrário, antes de apontar as coisas erradas, você passa muito tempo sem tomar conhecimento delas. O que o impele a agir é o seu senso de justiça. Quando critica, suas observações não têm nenhum cunho pessoal. Você jamais pretende destruir a mente de alguém e não admitirá que se destrua o maravilhoso potencial do seu espírito.

Por ser romântico e sensível à beleza do mundo, é possível que você colecione objetos raros que tenham uma tonalidade dourada ou viva. Pode usar roupas invulgarmente coloridas, combinando suas cores com bom gosto e eficiência. Ao seu redor, tudo parece cálido, viçoso e luxuriante. Você transmite a aura de um ser poético, complexo e intensamente sensual. Estará disposto a ceder com o único intuito de se apaixonar. Na verdade, só se sente feliz quando está amando alguém ou alguma coisa.

Você tem uma habilidade manual invulgar e gosta de trabalhar com materiais sólidos e palpáveis. É provável que tenha um talento especial para entalhar, esculpir e trabalhar a madeira, ou para os mais delicados artesanatos das tecelagem e da costura. É possível que tenha mãos delicadas ou dedos afilados e compridos, características dos achantis. Gosta de se entregar às sensações tácteis do papel novo, de um tecido macio, da madeira polida e das superfícies lisas. Cerca-se de objetos suntuosos e requintados.

Sua vida passada entre os achantis de Gana fez de você uma pessoa cheia de simpatia. Embora dotado de um forte senso de si mesmo, você também é capaz de se identificar com a situação dos outros. Quando uma pessoa merece a sua afeição, você é um companheiro excepcionalmente amoroso. Você é uma pessoa equilibrada, e não é pequena a sabedoria que você pode compartilhar.

XXVII

"Amor à Terra."

· • • ● XXVII ● • • ·

Máscara Kachina dos Hopis

♦ Símbolo ♦

Você escolheu como símbolo uma máscara kachina dos índios hopis. Embora muitos índios pueblos usem essas máscaras brilhantemente coloridas em seus rituais sagrados, admite-se geralmente que os hopis as tenham inventado e aprimorado. São representações dos espíritos dos kachinas, que fazem parte da cosmologia dos hopis, constituída de 250 semideuses que, segundo acreditavam os sacerdotes pueblos, jamais tiveram uma existência carnal.

Os espíritos dos kachinas presidem às cerimônias mais importantes dos pueblos. Entre elas incluem-se as cerimônias do solstício de inverno, os ritos de bênção, a dança do milho e Powamu. Os locais de festivais dos kachinas são inicialmente santificados com alimentos à base de milho (atualmente utilizam-se com freqüência os flocos de milho), espalhados no caminho para o *kiva* sagrado, como uma "estrada para a vida". Na manhã seguinte, o sol nascente será calorosamente saudado pelo alimento. A Mãe do Milho, indiretamente ligada aos kachinas, simboliza a Mãe Terra com toda a sua fartura.

As máscaras kachinas raramente representam mulheres; algumas vezes, entretanto, kachinas mulheres acompanham um grupo, com os rostos pintados de azul e os corpos envoltos em mantos femininos. São as quatro Hemis Kachin-manas, que usam seus bastões trituradores e suas placas para provocar o som do trovão. Há vários espíritos kachinas femininos, mas, em geral, são representados por homens. As danças noturnas kachinas usam gestos penosamente estilizados para conseguir uma perfeita sincronização do canto, do movimento e do som. Essas cerimônias kachinas criam uma sensação estranha de algo sobrenatural.

Às diversas tribos pueblos atribuem-se kachinas diferentes. Até certo ponto, os kachinas assemelham-se aos anjos da guarda da tradição judeu-cristã. Acredita-se que sejam muito mais sábios e evoluídos que os seres humanos.

♦ Lugar ♦

Os rituais kachinas ainda se realizam no sudoeste dos Estados Unidos (abrangendo o Arizona, o Novo México, partes do Colorado e Utah) e também no norte do México.

♦ Época ♦

Pelo que sabemos, a tradição dos índios pueblos teve início, aproximadamente, no século VIII d.C. e subsiste ainda hoje.

♦ Grupos ♦

Entre os grupos tribais pueblos incluem-se os povos hopi, zuni, acoma, laguna, cochiti, zia, Santa Domingo, Santa Ana, taos, jemez e hano. Todos eles fazem parte da tradição dos *Anasazi* (palavra navajo-dine que significa "os antigos alienígenas").

Os navajos são índios contemporâneos do sudoeste que adotaram o estilo de vida dos pueblos. São, entretanto, um povo de língua atabasca, oriundo do Canadá e que só migrou para o sul por volta de 1500 d.C.

♦ Grupos lingüísticos ♦

A maioria dos índios pueblos fala em uto-asteca ou tanoano. As línguas uto-astecas podem ter se originado no México durante o império asteca. Algumas tribos das Planícies americanas também falam uma língua asteca, como, por exemplo, os índios shoshones, utes e comanches.

♦ Aparência ♦

Os índios pueblos são mais baixos e têm pele mais escura que os índios das Planícies. Têm olhos escuros, cabelos lisos e negros, geralmente compridos, que costumam usar atados na nuca. As mulheres solteiras usam muitas vezes os cabelos penteados à moda hopi, presos em dois grandes coques sobre as orelhas. Os rostos dos pueblos são suavemente arredondados e com malares altos. O nariz em geral é pequeno e achatado.

No passado, as mulheres pueblos vestiam camisas tecidas, enquanto os homens usavam tangas e mocassins de peles de animais. Os índios pueblos eram famosos por sua primorosa tecelagem e pelo complicado artesanato de prata. Embora tenham sido sempre excelentes tecelões, entre os pueblos o lavor da prata é um artesanato relativamente recente.

♦ Características ♦

Entre as tribos pueblos (particularmente entre os hopis) as palavras-chave são: harmonia, cooperação e comunidade. Até o nome "hopi" deriva da palavra uto-asteca "hopitu", que significa "os pacíficos". Os pueblos viviam em habitações construídas com adobe muito antes da chegada dos homens brancos àquela parte do mundo. Evoluíram e chegaram a constituir uma sociedade cooperativa, voltada para o grupo. O desenvolvimento do indivíduo dependia em grande parte do desenvolvimento do grupo como um todo, e todos tinham de trabalhar em conjunto e harmonia.

Os hopis são uma tribo matrilinear (governada pela mãe). Existe uma teoria segundo a qual eles tiveram origem no México, entre os astecas, índios mais violentos. As complexas convicções religiosas dos hopis assemelhavam-se, em certos pontos, às dos astecas, mas tinham muito mais respeito pela vida e concepções filosóficas muito diferentes. Enquanto os astecas (governados pelo planeta Marte) deleitavam-se com a guerra, os sacrifícios humanos e as conquistas agressivas, os hopis (governados por Vênus) evitavam os conflitos na medida do possível e erguiam poderosas construções de adobe como fortalezas para se protegerem contra guerreiros invasores. Muitos deuses, deusas e semideuses da cosmologia hopi são análogos aos dos índios mexicanos, sobretudo aos dos astecas.

Os índios hopis eram membros do ramo shoshoneano do grupo lingüístico uto-asteca. Afirma-se que esse ramo cruzou o estreito de Bering e chegou à América do Norte há 20000 anos, tendo atingido a região Sudoeste por volta do ano 700 d.C. Os mais antigos contam, entretanto, uma história diferente a respeito de sua chegada. As narrativas da migração, segundo os hopis, jamais mencionam que tenham entrado no continente norte-americano a partir do norte, como quase todos os antropólogos gostariam que acreditássemos. Os hopis afirmam, pelo contrário, que tiveram origem muito antes e muito mais ao sul, na América Central. Esta versão confirma a importante conexão entre os hopis e os índios mexicanos. Algumas antigas tabuinhas de pedras maias, bem como as paredes de seus templos, foram corretamente interpretadas por pessoas que falam a língua dos hopis.

Os hopis são dotados de um senso quase oriental de equilíbrio e inventiva, que se revela em sua cerâmica e em sua tecelagem. Com seus alegres trajes kachinas e seu modo de vida harmonioso e puro, os hopis representam uma fonte de fascínio cultural para os antropólogos modernos. Eles têm, no entanto, os seus segredos, que preservam no interior dos *kiva* sagrados, lugares de encontros masculinos que funcionam como uma espécie de clube para os sacerdotes pueblos e para os que buscam o espiritual. A religião dos hopis enfatiza o conservantismo e a cooperação suave com a natureza. Embora hostis às mudanças, os hopis são um dos povos mais esclarecidos e pacíficos do mundo. Quanto a isto, não se faz necessária nenhuma mudança.

♦ Conclusão ♦

Se escolheu a Máscara Kachina dos Hopis como símbolo de uma vida passada, você é uma pessoa delicada e generosa, com senso de responsabilidade para com sua comunidade. Talvez não seja uma pessoa voltada para o grupo, porém é muito provável que dedique muito tempo a ajudar os outros. Embora recuse impor suas idéias, as pessoas respeitam suas convicções e gravitam na sua direção. Ainda jovem, você já revelava uma sabedoria natural muito grande. Seus contemporâneos sentiam-se seguros e protegidos a seu lado. Você possui um jeito especial de fazer com que as pessoas se sintam bem consigo mesmas. Compreendem que você jamais se voltará contra elas e será sempre leal. Por este motivo, será amado por muitas e diferentes pessoas.

Num plano espiritual, você é místico e sonhador. É também muito reservado, e alimenta idéias e conceitos que partilha com muito pouca gente. Interessa-se por assuntos antiquados, assim como por canções, por dança e por poesia. Tem qualidades mediúnicas invulgares e uma intuição muito aguda baseada nos elementos naturais. É extremamente sensível a todas as energias vitais. Isto lhe confere um talento especial para a psicometria, o que o torna capaz de ler a história psíquica de certos objetos. Consegue perceber as tendências, assim como outras pessoas conseguem perceber as alterações do tempo. É possível descrevê-lo como um espírito que flui suavemente e alcança o poder tal como um vento que, nas alturas, circunda a Terra.

Embora raramente se imponha ou "faça uma cena", existe em você uma energia compulsiva muito poderosa. A força que está por trás dessa energia não se manifesta devido exclusivamente à vontade ou a uma determinação agressiva; sua intensidade decorre de uma sabedoria natural e de uma forte empatia. Você se sente em sua melhor forma quando há harmonia na vida. Embora possa gostar de viajar e conhecer lugares e culturas diferentes, não se adapta muito bem às mudanças. Talvez lhe pareça extremamente incômodo qualquer tipo de conflito. As discussões e as brigas perturbam sua sensação de totalidade. Estar desenraizado faz com que se esfacele o seu centro cuidadosamente alimentado.

Você se interessa profundamente pela natureza e a ama. Segurar um torrão de uma terra fértil e escura é suficiente para fazer com que você se sinta reviver. Há de ter muitas vezes o seu próprio jardim, mesmo que seja bem pequeno. As torrentes das montanhas são lugares onde você rejuvenesce. A carícia do vento o revigora como a carícia de uma namorada. Um bosque pode ser o altar para o seu culto; são muito fortes os laços que o prendem à terra.

É provável que você se sinta estreitamente ligado aos seus familiares, mesmo que eles pareçam não compreender o que você tem em mente. Para você, os laços de sangue são muitos fortes, característica muito semelhante à das subdivisões (clãs) dos hopis. Interessa-se ardentemente pelos mundos paralelos e pelo plano espiritual. Sonha continuamente com uma utopia na qual a espécie humana possa viver em paz. A lição que deve aprender é que, para melhorar o mundo, também você precisa estar disposto a modificar algumas coisas. Sua vida passada entre os hopis fez de você uma pessoa sensível e delicada. Agora é a hora de você se afirmar e transmitir aos outros a harmonia inata que você conhece e compreende.

XXVIII

"A energia é eterna delícia."

• • • XXVIII • • • •

Símbolo Ocidental Contemporâneo

♦ Símbolo ♦

O símbolo escolhido por você é um exemplo da arte ocidental contemporânea. Este desenho em particular trata do momento presente, representando a alienação do homem moderno com relação aos elementos e às forças atuantes num universo em expansão. Mais do que qualquer outro, este símbolo retrata um anarquista privado de um centro. A energia do universo é sentida, porém de uma maneira irregular e não focalizada. Ela se torna subversiva e não-convencional. As metas são alcançadas através de uma ação direta e violenta. Há energia bruta, porém pouca harmonia. Num plano mais profundo, este símbolo ocidental representa a delicada linha entre a criatividade e a destruição. Há uma necessidade de criar através de uma liberdade desafiadora que rejeita a uniformidade e o convencional.

♦ Lugar ♦

Na maioria dos países, as pessoas estão se familiarizando com exemplares da arte ocidental parecidos com este. Entretanto, isto fica ainda mais acentuado nos Estados Unidos, no Canadá e nos países europeus. Como este símbolo lida mais com a vida presente do que com as vidas passadas, é importante ler a conclusão para poder apreciar o pleno significado da escolha desta carta.

♦ Época ♦

A arte ocidental contemporânea abrange todo o século XX. Esse tipo de abstração alcançou seu apogeu entre os anos 1930 e 1960. Seu ressurgimento na década de 80 tornou-se evidente no vestuário, na arte e na publicidade contemporânea.

♦ Grupos lingüísticos ♦

Estão representados todos os grupos lingüísticos, com ênfase particular, entretanto, para o inglês, o francês, o italiano, o holandês e o alemão.

♦ Aparência ♦

Todos os grupos culturais e físicos estão incluídos.

♦ Características ♦

São enfatizados os valores superficiais. Há uma sensação de alienação, ampliando-se a atenção atribuída à percepção sensorial. A energia é agressiva, rude e direta. Acentuam-se a individualidade e o ceticismo. A realidade é vista como infinitamente complexa. Com o advento dos hologramas, dos computadores, das comunicações de massas e das transferências imediatas para lugares longínquos, ver, no século XX, nem sempre corresponde a acreditar. Os valores espirituais são preteridos em favor da satisfação imediata.

Enfatizam-se as forças ativas do universo. As metas são alcançadas através da aplicação pura da vontade, não havendo, porém, nenhum núcleo estável. Há, pelo contrário, uma nítida sensação de flutuação e de alienação. O comportamento é irregular e inconstante. Há uma propensão à impulsividade e a mergulhar de cabeça em projetos que nunca chegam a ser concluídos. Um comentário positivo: as forças são extremamente criativas e individuais. Há uma capacidade inata de ver e avançar para o futuro embora possam ser postos de lado detalhes importantes.

Há um ardente desejo de riquezas, de intensidade e de experiência direta da vida. As coisas assumem significados cada vez mais amplos e variados, muitas vezes em contradição com a realidade. A competitividade é colocada em primeiro plano. Anseia-se por "ir para a frente" a qualquer custo. Todavia, não está muito claro onde fica esse "para a frente". O verdadeiro significado das metas pessoais pode ser vago ou indistinto. Ao chegar, é possível que se pergunte: "Agora que estou aqui, onde é mesmo que estou?" O desdobramento genuíno do eu está soterrado, sublimado ou negado. O eu individual, tão cuidadosamente nutrido e desenvolvido, pode revelar-se finalmente um estranho.

Usa-se muita energia pessoal de maneira aleatória. Quando os objetivos não são alcançados, a autodestruição pode substituí-los na forma de extravagâncias físicas, de cigarros, de excessos alimentares, de conversas e tagarelices incessantes, ou através da permanência constante diante da televisão. Há uma tendência a "aliar-se" às forças que atacam a personalidade. Isso pode se manifestar num desejo de ser expurgado da própria identidade (do si mesmo), criando-se uma nova identidade de uma maneira autodestrutiva ou de autonegação. Aprende-se e cultiva-se a superficialidade como uma arte.

A energia física pode ser vigorosa, mas apenas quando há um interesse genuíno pelo projeto. O que está em ação é pura energia nervosa. Com a repetição ou o tédio, o nível de energia cai verticalmente. Há uma necessidade de competir em muitos níveis diferentes, que se pode expressar em algum tipo de atividade atlética ou de competição profissional. Não importa o que esteja em questão, haverá sempre a necessidade de novos e diferentes estímulos, o que poderá evoluir até transformar-se num comportamento irrequieto sempre à cata de emoções. Existe igualmente uma propensão à ocorrência de acidentes.

A imaginação e a criatividade são qualidades que devem ser altamente desenvolvidas nos que escolhem esta carta. Há uma constante necessidade de encarar as coisas de uma maneira exclusiva, brilhante ou invulgar. Embora exista um desassossego crônico, geralmente os novos desafios têm o poder de abrir portas que levam a aventuras mais estimulantes.

Mais paciência e atenção a pormenores importantes são os recursos que devem ser aplicados para que haja uma abordagem inteiramente renovada, capaz de atrair a atenção do mundo quando aplicada com clareza e perseverança.

♦ Conclusão ♦

Se escolheu o Símbolo Ocidental Contemporâneo, você é uma pessoa enérgica, com idéias próprias e firmes. Está sempre ansiosa por galgar outras montanhas ou por vencê-las. Para você, a própria vida é um desafio. Conformar-se vai de encontro à sua natureza, e qualquer esforço no sentido de obrigá-lo a proceder assim encontrará em você enorme resistência. Você é, por natureza, uma pessoa muito teimosa.

Parecem-lhe interessantes as forças que se contrapõem e você gosta de ponderar as diferenças entre o bem e o mal, o preto e o branco, a quietude e a ação. Você encara a vida com ardor, paixão e entusiasmo. A ação contínua e as mudanças são imprescindíveis para que você se sinta satisfeito. O que é insípido e vulgar jamais conseguirá manter seu interesse durante muito tempo.

Você é como um pino quadrado que procura, desesperadamente, ajustar-se a um orifício redondo. Isto jamais acontecerá, e é bom que aceite sua estranha individualidade. Você acha importante ter amigos mas, antes de mais nada, precisa gostar de si mesmo. Só quando conseguir criar uma sensação de paz interior é que seus relacionamentos poderão mudar, crescer e, finalmente, desabrochar. Você não pode forçar o resultado final. Isso é muito importante, pois você tende a agarrar-se a certas idéias de uma maneira que acaba se revelando destrutiva. Aprecia os conflitos, pois, em sua opinião, não há nada pior que o tédio. Quanto a isto, é preciso que você pondere bem os conflitos em seus relacionamentos e pergunte a si mesmo o que os estaria provocando. É possível que você tenha alguma coisa a ver com suas causas? Em sua opinião, a uniformidade destrói a essência individual que você, com tanto cuidado, procura alimentar e desenvolver.

As outras pessoas não compreendem essa sua necessidade de estimulação e ação. Quando recorre a métodos autodestrutivos, é muitas vezes para atrair a atenção que pretende obter. Talvez chegue a alimentar fantasias de riquezas, de poder e de fama. Na realidade, essas fantasias secretas não são assim tão descabidas, pois você é uma pessoa muito ativa, inteligente e original.

Você pode enfrentar com facilidade desafios complicados. Na verdade, você se dá muito bem quando se trata de superar obstáculos, mas suas energias nem sempre fluem com suavidade e raramente você é coerente. Os reveses são freqüentes, mas você sempre consegue reagir e eles não parecem arrasá-lo tanto quanto fariam com outras pessoas. Você há de sobreviver sempre. Se não quiser acreditar, olhe para trás, para os problemas que já teve na sua vida e se dê conta de que, de algum modo, você sempre acaba vencendo. Em certas ocasiões, você pode se sentir purificado pela resolução de algum conflito, e sai da situação sentindo-se mais forte que antes. Se não perceber que é uma pessoa particularmente forte, é possível que esteja renegando seus próprios recursos interiores. Talvez esteja ocupado demais a olhar para si mesmo como uma excelente pessoa. Os poderosos o atraem, assim como aqueles que parecem "dar as cartas". A fraqueza não lhe inspira muito respeito, sobretudo quando se sente mais ameaçado e pessoalmente fraco.

Você é particularmente intuitivo quando se trata de cores e desenhos. São bem conhecidos o seu bom gosto e sua habilidade em reunir os objetos de uma maneira tão original que acaba parecendo profissional. Quer o perceba ou não, você afeta a maneira com que as outras pessoas vêem as coisas. Podem até imitá-lo em diferentes épocas da sua vida. Você é um inovador, mesmo que não se considere uma pessoa agressiva. Apesar de suas idéias fixas a seu próprio respeito, você fica facilmente entediado pelo mundo que o cerca. Tem uma necessidade constante de mudar e busca novas maneiras de ver as coisas. Pode até mesmo desejar mudar-se quando a vida lhe oferece muito pouco em termos de emoções e excitação em suas relações. Pode ter uma propensão a escolher parceiros encantadores e excitantes, porém irresponsáveis. É provável que venha a ter diversos parceiros românticos durante a sua existência, e poderá também morar em muitas regiões diferentes do país.

Se há uma lição que deve aprender é a de que não deve confiar em demonstrações exteriores de força enquanto negar seus recursos interiores. Você possui uma grande criatividade e muitas idéias inteligentes e originais; falta-lhe, porém, um foco para sua energia. Gaba-se de ser direto e franco, mas tende a evitar níveis mais profundos de intimidade. Teme a rejeição que você interpreta como uma "perda". Você é ambicioso, e perder não é coisa que você encare despreocupadamente. Seu espírito de iniciativa e sua originalidade são os seus maiores talentos. Se puder aprender a controlar seus sentimentos pelos outros, você se tornará uma pessoa mais forte e mais dinâmica.

Sumário das Cartas Fênix
(I-VII)

	Frase-chave	Lugar	Época	Planetas Governantes	Governam	Características
I **Desenho Zen-budista**	"Nada é maior ou menor que eu"	China, Japão e Índia	483 a.C. até os dias atuais	Netuno e Júpiter	A mente receptiva e o pensamento linear	Sábio, amadurecido e compassivo. Tendência a refletir ou aborver as energias dos outros. A análise de si mesmo ajuda a compreender as motivações e as ações dos outros. O equilíbrio é de suma importância. O amor se expressa de uma maneira impessoal, universal.
II **Roda Mágica das *Prairie Plains***	"Expressões do indivíduo"	O Meio-Oeste americano, estendendo-se até as Montanhas Rochosas	500 até os dias atuais	Sol e Lua	A individualidade e as experiências visionárias	Tímido, retraído e independente. A energia da própria individualidade é percebida de maneira mais aguda na solidão. Paixão e coragem são parte integrante da personalidade. A terra é vista como um espelho do domínio espiritual. Sensível e emotivo.
III **Feiticeiro Pré-histórico**	"Amor à escuridão primitiva"	França e outras regiões da Europa paleolítica	13000-11000 a.C.	Plutão	Curiosidade e necessidade de compreender o que está oculto	Misterioso, nervoso e sábio. Fascinação pelo lado obscuro da vida e pelas coisas de natureza oculta. Mente rica e imaginativa. Atraído pelo que é invulgar. Simpático, empático e amadurecido, capaz de ensinar aos outros.

	Frase-chave	Lugar	Época	Planetas Governantes	Governam	Características
IV **Sacerdote Jaguar Maia**	"Aquele que busca o abstrato"	México, Guatemala, Belize e península do Yucatán	400-700	Urano	A capacidade de apreender o conhecimento abstrato	Artístico e diligente. Acentuado interesse pela astrologia e pelos movimentos estelares, e invulgar capacidade de compreender os conceitos abstratos. Personalidade amistosa, porém fisicamente frágil. As energias mentais são proeminentes e bastante desenvolvidas. Visão que alcança o futuro.
V **Deusa Egípcia Buto**	"Filho do Mundo Sombrio"	Egito antigo	3110 a.C. – 640 d.C.	Plutão	A concepção da morte e do agonizar	Fascínio pela morte e pelo mundo dos espíritos. Acentuadas qualidades psíquicas. A linha que separa este mundo do mundo futuro é indistinta. Terrores mórbidos. Isolamento. Capacidade de transformar o que é negativo em positivo. Personalidade e caráter instigantes. Atrai a inveja e os falatórios.
VI **Efígie da Mão dos Construtores de Túmulos**	"Sonde o desconhecido"	A região central do vale Ohio, nos Estados Unidos	200 a.C. – 500 d.C.	Urano e Plutão	A complexidade do pensamento e as mensagens confusas	Gosto pela investigação e presença de uma multiplicidade de crenças que, às vezes, resultam em confusão. Idéias embaralhadas. Excentricidade e preocupações mórbidas. Tendência derrotista a rejeitar antes de ser rejeitado. Reservado. Personalidade tímida ou retraída.
VII **Amuleto Cigano**	"Eu tomo o que me é necessário sem prejudicar ninguém"	Origens na Índia; mais tarde, América e Europa	1000 até os dias atuais	Marte	Instintos de sobrevivência	Mente extremamente aguçada e com uma estranha capacidade de observar e assimilar os detalhes. Muito pouca coisa escapa a seu inteligente escrutínio. Atitude protetora para com os outros e, não obstante, por vezes egoísta. Bela aparência, ou que inspira admiração. Muito inteligente, porém indelicado e áspero.

Sumário das Cartas Fênix
(VIII-XIV)

	Frase-chave	Lugar	Época	Planetas Governantes	Governam	Características
VIII **Bracelete Persa**	"Entregue-se ao espírito do amor"	Pérsia antiga (Irã, Iraque e partes da Síria)	600 a.C. – 682 d.C.	Netuno	A capacidade de fundir-se com Deus através do amor romântico	Pensamentos estranhos, belos, embora nebulosos. Há uma compulsiva necessidade de fusão com os outros e de auto-sacrifício. Confusão ou incapacidade de projetar a própria individualidade. Ingênuo, afável e irremediavelmente romântico.
IX **Amuleto Romano da Mão**	"Vim, vi e venci"	Roma antiga	814 a.C. – 20 d.C.	Marte e Júpiter	A necessidade de competir e dominar	Eficiente, enérgico e inovador. Capacidade de promover mudanças quando estas se fazem necessárias. Sua positividade, impetuosidade e ambição precisam de estímulos constantes. Pouca tolerância pela inatividade ou uniformidade. Receio ou espanto diante do mundo espiritual.
X **Máscara Jukun de Akuma**	"Filho da Velha Lua"	Nigéria, África	1250 até início do século XX	Lua	A imaginação e a mente subconsciente	Sonhador e passivo, com tendência a agarrar-se a tradições passadas. Aparenta muito menos idade que a biológica. Pode ser ao mesmo tempo paternal e infantil. Intuitivo, psíquico e desinteressado.

	Frase-chave	Lugar	Época	Planetas Governantes	Governam	Características
XI **Deusa Iugoslava da Terra**	"A máscara da Deusa"	O mundo todo	400 a.C. até os dias atuais	Lua, Vênus e Saturno	A sabedoria adquirida ao longo de muitas existências	Paixão pelo mito, pela lenda e pela poesia. Personalidade corajosa e altruísta, capaz de perceber o Espírito em todos os fenômenos naturais. Muitas passagens pela vida e grande sabedoria adquirida nos cilcos de morte e nascimento. Você é um sobrevivente, com a capacidade de enfrentar todas as probabilidades. Alegre, tenaz, com instintos femininos.
XII **Pedra Viking das Runas**	"Amor à vitória"	Suécia, Finlândia, Noruega e Dinamarca	793-1347	Saturno	A energia física e a resistência	Obstinado e orgulhoso. Tem uma energia ilimitada e o desejo de vencer, mas com um senso indefinido de direção. Impulsivo, forte e ativo. Tem medo da força invisível das mulheres, e de se defrontar consigo mesmo na solidão. Tensão, conflito e ação.
XIII **Urso Chinês**	"O saber é perfeito. Nada pode ser acrescentado"	China antiga (região de Lo-yang)	206 a.C. – 220 d.C.	Urano e Mercúrio	A mente crítica	Meticuloso, crítico e exigente. Paixão por livros ou ciências naturais. Autocrítica extremada; pode ser um derrotista. Sua mente tem uma tremenda capacidade de recordar nomes, detalhes e números. Personalidade sensível e bastante reservada.
XIV **Dançarina Elisabetana**	"Amor à palavra"	Inglaterra	1558-1603	Vênus	Talentos verbais e de comunicação	Articulado e artístico, com personalidade cordial e simpática. Gosta de comunicar seus pensamentos escrevendo, falando ou em preleções. Por vezes hedonista; pode necessitar da companhia de muitas pessoas. Clareza de pensamento com inteligência aguçada, porém altamente romântico.

Sumário das Cartas Fênix (XV-XXI)

	Frase-chave	Lugar	Época	Planetas Governantes	Governam	Características
XV **Espelho Celta**	"A escuridão se transforma em luz"	Irlanda, Inglaterra e Escócia	600 a.C. – 500 d.C.	Plutão	Energia psíquica	Misterioso, instigante e magnético. Tem tido muitos finais e muitos começos em sua vida. Atração pelo mundo espiritual ou pelas formas diferentes de conhecimento arcano. Compreensão singular da morte, do nascimento e de outros ciclos de vida. A idéia de fantasmas e espíritos parece-lhe instigante. Experimenta periodicamente a necessidade compulsiva de transformar o *self* em algo inteiramente novo.
XVI **Anjo Renascentista**	"Eu interrogo ao criar"	Itália	1492-1590	Vênus e Netuno	A expressão criativa	Enorme talento artístico. Criativo, imaginativo e original. Acentuada tendência a adiar e deixar os projetos inacabados. O que chega a acabar é muito inspirado. Idéias originais recebidas de uma fonte espiritual. Visionário e talentoso com a capacidade de mudar ou transformar a obtusidade em beleza. Afável, bondoso e curioso.
XVII **Pintura Aborígine em Couro**	"Esta vida é como um sonho"	Terra de Arnhem, Austrália	12000 a.C. até os dias atuais	Lua	O conhecimento adquirido através dos sonhos	Vivo interesse pelas mensagens ocultas nos sonhos. Qualidades psíquicas altamente desenvolvidas. Experiências extracorpóreas ou sonhos lúcidos são freqüentes. Tendência a se deixar arrastar em direção ao passado, onde as lembranças são de natureza sentimental ou triste. Não forçará nenhuma saída. Interesse pela arqueologia, antropologia, metafísica ou história.

	Frase-chave	Lugar	Época	Planetas Governantes	Governam	Características
XVIII **Shiva Hindu**	"Eu crio meu próprio sistema de crenças"	Índia	320-1300	Vênus e Marte	A capacidade de integrar os opostos	Objetivo, espiritual e justo. Personalidade abnegada a afável. Muitos talentos não utilizados. Profunda compreensão da relação causa/efeito. Nega-se a julgar. Compreende intuitivamente os princípios espirituais. Forte necessidade de fundir-se com algo mais "elevado".
XIX **Pintura Grega**	"Amor à razão"	Grécia	323-146 a.C.	Mercúrio	A razão e a lógica	Requintado e inventivo. Inteligência ativa que prefere ponderar e discutir as idéias. Amor à verdade encontrada graças à razão e à lógica. Nervos extremamente vibráteis. Pode se mostrar frio e distante. Grandes habilidades oratórias ou verbais. Exacerbado senso de percepção do corpo. Agilidade física e mental. Mente inquisitiva e curiosa.
XX **Iluminura Medieval**	"Eu resisto"	França e outros países europeus	400-1400	Saturno	A capacidade de resistir aos reveses	Forte e ambicioso. Tendência a se "reter" ou a reprimir sua personalidade e seus talentos. Sente-se com freqüência desanimado ou deprimido. Receio de ligações mais íntimas. Conquistada a sua confiança, você é extremamente leal e digno de confiança. Interessado nas diferentes formas de conhecimento esotérico. Inteligente, amadurecido e constante. O signo do professor.
XXI **Catedral Russa Bizantina**	"Eu envolvo, ao expandir"	Rússia	1000-1500	Júpiter	A luz da generosidade e a expansão	Grande abrangência da mente e da alma e capacidade de conceituar ou de "pensar em termos gerais". Atração pelos rituais religiosos e por sua opulência. Fascínio pelos contrastes e pelo funcionamento místico do bem e do mal. Cordial, franco e carinhoso. Aceita ou tolera quase todas as pessoas enquanto há respeito. Amor à liberdade e capacidade de inspirar grandes feitos aos demais.

Sumário das Cartas Fênix (XXII-XXVIII)

	Frase-chave	Lugar	Época	Planetas Governantes	Governam	Características
XXII **Crescente e Estrela do Islamismo**	"Submissão a Deus"	Todo o Oriente Médio, estendendo-se até a China	613 até os dias atuais	Saturno e Plutão	A capacidade de unir-se com Deus/Deusa/ Grande Espírito	Intenso, enérgico e preocupado. Afeta de um modo significativo o seu mundo imediato. Sem o querer, influencia os demais. Interessa-se pela religião e por todos os tipos de conhecimento espiritual. Mediunidade natural. Personalidade e aparência magnéticas. Prefere manter-se isolado. Sente-se "escolhido" para alguma missão especial, geralmente de natureza espiritual. Intensamente psíquico, com talento para mudar ou transformar o mundo.
XXIII **Pintura em Antiga Catacumba Cristã**	"Espírito de auto-sacrifício"	Países mediterrâneos e Oriente Médio	40-325	Netuno	A capacidade de amar incondicionalmente	Compassivo, emotivo e abnegado. Grande respeito pelos pontos de vista e pelas percepções dos outros. O amor se torna espiritual e universal sem perder o elemento pessoal. Intuitivo, ouve com atenção a voz universal ao meditar ou orar. Suas idéias parecem verdadeiramente inspiradas ou enviadas pelos céus. Seu caráter afirmativo lhe acarreta problemas. Tendência ao martírio.
XXIV **Sumo Sacerdote Hebreu**	"Espírito de ambição"	Israel e outros países do Oriente Médio	2000 a.C. – 100 d.C.	Marte	A agressividade e a ambição	O indivíduo adquire consciência dos tormentos da ambição. É cético, mas também anseia por conhecer e compreender Deus. É independente e autoritário. Agressivo e enérgico. Sua mente superior tem a capacidade de desvendar as fraquezas alheias. Intelecto superior. Provoca discussões. Capacidade de compreender o abstrato. Os obstáculos o incitam a desafiá-los. Precisa aprender a cooperar. Merece respeito e admiração.

	Frase-chave	Lugar	Época	Planetas Governantes	Governam	Características
XXV **Deusa Havaiana**	"O fogo da criação"	Arquipélago havaiano	100 até os dias atuais	Vênus e Marte	A tensão necessária implícita na criação	Alegre, cordial e emotivo. Personagem de dimensões superiores às reais, admite todas as personalidades por difíceis que sejam. Sentimentos estranhos ou conflitantes com relação às pessoas amadas. Vida interior complexa e dispersiva. Maternal e estimulante. Encontra consolo e paz em atividades ligadas à água. Inseguro nos relacionamentos. Olhos sonhadores. Estimula os demais e tem flexibilidade de pensamento. Atração particular pela flora e pela fauna. Senso estético natural e estrutural.
XXVI **Tamborete Sagrado Archanti**	"Criança sob o Sol"	Gana, África	Séculos XV a XIX	Sol	A criatividade e a riqueza de imaginação	Altivo, culto e cheio de dignidade. Nobre aparência que inspira admiração e respeito. Força de caráter. Emoções ardentes e desejo de se erguer em defesa dos oprimidos. Sente-se muito à vontade no centro dos acontecimentos. Transmite uma aura de confiança e requintada beleza. Sua característica mais positiva é a coragem. Cheia de simpatia humana. Indivíduo equilibrado, podendo compartilhar sua grande sabedoria.
XXVII **Máscara Kachina dos Hopis**	"Amor à Terra"	Sudoeste americano	800 até os dias atuais	Vênus	A união espiritual com as energias da Terra	Tímido, afável e cooperativo. Percepção natural para os elementos, particularmente para as energias da Terra. Grande energia natural. Religioso, místico e sonhador, com um coração fiel. Faz os outros se sentirem satisfeitos consigo mesmos. Interesse pelos temas arcanos, pela história, pela poesia e pela dança. Extremamente sensível às forças vitais. Percebe as tendências e as mudanças. Considera os conflitos altamente perturbadores. Pacífico, amoroso e generoso. Digno de confiança e simpático.
XXVIII **Símbolo Ocidental Contemporâneo**	"A energia é eterna delícia"	O mundo todo	Do início do século XX até os dias atuais	Sol, Marte e Urano	As forças ativas de um universo em expansão	Imaginativo, com alguns talentos criativos estimulados pela tensão. Há uma tênue linha entre a criatividade e a destruição. Fascínio pelos opostos, poderosos impulsos em direções contrárias. Relutante ao que é uniforme e mundano. Progride em meio aos obstáculos. Um sobrevivente. Sente-se purificado pela resolução de conflitos. Pode ser autodestruidor. Considera o conflito mais atraente que o tédio. Relacionamentos instáveis. Tem bom gosto e é criativo, mas falta-lhe um foco. Procura chamar a atenção.

A Mandala da Vida Passada

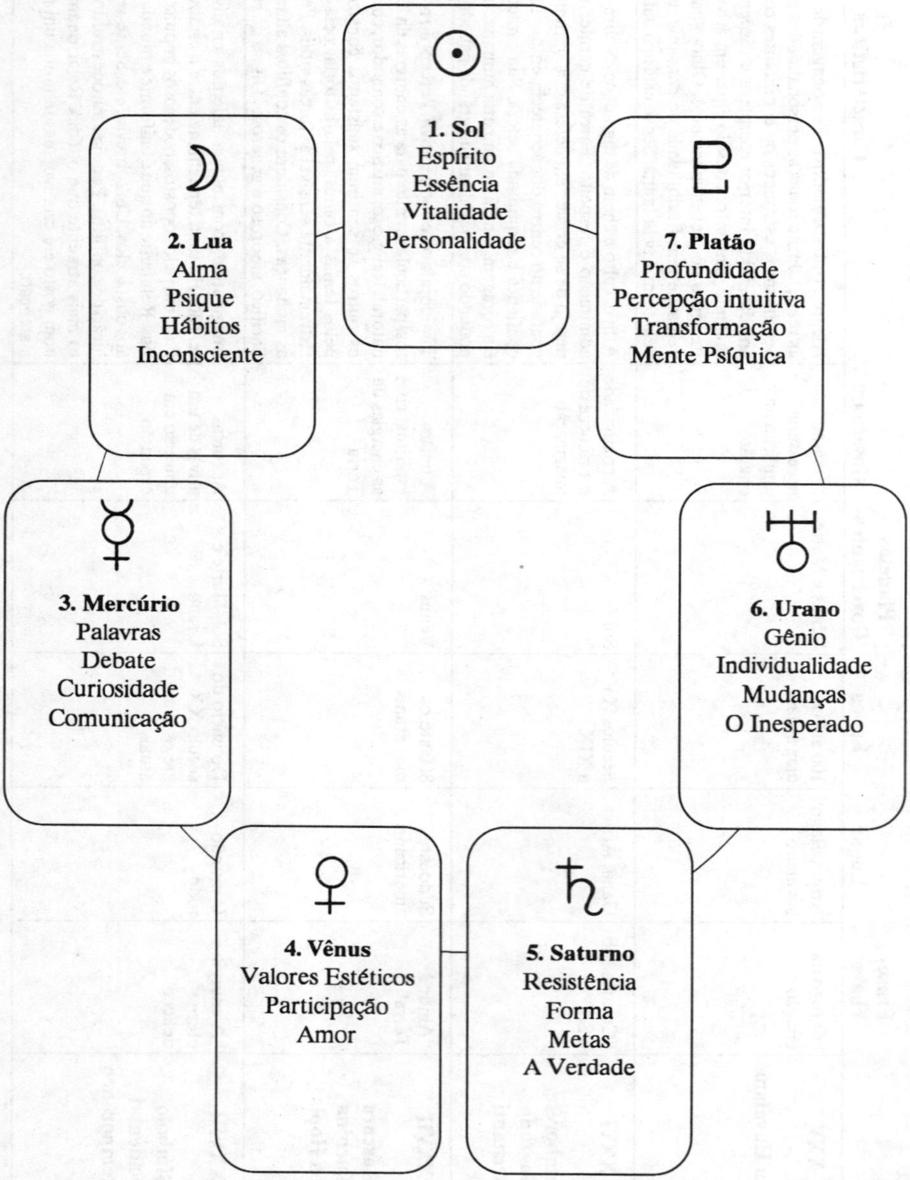

A Mandala da Vida Passada

Além de sua utilidade como instrumento para a interpretação de uma vida passada, as Cartas Fênix podem ajudá-lo em sua busca de um ulterior crescimento espiritual e criativo. Considerando-se que cada carta símbolo está impregnada de uma energia planetária específica, é possível utilizar as cartas em outros tipos de leitura.

Muitas vezes, nossos problemas atuais (e as soluções para os mesmos) têm raízes em lembranças soterradas e em atitudes trazidas de existências anteriores. As sete cartas que você escolheu para interpretar sua vida passada carregam consigo várias energias que expressam a totalidade de sua pessoa. As Cartas Fênix também podem refletir sua situação atual. Estamos em contínua evolução e transformação e, à medida que crescemos, as cartas vão refletindo essas mudanças.

É extremamente importante não perder de vista a ordem em que você procedeu à primeira escolha das cartas e as numerou de um a sete. Essa organização preserva o caráter exclusivo da sua interpretação – tal como o mapa astrológico do seu nascimento que leva em consideração os planetas em trânsito. A leitura de sua vida passada, do mesmo modo que nosso sistema solar, tem vida e respira. E, como você, está sempre mudando.

A Mandala da Vida Passada pode ajudá-lo a compreender como essas energias planetárias afetam sua situação atual e oferecem oportunidades de crescimento e mudança. A mandala fornece um modelo para a integração da personalidade. As posições planetárias indicam diversos níveis de crescimento e os diferentes tipos de energia que agora projetamos.

As sete posições planetárias se baseiam na essência das energias planetárias e na sua maneira de afetar nossa situação atual. Por exemplo: a primeira carta escolhida por você representa o Sol. Na astrologia, o Sol é utilizado como símbolo do nosso impulso inicial ou desencadeante. É aquilo a que reagimos mais rapidamente e representa nossa vitalidade. A segunda carta está na posição da Lua, e representa a nossa reflexão e os nossos hábitos. A Lua simboliza aquilo a que reagimos no nível psíquico ou da alma. É nossa vida interior, emocional. A terceira carta ocupa a posição de Mercúrio. Esse planeta representa nossos processos mentais e nossa capacidade de raciocinar. A carta que se encontrar nesta posição nos dirá como estamos atualmente pensando e por quê.

A quarta carta está na posição de Vênus. Representa a nossa maneira de embelezar as coisas e indica nossas atrações mais requintadas e menos prementes. Vênus mostra de que modo optamos por amar e compartilhar. A quinta carta está na posição de Saturno. Saturno é o mestre, o chefe. Lida com nossas limitações e com nosso carma. Saturno representa a forma e a resistência, e força-nos a ver a verdade. Saturno nunca mente. A carta que ocupa o quinto lugar se encontra numa posição crucial.

A carta na sexta posição representa Urano, que traz à nossa consciência um repentino lampejo de intuição. A escolha desta carta é eminentemente intuitiva; a leitura está chegando ao fim e estamos habilitados a enxergar para além da periferia de nossa consciência normal. Urano personifica a índole de nosso potencial. A sétima e última carta ocupa a posição de Plutão, que representa o final, mas também indica o caminho para um novo começo. Mais que qualquer outra, a posição de Plutão indica a capacidade de transformação da alma, o poder de renovação da fênix. Esta carta específica resume a experiência de nossa vida passada e desvenda o conhecimento de nossas vidas futuras.

Por questão de concisão, foram omitidos na Mandala da Vida Passada os planetas Júpiter, Marte e Netuno. Essas energias planetárias particulares se expressam em outras posições planetárias. Netuno constitui o arco superior de Vênus; Júpiter, o da Lua, e Marte tem certas afinidades com Urano.

As cartas Fênix não se atêm a uma leitura da vida passada. É possível que você deseje voltar a elas quando algo o está pressionando e exigindo respostas. Se algumas cartas que você não havia escolhido anteriormente o atraírem, investigue o significado delas. Ao fazer sua seleção, preste muita atenção à ordem das cartas e numere-as de acordo.

Não se esforce demasiadamente ao fazer sua escolha; recorra a uma abordagem intuitiva. Se não sentir nenhuma atração por uma carta, ou se achar que sua mensagem pode ser triste sem que isso evite que você se sinta atraído por ela, aceite-a. As cartas que estimulam essas emoções complexas são amiúde muito importantes. É provável que você se sinta atraído repetidas vezes pelas mesmas cartas. Entretanto, se se sentir compelido a escolher cartas que não faziam parte de sua leitura original, pegue-as sem medo. A escolha de novas cartas reflete uma mudança e novos níveis de crescimento.

A mandala da vida passada

Tendo concluído uma leitura da vida passada para você mesmo ou para algum amigo, você desejará dispor as sete cartas em forma de mandala, obedecendo à sua ordem original. (Tenha muito cuidado para não misturar as cartas.) A primeira carta escolhida ficará na posição do Sol (1). A segunda carta escolhida será colocada na posição da Lua (2) e assim por diante.

Ao ler a interpretação de cada posição planetária, será bom ter em mente a essência do posicionamento de cada carta. O que oferecemos a seguir pode ajudá-lo a perceber o significado profundo que presidiu à escolha de suas cartas e a relação que elas têm com sua vida atual.

1. A posição do Sol representa a sua essência, assim como seus impulsos. A carta escolhida, nesta posição, mostra de que maneira os outros o vêem. Indica qual o tipo da energia gerada pela sua personalidade "voltada para fora", bem como sua resistência e sua força.

2. A posição da Lua indica reflexão solitária e sua verdadeira natureza ao nível da alma. A Lua é seu eu oculto. Este posicionamento revela o lado mais secreto de sua psique e de suas emoções. Representa a energia que você irradia psiquicamente para os demais.

3. A posição de Mercúrio reflete seus padrões de pensamento e sua capacidade de articular. Esta posição indica até que ponto você se comunica e pensa racionalmente. Mercúrio governa sua capacidade de argumentar, conversar e discutir. A carta Fênix nesta posição revela como você está se expressando atualmente.

4. A posição de Vênus revela sua maneira de amar e compartilhar. É o seu senso estético e artístico. Indica sua capacidade de criar harmonia emocional e equilíbrio entre você e os outros. Esta posição revela que tipo de amante você é.

5. A posição de Saturno representa a realidade e as limitações que lhe têm sido impostas. A escolha desta carta implica um senso de opressão, mas também de libertação de restrições passadas. Esta posição significa carma, tanto passado como presente.

6. A posição de Urano revela nosso potencial inato para a genialidade. Representa aquela espécie de inspiração eletrizante no momento em que as idéias criativas aparecem como "dons" e se realizam como que por obra do acaso. Urano revela que tipo de amigo você é e como se relaciona com a humanidade em geral. Simboliza sua maneira de pensar num plano universal.

7. A posição de Plutão revela seus impulsos mais profundos. Plutão representa sua capacidade de imaginar e compreender as coisas até o âmago. Quando a posição de Plutão é forte, bem pouca coisa consegue escapar a seu poder de observação. Este posicionamento também significa desenlaces. O mais importante, porém, é que representa a escuridão que precede o alvorecer. Sob este aspecto, a posição de Plutão, mais que qualquer outra, revela como será a sua próxima fase de desenvolvimento.

• • • 1 • • •

A Posição do Sol

Como vejo agora a mim mesmo? Qual é a minha essência? Onde está a minha força? De que maneira me vêem atualmente os meus pares? Qual o tipo de energia por mim habitualmente gerada?

I ♦ Desenho Zen-budista

Seus pensamentos e sentimentos voltam-se para dentro. O que está agora em foco é o eu, embora não de maneira egoísta. Você empreendeu uma viagem tediosa e arriscada – aquela cuja maior preocupação é desenredar o mistério da alma humana. Você projeta uma imagem aparentemente serena e desprendida, talvez mesmo um pouco distante. Sua sensibilidade está exacerbada. Tenha cuidado com sua maneira de se aproximar agora das outras pessoas. Suas intenções podem ser mal compreendidas, a não ser que as deixe bem claras logo de início.

II ♦ Roda Mágica das *Prairie Plains*

Você está se retraindo. Tende a isolar-se em detrimento da realização de suas esperanças e de seus sonhos. Neste momento, entretanto, você está gerando uma energia imensa e carismática. Além de estarem reparando em você, as pessoas estão muito atentas ao que faz. Este é o momento perfeito para iniciar uma nova busca, particularmente de natureza espiritual. Nesta posição, a Roda Mágica é um sinal de maturidade e indica que você está começando a compreender o significado de sua vida. Seu medo de fracassar ou de ser rejeitado é infundado. Deixe-se levar pela maré – o sucesso o aguarda.

III ♦ Feiticeiro Pré-histórico

Não tenha medo de seus impulsos mais obscuros o ocultos. Está na hora de trazê-los à tona. As lembranças e os sentimentos negativos serão trazidos ao primeiro plano. Conceda a si mesmo a mesma compreensão e sabedoria que generosamente dá aos outros. Você não é pior que as outras pessoas, mas é diferente. Aprenda a cultivar essas diferenças e transforme-as em força. Algumas pessoas, neste momento, talvez não sejam capazes de lidar com sua honestidade. Afaste-se dos que costumam repudiá-lo.

IV ♦ Sacerdote Jaguar Maia

Impulsos estranhos e desusados estão invadindo a sua imaginação. É importante não suprimir esses pensamentos esquisitos, pois são como que centelhas de genialidade. Tenha cuidado e evite as explosões, uma vez que, neste momento, suas emoções encontram-se particularmente instáveis. Fique muito atento a idéias que sejam especialmente avançadas: são vislumbres do futuro. Esta é uma fase durante a qual você pode fazer dramáticas mudanças em sua vida. Embora os demais possam não reconhecer essa pessoa que você é agora, um eu mais forte e perspicaz está emergindo.

V ♦ Deusa Egípcia Buto

A escolha desta carta indica uma fase de profunda e catártica transformação. Podem lhe ocorrer mórbidos pensamentos de que algo de "mau" está por acontecer. Nada tema. Esses pensamentos não prenunciam uma morte, mas apenas a morte do velho *eu*. Você é uma pessoa magnética, e constata que atrai todo tipo de indivíduos estranhos e exóticos.

VI ♦ Efígie da Mão dos Construtores de Túmulos

Você está descobrindo qualidades mágicas na sua personalidade e em sua essência. À sua volta, os computadores podem estar enlouquecidos. Quando passa pelas ruas, as luminárias podem tremeluzir. É possível que as premonições se tornem ocorrências diárias. Você sempre teve conhecimento de suas qualidades mediúnicas, mas elas são, evidentemente, estranhas. A imagem que você projeta agora é misteriosa e excêntrica. As outras pessoas acham difícil defini-lo ou compreendê-lo. Você está emitindo sinais confusos e um ou dois impulsos elétricos. A escolha desta carta indica uma contenção temporária. Tenha paciência: será dado muito em breve um gigantesco passo à frente.

VII ♦ Amuleto Cigano

Segure-se, você está indo depressa demais. Você se sente impelido a um tipo qualquer de realização pessoal e não está dando a devida atenção aos pormenores. Precisa compreender que o mundo não vai deixá-lo para trás. Você é enérgico e inspira admiração; *há* de marcar sua presença. Entretanto, ao forçar uma situação, você cria os próprios obstáculos que está tentando superar. Dê aos outros maior flexibilidade e liberdade de ação. Caso contrário, poderão juntar suas forças para bloqueá-lo.

VIII ♦ Bracelete Persa

A energia que você está gerando neste momento é receptiva e criadora. Agora você está particularmente sensível a todas as formas de beleza. Seria muitíssimo benéfico se canalizasse esta energia tão bonita, porém nebulosa, numa direção mais estruturada. Tem pensado muito seriamente no que você realmente gostaria de conseguir na vida. São muitos os caminhos que poderia seguir, as opções são difíceis e as metas indistintas. Sua cabeça parece estar cheia de nuvens. Neste momento, a meditação pode ser particularmente útil. Deixe suas metas a longo prazo em banho-maria e vá realizando, passo a passo, as mais imediatas até conseguir pensar com mais clareza.

IX ♦ Amuleto Romano da Mão

Você está se sentindo firme e seguro de si mesmo, mas a rude energia que está gerando precisa ser cuidadosamente canalizada e aplicada num ambiente estruturado. Está cavalgando um corcel fogoso, mas não está usando as rédeas. O cavalo o está levando a muitos lugares exóticos, mas não é você quem o está controlando. Está na hora de reunir suas forças e de aguçá-las ao máximo. Se não focalizar sua energia, terá muitas experiências interessantes, mas não alcançará as coisas que deseja. Aprenda a disciplinar sua energia.

X ♦ Máscara Jukum de Akuma

Você está se tornando mais intensamente consciente de que está construindo um alicerce para o resto da sua vida. Os valores tradicionais parecem merecer o seu respeito. Está cansado de seus sentimentos especulativos ou instáveis destes últimos anos. Para que uma árvore possa crescer e dar frutos, é preciso que tenha raízes fortes. Esta é uma boa fase para procurar a sabedoria de seus pais ou antepassados. Embora possam ter sido cometidos alguns erros, está na hora de romper o ciclo da negatividade e de esquecer o passado. Aprenda a conciliar as coisas conflitantes dentro de você. A contradição é necessária para que se possa encontrar a verdade.

XI ♦ Deusa Iugoslava da Terra

Esta opção indica um período de repouso e de recuperação. Também pode indicar segregação ou solidão. Neste momento, sua atitude é reservada e um pouco mais cautelosa. Interessa-se pelos antigos modos de agir e pela sabedoria colhida no passado. Está procurando desenvolver suas energias e fortalecer-se. Talvez lhe solicitem que ajude a resolver os problemas de outras pessoas ou a controlá-los. Tenha confiança. Neste momento, sua posição está muito forte e suas percepções atingem o alvo. Manifeste-as com cuidado, direta e firmemente. As pessoas gentis são muito estimadas, mas, em geral, não são respeitadas.

XII ♦ Pedra Viking das Runas

A escolha desta carta corresponde à atitude do "Estou pronto para realizar algo muito eficaz ou importante". Está na hora de passar a agir a partir de seus sonhos e ambições, mantendo, porém, uma impetuosidade moderada e inalterável. Você está sentindo sua energia e seu poder de afirmação que, entretanto, se assemelham a denotações de uma arma de fogo. Raramente atinge o seu alvo, o que é frustrador. As influências vindas de fora são caóticas e perturbam o seu progresso. Você parece brincar com sua vida, como se fosse uma loteria. Isto lhe permite pequenos lucros de vez em quando, mas você raramente atinge o seu potencial máximo. Aprenda a andar antes de saltar. Sua reação neste momento talvez não o leve a dirigir-se para a flor mais doce e acessível. As ações impulsivas levarão à derrota.

XIII ♦ Urso Chinês

Na posição do Sol, a carta escolhida indica que sua inteligência crítica está se aguçando. Você está pronto para pensar por si mesmo e já não é vítima de dogmas alheios. Pode sentir o fluir universal da vida, mas percebe a importância de estar separado. Questões de saúde podem exigir sua atenção. Está se tornando cada vez mais consciente de que seu corpo é um templo. Você tem necessidade de solidão e quietude, mas voltar-se para dentro pode desencadear sua autocrítica. Desista disso; o criticismo mesquinho pode inibir tanto o seu crescimento como o de outras pessoas. Aprenda a não se levar demasiadamente a sério.

XIV ♦ Dançarina Elisabetana

Seu poder de comunicação criativa está liberado e você pode expressá-lo escrevendo ou falando. É capaz de comunicar-se de maneiras invulgarmente belas e encantadoras. As outras pessoas percebem a sua afetividade e gravitam em sua direção. A escolha desta carta indica o crescimento de seu senso estético e de seus poderes de persuasão. Na realidade, você exsuda qualidades proeminentes. É possível que lhe solicitem que "tome as rédeas nas mãos", e você se verá compelido a assumir o papel de líder. Não se descuide de dar uma atenção especial aos pequenos detalhes. Caso contrário, seus melhores esforços poderão ficar prejudicados por uma deficiência de planejamento.

XV ♦ Espelho Celta

A escolha desta carta indica um aprofundamento de seus poderes psíquicos e uma intensificação da vontade. Você se preocupa com as questões da vida e da morte e demonstra pouco interesse pelas coisas corriqueiras ou mundanas. Não lhe é possível manter-se indiferente. A energia gerada por você é dinâmica e irresistível. Os velhos amigos podem se afastar desta sua nova e estranha personalidade, mas você os substituirá por relações mais excêntricas e fascinantes. Sua mente volta-se com freqüência para os mistérios que envolvem a morte e a possibilidade de uma vida futura. Você está perfeitamente sintonizado com o mundo invisível. Não se surpreenda se vier a se defrontar com fantasmas e espíritos. Uma cortina está sendo levantada.

XVI ♦ Anjo Renascentista

Neste exato momento, sua essência vibra no seu comprimento de onda mais espiritual. Seus pensamentos são verdadeiramente inspirados pelos céus. Você é sensível a todas as formas de beleza. Será importante que procure tirar proveito de suas muitas idéias criativas. Esta fase é extremamente favorável a que mantenha um diário ou anote seus planos criativos. Você não está raciocinando de maneira organizada, de modo que é possível que se sinta dispersivo. Às outras pessoas, você parece que vive tateando. Confie em suas intuições e siga-as. Desfrute enquanto puder essa inspiração divina; uma abordagem mais linear e organizada virá a seguir.

XIII ♦ Pintura Aborígine em Couro

Dê uma atenção especial aos seus sonhos; você está agora atingindo os níveis mais profundos da sua consciência. Talvez ache difícil expressar-se com clareza, pois neste momento seu raciocínio é complicado e profundo. Esta é uma fase favorável ao seu mergulho no fluxo de energia da Terra. Fique mais atento aos ciclos da natureza, pois eles falam com você num nível profundo de relacionamento. A escolha desta carta enfatiza a conciliação das energias terrestres e cósmicas. Nós *somos* feitos de um "material astral", mas esse material brota inicialmente do solo. Está na hora de dar valor à sabedoria espiritual que está no aprofundamento de nossas raízes.

XVIII ♦ Shiva Hindu

A escolha desta carta representa uma tempestade num copo d'água. Sua potência espiritual está crescendo, mas você se sente tolhido. Qualquer movimento lhe parece difícil, pois suas emoções e suas idéias são conflitantes. Você sente que giram dentro de você as rodas de mundos ou de universos diferentes. Utilize esta fase para conciliar, num nível mais profundo, as idéias e pontos de vista contraditórios. Isto aumentará consideravelmente a sua compreensão. As verdades mais importantes são percebidas de maneira paradoxal. Só se pode encontrar a liberdade quando se está disposto a aceitar algum tipo de estruturação. Antes de poder voar, é preciso pôr os pés no chão.

XIX ♦ Pintura Grega

Sua energia nervosa precisa ser canalizada para uma atividade física. O momento presente é favorável a uma melhor conscientização do seu corpo e das potencialidades do mesmo. A escolha desta carta enfatiza a necessidade de uma regeneração física. Salienta sua necessidade de se manter muito atento a seu bem-estar físico e à sua aparência. As outras pessoas se reportam àquilo que vêem em primeiro lugar. É importante que você se aproxime delas com uma postura firme e confiante. Um corpo saudável e uma inteligência ágil sempre merecem admiração.

XX ♦ Iluminura Medieval

Você está sendo solicitado a partilhar com outras pessoas a sabedoria que andou respirando ao longo dos anos. A escolha desta carta indica um período de estabilidade e de resistência. É o sinal do sábio espiritual e do monge enclausurado. Mostra a necessidade de pesquisar e requintar aquilo que você já percebeu. Os planos a longo prazo estão se definindo. É sedutora a idéia de se deter e adotar uma abordagem mais egoísta. Você passou tanto tempo arrastando a sua carga que gostaria de ver alguns resultados. O sucesso vem a passos lentos e moderados. É importante não forçar o desenlace. Quando se romper a barreira do silêncio, será para sempre. Ajude a mostrar o caminho para as outras pessoas.

XXI ♦ Catedral Russa Bizantina

Depois de muitos anos de interrogações, finalmente você é capaz de conciliar suas idéias e seus sentimentos referentes à religião e à espiritualidade. A despeito de sua gravidade, a escolha desta carta indica uma maior abertura com relação à religião de um modo geral. Você está em paz com os incompreensíveis mistérios de Deus e não tem mais medo. Só poderá compreender verdadeiramente quando admitir que jamais há de saber inteiramente. A escolha desta carta russa aponta para um salto cósmico em sua compreensão. Agora que sabe, você pode desfrutar. Só quando se tranqüilizar quanto à grande questão, poderá verdadeiramente ter prazer e viver. Durante todo o tempo, a resposta esteve bem diante de seus olhos.

XXII ♦ Crescente e Estrela do Islamismo

A escolha desta carta revela um profundo anseio de se libertar de todos os laços. Problemas, cujas raízes se encontram em ações cometidas na vida passada, podem vir à tona. A fase atual é favorável à iniciação de novas ações e à busca de recursos passados. Seu poder pessoal e seu carisma são muito grandes, a despeito de sua sensação de estar sendo reprimido ou manietado. Talvez esteja se mantendo na defensiva; neste caso, as outras pessoas atuarão contra você. É agora que você deve traçar um caminho mais ascensional. Liberte-se do antigo e dê boas-vindas ao novo.

XXIII ♦ Pintura em Antiga Catacumba Cristã

É provável que você esteja sendo generoso demais. Embora seja admirável servir aos outros, você está perdendo o respeito de seus pares e atraindo apenas os emocionalmente aleijados. Sua natureza generosa e compassiva atrai os egoístas dependentes. Nessa situação, nem você nem eles poderão crescer verdadeiramente. As pessoas dependentes o amarram e perdem a sua própria capacidade de progredir sem a sua ajuda e a sua sabedoria. Não se pode alcançar um progresso verdadeiro em circunstâncias tão desmerecedoras. Aprenda a conter-se e a estender uma mão firme, porém a distância.

XXIV ♦ Sumo Sacerdote Hebreu

Acendeu-se o fogo da ambição. Você está sentindo a força impressionante do seu próprio desejo. Está na hora de confiar na sua voz interior e de caminhar para a frente sem hesitar. Você está em pleno processo evolutivo que suscitou o seu ímpeto criativo e também a sua cólera. Ações passadas levam a surpreendentes descobertas no campo psíquico. Contudo, novas ações podem ser implementadas com maior limitação. Use de diplomacia; caso contrário, inimigos poderão sabotar suas recentes realizações.

XXV ♦ Deusa Havaiana Pele

Romance e sexo passam para o primeiro plano nos seus pensamentos e nas suas mais profundas fantasias. Suas necessidades mais secretas talvez não sejam atendidas nos relacionamentos existenciais. A Deusa Pele representa ao mesmo tempo o fogo da criação e a flamejante vara da procriação. Vibra também com a ígnea energia do chacra do ventre – a transmissão de emoções a outras pessoas importantes. Está na hora de iniciar um romance ou de reacender o fogo de uma relação antiga ou já existente. Com a escolha desta carta, está presente uma cordialidade genuína, mas também uma sensação de inanição emocional ou sensual. A menos que você atue de modo a saciar-lhe a fome, o vulcão de Pele é bem capaz de explodir.

XXVI ♦ Tamborete Sagrado Achanti

Atualmente, você projeta uma aura de confiança e dignidade. Goze e respeite o seu recém-conquistado lugar sob a luz dos refletores. Use-o sensatamente, pois a escolha desta carta indica invulgares poderes de persuasão e a capacidade de atrair. Neste momento, é possível corrigir alguns mal-entendidos ou erros do passado. Jamais receie expor essas coisas à luz do dia. Seus atos foram mal interpretados. Você agora tem a sabedoria e a coragem necessárias para deixar tudo isso perfeitamente esclarecido.

XXVII ♦ Máscara Kachina dos Hopis

A escolha desta carta representa o espírito de cooperação. Está na hora de reunir suas energias e trabalhar juntamente com outras pessoas. Está na hora de subjugar o eu e concentrar-se no que é melhor para o grupo. A atenção já não está focalizada no eu, e sim no aprimoramento coletivo da "tribo". Para tanto, você talvez deva renunciar às coisas a que é apegado – sobretudo àquelas que atendem apenas ao aspecto inferior do seu eu. Somente quando o tiver conseguido poderá então deixar o círculo sagrado e exigir seu sagrado direito como pessoa proeminente.

XXVIII ♦ Símbolo Ocidental Contemporâneo

A escolha desta carta demonstra um grande potencial criativo, mas vem com uma advertência. Ela é o indício de muito excesso. Esse excesso pode ser um apego a atividades escapistas contemporâneas, como por exemplo assistir televisão demais, viver em função dos outros, ou querer abarcar o mundo com as pernas. Não se dedica tempo suficiente à reflexão pessoal. A vida, sem dúvida, é ótima, mas jamais parece mudar ou melhorar. Os mesmos problemas continuam se repetindo. Se você decidir não gastar o tempo refletindo sobre esses problemas, terá de encarar o fato de que provavelmente eles nunca serão resolvidos. Para que as mudanças ocorram, é preciso primeiro que elas aconteçam no seu íntimo.

• • • ● 2 ● • • •

A Posição da Lua

Que sabedoria terei eu colhido no passado e que afeta minha vida atual? Quais são os meus hábitos? Que inconscientes premências manifesta hoje a minha alma?

I ♦ Desenho Zen-budista

Na posição da Lua, esta carta indica que a alma está manifestando o desejo de não ser controlada ou intimamente envolvida. A realidade pode ser deixada de lado em benefício do alívio temporário de um sonho fugaz. Há uma sensação fria e distante – mas também uma impressão de mistério e intriga. Esta posição enfatiza a extrema importância de que, neste exato momento, você seja completamente honesto consigo mesmo. Talvez você não esteja encarando sua vida com suficiente clareza ou desprendimento.

II ♦ Roda Mágica das *Prairie Plains*

A posição da Lua revela que a psique parece estar em funcionamento de maneira contraditória. Você precisa dos outros, mas recusa estender a mão e pedir ajuda. Sua alma manifesta uma necessidade de segregação e isolamento. As outras pessoas o consideram desinteressado ou taciturno. A escolha desta carta indica sua forte necessidade de afirmar sua individualidade.

III ♦ Feiticeiro Pré-histórico

Nesta posição, a alma emite a seguinte mensagem: "Eu me aproximo do mundo como se não fosse desejado". A profundidade deste sentimento não pode ser expressa em simples palavras. Sua maneira inconsciente de expressar essa atitude atrai e, ao mesmo tempo, repele. Neste momento, as outras pessoas o temem.

IV ♦ Sacerdote Jaguar Maia

Você agora está capacitado a analisar seus sentimentos com uma certa isenção, mas pode ser vítima de estranhos caprichos e compulsões. Sua mente funciona como um relógio perfeitamente sincronizado, mas suas emoções estão soterradas.

V ♦ Deusa Egípcia Buto

Sua alma transmite a seguinte mensagem: "Meu olhar o está atravessando. Nada pode permanecer oculto para mim." Seus poderes psíquicos foram desencadeados, mas você está se distanciando das pessoas amadas. Há um desejo de melhorar as condições domésticas.

VI ♦ Efígie da Mão dos Construtores de Túmulos

Há aqui uma percepção intelectual das tradições, mas a alma irradia uma necessidade urgente de iniciar novas aventuras e de levá-las adiante até o fim. É um bom momento para retomar antigas metas, porém com nova ênfase. A escolha desta carta lhe confere a capacidade de captar vislumbres do futuro.

VII ♦ Amuleto Cigano

"Estou me relacionando com o mundo por intermédio daquilo que me falta." Há uma sensação de obstinação, mas também uma relativa cegueira quanto ao que precisa ser realizado. Sua iniciativa, neste momento, pode dar conta de qualquer desafio. Previna-se: não fique na dependência das forças de outras pessoas, pois ninguém será capaz de ajudá-lo. Você terá de marcar a sua trilha sozinho.

VIII ♦ Bracelete Persa

Seus pensamentos e sentimentos talvez pareçam difusos. Sua alma irradia um espírito compassivo. Este posicionamento representa o potencial cósmico de uma união mística. É uma boa fase para colaborar com pessoas com mente parecida. O entrosamento com sua alma gêmea é muito provável durante esta fase.

IX ♦ Amuleto Romano da Mão

Esta fase é ambiciosa a inovadora. Recentemente, você tomou consciência de suas necessidades práticas. Sua alma irradia uma necessidade urgente de conquistar e manter o poder. É muito importante que, neste momento, você se mantenha atento às necessidades e aos desejos alheios. Seu desejo de progredir pode levá-lo a não tomar conhecimento dos desejos das pessoas que você ama. Aprenda a prosseguir em harmonia com os projetos e as pessoas.

X ♦ Máscara Jukun de Akuma

É muito grande a sua necessidade de se isolar. Durante este período, você pode experimentar um sentimento estranho, solitário, ressoante e distante com relação aos demais. Sua família solicita sua ajuda, mas você se sente compelido a retrair-se. Sua alma transmite a impressão de que você precisa estar sozinho. Entretanto, é extremamente importante que se aplique a ser um membro de sua "tribo".

XI ♦ Deusa Iugoslava da Terra

Seu destino é completar uma missão, embora careça da energia necessária para fazê-lo. A alma irradia um sentimento de tristeza, de melancolia. Um caminho tem de se abrir, mas você tem a impressão de que num rumo diferente. Você se sente vencido e gostaria de desistir de tudo. É importante que reúna suas forças, que fique firme e escolha o caminho mais difícil. Ele o levará a novos níveis.

XII ♦ Pedra Viking das Runas

Agora a alma irradia uma sensação de estabilidade, mas no íntimo você está determinado ou sente que falta alguma coisa. Parece que não existe um lugar ao qual você de fato pertença. Aventuras que lhe pareceram excitantes no passado, agora lhe parecem banais. Você tem consciência de que precisa começar algo novo. Agora é a hora de avaliar suas opções, de iniciar uma jornada, de continuar a explorar.

XIII ♦ Urso Chinês

Trata-se de um bom momento para organizar e avaliar a sua vida. Suas percepções estão especialmente claras e é possível que concretize algo avançado e complicado exatamente agora. Há uma necessidade de classificar as coisas e de usar na prática o conhecimento que adquiriu no passado. Você tem uma aptidão especial para o raciocínio descriminador exatamente agora. Este é o momento oportuno para tomar nota dos seus pensamentos.

XIV ♦ Dançarina Elisabetana

A alma irradia uma sensação de calor e de amor. Trata-se da ocasião de uma participação sensata e gregária para experimentar múltiplos níveis de expressão criativa. As coisas precisam ter um caráter grandioso para despertar o seu interesse. Você sente a necessidade de levar a melhor e de se expandir. Sua mente sofre uma reviravolta especialmente brilhante. Você pode ser desafiado para debates amistosos. Saiba que é muito apreciado agora.

XV ♦ Espelho Celta

Neste momento, você tem a capacidade de penetrar e compreender qualquer mistério. Seu poder de percepção se encontra no auge. Sua mente inconsciente emite muitas mensagens importantes a que você deve dar atenção. Há uma sensação de estar olhando através de todas as coisas a fim de enxergá-las como elas realmente são no plano de sua essência. Não confunda isto com o cinismo. Você está olhando para o espelho da superfície de um lago e percebendo a vida que se oculta em seu fundo.

XVI ♦ Anjo Renascentista

Você manifesta uma necessidade de tranqüilidade e de isolamento. Mensagens confusas fazem-no sentir como se estivesse sobre um terreno movediço e lhe dão uma sensação de insegurança. Neste momento, você precisa de uma afirmação pessoal. Não está pedindo nenhuma atenção especial, mas as manifestações de compreensão por parte de uma autoridade imparcial lhe seriam benéficas. As intuições de uma outra pessoa podem lhe proporcionar uma visão mais clara. Procure, e você há de encontrar.

XVII ♦ Pintura Aborígine em Couro

Você pode estar sentindo um desassossego ou uma fraqueza física por não estar atualmente muito centrado em seu corpo. Muitas coisas talvez estejam acontecendo enquanto você dorme, de modo que deveria dar mais atenção à sua vida onírica. É importante que leve a sério o simbolismo de seus sonhos. Analisar seus sonhos o ajudará a definir o significado dos mesmos e lhe proporcionará *insights* decisivos. Designar uma coisa pelo seu nome lhe confere um certo poder sobre ela.

XVIII ♦ Shiva Hindu

Algumas forças estão cegamente enlouquecidas e é fundamental que você mantenha olhos o ouvidos bem abertos. Enquanto sua atenção se voltava para pensamentos sublimes, outras forças foram desencadeadas. É importante que você mesmo faça as coisas e não transfira a responsabilidade para alguma outra pessoa. Parece haver algum mal-entendido com relação ao verdadeiro significado de sua mensagem. Tente defini-la.

XIX ♦ Pintura Grega

Você está sentindo as asas da sua liberdade e está finalmente habilitado a avaliar sua vida com um certo desprendimento e lucidez. Como nesta fase você está percebendo as coisas com uma certa lógica, é importante que seja o mais sincero possível consigo mesmo. Haverá outras ocasiões em que não será capaz de ver as coisas tão claramente como agora.

XX ♦ Iluminura Medieval

Sente-se insatisfeito com o que já conseguiu realizar. Está na hora de renovar sua ambição e de se preparar diligentemente para atingir um nível mais elevado. Não deixe nada entregue ao acaso; a autodisciplina pode levar à liberdade.

XXI ♦ Catedral Russa Bizantina

Está na hora de valorizar sua espiritualidade e a sabedoria de outras religiões. A escolha desta carta revela o dom da profecia e também acarreta um sem-número de indagações espirituais novas e estimulantes. É a fase propícia para identificar os falsos gurus e apreciar a vastidão de seus próprios *insights* psíquicos.

XXII ♦ Crescente e Estrela do Islamismo

Neste momento, a alma irradia uma enorme força de vontade. Você sente necessidade de reconstruir e transformar aquilo que já alcançou. Sua presença transmite uma sensação de complicação e de complexidade. Os outros percebem a origem da sua energia e são atraídos por você. Já não lhe interessa nada que seja mesquinho ou trivial. Esta fase é propícia a ir até o âmago dos problemas e a começar a trabalhar a partir dali.

XXIII ♦ Pintura em Antiga Catacumba Cristã

As emoções estão finalmente purificadas. Está na hora de passar para outros níveis, pondo de lado todo cinismo. Você agora pode transcender a amargura ou a negatividade. Seu olhar é capaz de atravessar a carapaça exterior e avistar o núcleo interior. Sua verdadeira alegria consiste em tornar-se acessível e dar-se aos outros. Você percebe o ritmo espiritual capaz de lhe permitir fundir-se com algo mais elevado. Dê muita atenção às suas visões, mas esteja sobretudo muito consciente de suas fantasias. Está na hora de valorizar o bom potencial que existe em você e nos demais.

XXIV ♦ Sumo Sacerdote Hebreu

Você demarca novos caminhos enquanto sua alma está sendo conduzida para fora das trevas. Há uma sensação de urgência, mas é importante não precipitar o resultado. Diga a verdade, custe o que custar. Sua alma irradia a mensagem: "Ora, não está vendo? O imperador está nu!" Já não tem o menor interesse pelas maneiras corteses. Parece-lhe fundamental chegar ao âmago das questões. Sua força e sua firmeza deixam todas as outras pessoas surpreendidas.

XXV ♦ Deusa Havaiana Pele

A condição em que se encontra atualmente sua alma é de sensualidade. Suas energias eróticas se fazem sentir e você se deleita com o efeito produzido sobre os demais. Não se surpreenda se vários pretendentes acorrerem a qualquer aceno seu. Mas tenha cuidado e não seja por demais tolerante nesta fase. Estará tentado a baixar a guarda e a querer afirmar seus atrativos sexuais recém-descobertos. É uma fase divertida, mas não leve muito a sério; assuntos de maior monta estão à sua espera.

XXVI ♦ Tamborete Sagrado Achanti

Esta carta na posição da Lua indica um período de renovada confiança e vitalidade. As questões familiares passam para o primeiro plano e há um desejo de melhorar as condições domésticas. Você está tomando mais conhecimento de suas necessidades materiais. Cuidado com sua tendência a acumular coisas. Suas idéias podem produzir excelentes resultados financeiros. Sua alma manifesta, ao mesmo tempo, desejo de conforto e de beleza.

XXVII ♦ Máscara Kachina dos Hopis

Sua alma manifesta a necessidade de evitar os conflitos. A escolha desta carta na posição da Lua indica um persistente período de paz e de regeneração. Está na hora de usufruir de sua própria companhia. Neste exato momento você está se sentindo invulgarmente sensível a todas as forças da vida, inclusive às forças da natureza. Os animais e seus bichinhos de estimação percebem essa sua capacidade e são atraídos para você. É uma época muito favorável para o seu trabalho com plantas e animais.

XXVIII ♦ Símbolo Ocidental Contemporâneo

Seus sentimentos mais íntimos o estão compelindo a provocar mudanças radicais e significativas no seu estilo de vida. Em algumas situações, você tem se mostrado relutante ou incapaz de enfrentá-las. Deve agora retificar essa atitude e levar adiante a sua vida. A escolha desta carta indica um período de nervosismo e ansiedade. A boa notícia é que se trata de uma fase esplêndida para gerar novas idéias e dar início a projetos que você sempre sonhou realizar. Você possui um inesgotável repositório de idéias e intuições criativas. Está na hora de fazer bom uso das mesmas, porém com moderação. Você poderá pôr tudo a perder se quiser abocanhar mais do que aquilo que pode mastigar.

• • • 3 • • •

A Posição de Mercúrio

Qual a modalidade atual do meu pensamento? De que maneira estou raciocinando ou discernindo? Neste momento, como estou me comunicando com as outras pessoas? Qual o poder oculto da minha mente?

I ♦ Desenho Zen-budista

Neste momento, sua mente está funcionando no seu registro mais inspirado. Está na hora de dar às suas intuições espirituais e aos vôos da sua imaginação uma forma mais palpável. Talvez você redescubra seus talentos literários ou mesmo suas qualidades psíquicas. A palavra escrita e a falada passam a ser inspiradas revelações. Outras pessoas poderão fazer apelo a seus magistrais *insights*. Procure não se enredar em pensamentos obscuros, fantasiosos ou sombrios. Seja claro.

II ♦ Roda Mágica das *Prairie Plains*

Neste momento, seu raciocínio está particularmente vigoroso, mas é imperioso manter certa objetividade. Acha difícil voltar os olhos para as profundezas do secreto mundo interior que você criou com tanto empenho. Seu ponto de vista talvez não se ajuste aos demais. Você se equilibra à beira do círculo quando deveria estar no centro. Assuma o seu papel como um *wakan wacasa*, ou pessoa sagrada (misteriosa).

III ♦ Feiticeiro Pré-histórico

Neste momento, ninguém conseguiria lançar areia em seus olhos. Você compreende agora suas próprias compulsões e tentações íntimas; por conseguinte, olha para elas sem formular nenhum julgamento. Descobriu assim uma maravilhosa capacidade de compreeder os outros. A escolha desta carta indica uma singular capacidade de investigar profundamente a psique humana e de compreender suas motivações mais secretas.

IV ♦ Sacerdote Jaguar Maia

Você adotou recentemente uma brilhante maneira de pensar. A escolha desta carta indica que seus processos mentais estão sendo extremamente originais. Você pode ser chamado a tomar repentinas e dramáticas decisões. Está na hora de lidar com empreendimentos mais intelectuais. Forças ocultas estão desencadeadas e você é capaz de compreender como é que elas funcionam. Sua vibrante energia psíquica está no auge.

V ♦ Deusa Egípcia Buto

Sua mente tem consciência do seu poder de ir além das aparências. A escolha desta carta pode ser qualificada de "capacidade de ver através da pele". É importante reconhecer que você está adquirindo uma invulgar percepção dos processos da vida e da morte que o tornará capaz de enfrentar futuros desafios. Sente que algo está para acontecer ou que talvez receba notícias importantes. Concentre-se nas coisas positivas, pois uma preocupação desnecessária pode diminuir sua eficiência.

VI ♦ Efígie da Mão dos Construtores de Túmulos

Sua mente está sendo testada e você gostará de descobrir uma nova perspectiva. O que é inortodoxo e não-convencional o atrai, mas suas próprias opiniões talvez sejam obstinadas e inarredáveis. Uma idéia não é necessariamente boa pelo simples fato de ser diferente. Teste primeiro suas idéias e verifique se são úteis; talvez sua mente esteja prisioneira de suas opiniões. Desista das noções preconcebidas para poder atingir níveis mais elevados de compreensão.

VII ♦ Amuleto Cigano

Neste momento, suas faculdades de raciocínio e discernimento estão particularmente aguçadas. Muito pouca coisa escapa à sua perspicácia. Sua mente é ágil, alerta e observa tudo. A posição desta carta indica o desejo de impor desafios a si mesmo e aos outros. Você se assemelha à cigana ledora da sorte que é capaz de formar uma opinião sobre o seu consulente com inteligente exatidão e aguda precisão. A estúcia da cigana é maior que sua mediunidade, pois ela é capaz de averiguar rapidamente as vulnerabilidades ocultas das outras pessoas e de tirar proveito delas.

VIII ♦ Bracelete Persa

Os persas foram o primeiro povo a conceber a noção de um deus abstrato. A escolha desta carta indica o desejo de se encerrar em suas próprias fantasias quando o resto do mundo parece desagradável demais. Suas idéias podem ser complexas e avançadas, mas não estão claras nem plenamente desenvolvidas. É importante reconhecer que uma ambigüidade obscura não equivale, necessariamente, a um pensamento brilhante. A genialidade é clara e direta.

IX ♦ Amuleto Romano da Mão

A escolha desta carta indica uma rebeldia contra a imposição de um controle. Outras pessoas podem achar que precisam lançar mão de férreas táticas disciplinadoras para mantê-lo submisso, mas você não aceita de bom grado que o governem. Elas precisam demonstrar que podem lhe ensinar alguma coisa antes de conquistar seu respeito. Está na hora de aplicar um pouco de autodisciplina e de se esquivar daqueles que procuram cercá-lo.

X ♦ Máscara Jukun de Akuma

Agora você está demonstrando interesse pela sua história pessoal e pelas tradições de família. Procura avaliar a sabedoria e os conhecimentos daqueles que se foram antes de você. Sua mente volta-se para dentro e você está focalizando o seu próprio ponto de vista. Acha difícil compreender a profundidade e a complexidade de seus sentimentos. É como se não houvesse nenhuma relação entre o que fazem a sua mente e o seu coração. Para resolver este problema, seria bom voltar sua atenção para o passado, para aquilo que lhe interessava quando criança. Eis aí onde seu coração e sua mente encontrarão a harmonia e a verdade.

XI ♦ Deusa Iugoslava da Terra

A escolha desta carta revela uma mente estável e digna de confiança. Confie na sua própria sanidade e na firmeza da sua mente. As coisas não são tão caóticas quanto podem parecer. Você *tem* o controle da situação. Seus pensamentos tornaram-se cautelosos e conservadores. Não se subestime nem assuma compromissos. O importante é que fique aguardando a sua hora. Terá valido a pena lutar se você permanecer forte.

XII ♦ Pedra Viking das Runas

Para captar seu interesse, uma idéia tem de ser muito estimulante. A escolha desta carta revela energias mentais magnéticas. Você está sentindo dentro de si um impulso para realizar ou uma necessidade de terminar aquilo que começou. Cuidado com os gestos impetuosos ou impulsivos. Você pode se ver envolvido em desavenças ou na origem de algum conflito. Procure não forçar o resultado.

XIII ♦ Urso Chinês

A escolha desta carta indica um período de frustração mental. Está tudo parado. Você está achando difícil comunicar-se com os outros. As mensagens estão sendo bloqueadas ou mal interpretadas. Os projetos são mal realizados ou ficam inacabados. Sente-se excepcionalmente muito nervoso e é bem possível que seu sono esteja sendo perturbado. É importante levar a cabo tudo que começou. Seja cuidadoso quando tomar decisões importantes.

XIV ♦ Dançarina Elisabetana

Na posição de Mercúrio, a escolha da carta da dançarina é a que tem mais força e exerce maior influência. Está na hora de pôr em prática seu poder de persuasão e sua influência. Você está habilitado a expressar-se com clareza e facilidade. A literatura e a palavra escrita talvez o atraiam. As outras pessoas tenderão a ver em você uma pessoa afetuosa, culta e particularmente encantadora. Seu carisma é persuasivo e atrai os demais. Este seu fascínio não é misterioso, nem intimida; é, pelo contrário, cordial e franco. As pessoas gostam de você e querem desenvolver-se expondo-se à sua aura otimista. Use este dom com sabedoria.

XV ♦ Espelho Celta

Sua mente assumiu um caráter cáustico e desenvolveu uma aguçada perspicácia. Modere qualquer tendência ao cinismo ou ao sarcasmo. Você é capaz de enxergar o que está por trás das fachadas e de chegar ao âmago de qualquer questão. Os segredos despertam particularmente a sua curiosidade, e dificilmente as outras pessoas conquistam sua confiança. Neste momento, você está mais em harmonia com o inconsciente coletivo. Seu valor intelectual é ampliado graças a essa profundidade recém-encontrada. É esta a fase em que se realizam os desejos.

XVI ♦ Anjo Renascentista

A escolha desta carta assinala um período da poderosa intuição e de surpreendente experiência psíquica. Há uma capacidade de sintonizar ou de captar os pensamentos e as intenções das outras pessoas. Não se alarme se perceber que pode realmente ouvir, dentro de sua cabeça, conversas alheias. Este é um período de poderosa clarividência, indício de uma brilhante imaginação ou de falta de disciplina e controle. Cabe a você escolher. Esta faculdade pode levar a uma certa confusão em seu modo de pensar. Dar uma forma a suas idéias criativas é muito importante; caso contrário, ninguém conseguirá compreendê-las.

XVII ♦ Pintura Aborígine em Couro

Idéias de insegurança e desassossego invadem sua imaginação e seu pensamento. A escolha desta carta revela certa melancolia perigosa. Você alimenta sentimentos de alienação ou uma impressão de estar no lugar certo num momento errado. Pode estar pensando em se retirar para o campo mais seguro de seus sucessos passados. Mas é necessário assumir algum risco agora.

XVIII ♦ Shiva Hindu

Velhas maneiras de agir chegaram ao fim, dando margem a novos níveis de desenvolvimento mental. A escolha desta carta revela o aspecto simétrico de uma certa transformação interior. O exterior parece calmo, mas os processos interiores do pensamento são erráticos e tempestuosos. Existe tensão e extremo nervosismo, mas também uma luta dinâmica em busca do equilíbrio. Esta situação cria uma certa inércia. É preciso tomar rapidamente uma decisão.

XIX ♦ Pintura Grega

A escolha desta carta revela uma combinação perfeita de espiritualidade e filosofia. Há uma percepção do mundo invisível, mas enfatiza-se, de preferência, a compreensão e a razão, e não uma aceitação baseada apenas numa fé cega. Sua mente está cética neste momento, mas também demonstra imparcialidade e justiça. Você está se sentindo particularmente eloqüente e interessado em exteriorizar seus pontos de vista. Cuidado, não desperdice suas energias criativas manifestando prematuramente suas idéias. Guarde para você mesmo as mais interessantes para que possam amadurecer lentamente.

XX ♦ Iluminura Medieval

Você está muito consciente de sua posição no mundo e sente-se compelido a progredir socialmente. A escolha desta carta enfatiza uma necessidade de realização pessoal e representa um estado de espírito ambicioso. Seu lado idealista e nada prático está exigindo resultados tangíveis. A Iluminura Medieval representa o domínio do mundo físico, do concreto e do prático. Salienta a necessidade de adotar uma abordagem formal a fim de garantir o resultado desejado.

XXI ♦ Catedral Russa Bizantina

A colocação desta carta indica uma mente generosa, abrangente e expansiva. Está na hora de absorver tudo o que puder; limite-se a ir assimilando. Neste momento, você sustenta um ponto de vista mais aberto e imparcial. Cuidado com os exageros ou com um falso otimismo.

XXII ♦ Crescente e Estrela do Islamismo

Suas qualidades psíquicas agora estão estimuladas. O que está oculto é o que mais o fascina. As outras pessoas são compelidas a revelar segredos surpreendentes e muito bem escondidos referentes a indivíduos ligados a seu círculo imediato. Mantenha essas informações fechadas a chave. Se alguma coisa vier a público, adivinhe quem será o culpado? Neste momento, você está criando uma aura de mistério. Os demais podem julgar que você está tramando alguma coisa, mesmo que isso não seja verdade. Lembre-se apenas de que as pessoas mais fascinantes dão origem a boatos. Afaste-se das situações que seu sexto sentido o aconselham a evitar.

XXIII ♦ Pintura em Antiga Catacumba Cristã

Sua mente está sensível e delicada. Você percebe e absorve energias de todo tipo, invulgares e descontroladas. Vale a pena fazer uma avaliação de seu círculo de amigos. Sente-se zangado ou deprimido? Estão lhe ocorrendo idéias estranhas, masoquistas ou incomuns? Esses pensamentos talvez não sejam realmente seus. Dê uma atenção especial a todos os ciclos de queda de energia ou de melancolia. É possível que consiga identificar, fora de você, a fonte de tudo isso. Cuidado com os "vampiros psíquicos", pois são especialmente atraídos para os santos! Até mesmo seu marido ou sua esposa, algum parente ou um amigo podem estar sugando demasiadamente sua energia.

XXIV ♦ Sumo Sacerdote Hebreu

Sua mente está propensa a captar bem depressa detalhes importantes. É possível que você venha a se envolver em debates e em acirradas trocas de idéias. Será assim levado a gestos impulsivos ou a confrontações verbais. É importante avançar etapa por etapa e investigar todos os indícios antes de chegar a conclusões precipitadas.

XXV ♦ Deusa Havaiana Pele

Na posição de Mercúrio, esta carta revela o atual conflito entre a mente e as emoções. Existe uma probabilidade de que você venha a extraviar-se; preste, portanto, muita atenção ao que lhe aconselha a sua própria natureza mais aprimorada e sua intuição. Pele é poderosa, mas é também volúvel. É como se você estivesse à beira de um vulcão, sendo forçado a declarar a sua opção. É agora ou nunca.

XXVI ♦ Tamborete Sagrado Achanti

A escolha desta carta indica um período de vitalidade mental e de otimismo. Está presente um desejo de reconhecimento e de aplauso. Mas a atenção assim voltada para a sua própria individualidade pode levar a um excesso de complacência e de presunção. Nesta fase, procure tornar mais abrangente a sua compreensão. Está lhe faltando uma maior capacidade de auto-avaliação para que possa efetivar as alterações que seu futuro está a exigir. Olhe para fora: você não é a única pessoa que merece ser levada em conta.

XXVII ♦ Máscara Kachina dos Hopis

Essa Máscara Kachina dos Hopis assume uma importância especial na posição de Mercúrio, pois revela que você é capaz de infundir confiança e de estimular os outros a acreditarem em suas próprias qualidades. Esta carta indica compaixão. É indício de uma mente cortês, requintada e cordial. Não há nada de vulgar ou insensível em sua natureza. Você é capaz de se relacionar com todos os seres sensíveis, e sua maneira de se expressar é tranqüilizadora, mas também enigmática. Embora possa compreender os demais, são poucos os que realmente o conhecem intimamente.

XXVIII ♦ Símbolo Ocidental Contemporâneo

A escolha desta carta é especialmente criativa, mas previne contra a obstinação ou atos subversivos. O Símbolo Ocidental Contemporâneo, na posição de Mercúrio, indica um período de inesgotável energia física e mental. O momento é propício às ações decisivas. Cegas compulsões podem impeli-lo a avançar sem estar conscientemente a par das razões que o estão impelindo, de qual será o impacto ou de como tudo poderá terminar. Sua mente está sendo levada. Entretanto, essas energias precisam ser dirigidas com suavidade a fim de continuarem eficazes ou de realmente obterem bons resultados.

• • • ● 4 ● • • •

A Posição de Vênus

Como poderei criar uma vida mais bonita para mim mesmo e para os outros? Que deverei fazer para trazer paz e harmonia ao mundo? Como promover o desenvolvimento de minha criatividade e de meu senso estético?

I ♦ Desenho Zen-budista

Você tem o dom de dar ao mundo paz e luz. Todavia, nos relacionamentos românticos, você é por demais passivo. Adota o caminho da menor resistência e tende a buscar um parceiro que defina sua personalidade. São poucas as pessoas dignas de confiança ou estimáveis que gostam de poder exercer tamanho controle sobre alguém. Se você continuar a ser assim dependente, é bem possível que, futuramente, tenha de enfrentar uma rejeição. Na posição de Vênus, a carta Zen-budista o pressiona a assumir uma postura em seus relacionamentos. Embora a energia gerada por você seja particularmente compassiva, é preciso que também aprenda a solicitar (ou mesmo exigir) amor e respeito em retribuição.

II ♦ Roda Mágica das *Prairie Plains*

Neste momento, você percebe em seus relacionamentos uma falta de reciprocidade. Seus parceiros ficaram distantes e melancólicos, e o mesmo acontece com você. Está, sem dúvida, receptivo e sensível, mas tem dificuldade em se abrir. Isto vem, em parte, da sua certeza de que ninguém pode compreender verdadeiramente seus complicados sentimentos e pensamentos. Isso não é verdade. Você precisa aprender a expressar suas emoções da melhor maneira possível. Descobrirá bem depressa um elo espiritual com outra pessoa. A Roda Mágica, na posição de Vênus, significa que você partilha um poderoso vínculo cármico com um amigo influente ou com um amante cuja vida passada transcorreu sem você entre os índios das Planícies. Portanto, que amigo ou amante é esse? É o de tipo melancólico e tranqüilo.

III ♦ Feiticeiro Pré-histórico

Agora você está passando por um período de intensas e cansativas lutas pelo poder nos seus relacionamentos. A qualquer momento, ocorre um desequilíbrio entre você e a pessoa amada. É provável que, ao longo de suas existências, você tenha alternado os papéis de dominador e de dominado. Essas lutas têm persistido no decorrer das muitas vidas passadas ao lado do seu parceiro (ou parceira). Tendo em vista que a carta do feiticeiro representa uma alma de grande antiguidade, você talvez esteja recordando passadas injustiças num plano subliminar. Isto cria uma compulsiva sensação de amor, de harmonia espiritual e de apego, mas também uma grave falta de confiança. Não obstante, vocês são compelidos a permanecer juntos, a despeito de tudo. A escolha desta carta poderia ser qualificada de "coração possessivo".

IV ♦ Sacerdote Jaguar Maia

Você pode se encontrar psiquicamente envolvido com uma pessoa estranha e complicada, cujas singularidades você muito admira. Seu sucesso nesse relacionamento depende de quem venha a dar o primeiro passo. Você pode até mesmo achar que um relacionamento comum careça de substância e que daí poderia advir uma sensação de frustração. Um possível amante pode entrar subitamente na sua vida e sair com a mesma rapidez. A posição de Vênus para esta carta revela que seus relacionamentos tendem a ser intensos, porém de curta duração. A escolha do sacerdote Jaguar indica uma ligação cármica significativa com os índios mexicanos. Você doa ao mundo uma criatividade singular.

V ♦ Deusa Egípcia Buto

Você está sentindo uma atração intensa e muito forte. Isto se deve em parte à lembrança cármica de um envolvimento com as sociedades secretas do antigo Egito. Você está encontrando outras pessoas que podem atender às suas necessidades cármicas enquanto você preenche as delas. Esses relacionamentos tendem a passar por ciclos alternados de submissão e dominação. Por exemplo: um dos parceiros desempenha o papel de professor enquanto o outro é o discípulo, e vice-versa. Você se interessa por mistérios; por conseguinte, as pessoas complexas lhe parecem particularmente atraentes. Cuidado com os inimigos ocultos. O que você tem para oferecer ao mundo é a profundidade psíquica e o conhecimento da sabedoria secreta.

VI ♦ Efígie da Mão dos Construtores de Túmulos

Você atravessa uma fase de sensibilidade à rejeição nos relacionamentos. Na realidade, talvez esteja hesitando em envolver-se num romance por temor de não conseguir sobreviver à provação. A carta dos Construtores de Túmulos, na posição de Vênus, revela sua possibilidade de projetar diversas personalidades diferentes. A cada um daqueles que o encontram pela primeira vez, você dá uma impressão diferente, ou se apresenta sob um novo aspecto. Isto pode ser intencional de sua parte, pois na verdade você não quer que os demais o conheçam muito a fundo. Tem receio de que, se isso viesse a acontecer, eles passassem automaticamente a rejeitá-lo. É um receio infundado. Você tem tantos merecimentos quanto qualquer outro, talvez mesmo mais, pois a maioria não dedica tanto tempo a procurar aumentar seu valor aos olhos dos outros. Este empenho faz de você um parceiro mais consciencioso e respeitoso que a maioria dos outros.

VII ♦ Amuleto Cigano

Seus impulsos românticos estão sendo estimulados. Sente-se compelido a buscar envolvimentos diferentes e novas experiências. A escolha desta carta é um indício de tentação. Neste momento, você deseja ardentemente ser apreciado e está particularmente sensível à adulação. Talvez chegue mesmo a ver-se objeto de um assédio romântico excepcionalmente agressivo. Pare e pense antes de entrar na arena. A excitante pessoa que, no momento, o está desejando talvez não valha uma possível dor de cabeça. O que você tem para oferecer ao mundo é a sua aguçada inteligência e a sua esperteza; é um bom momento para utilizá-las.

VIII ♦ Bracelete Persa

Na posição de Vênus, o Bracelete Persa enfatiza uma necessidade de bem avaliar a sinceridade e a honestidade de seus companheiros mais íntimos. É possível que você esteja atraindo apenas os necessitados de ajuda. Você está agora extremamente sensível ao romance e à beleza. Muito cuidado: não seja demasiadamente generoso. Nenhum relacionamento conseguirá jamais preencher inteiramente as suas necessidades. Aprenda a ser uma pessoa importante à sua própria maneira.

IX ♦ Amuleto Romano da Mão

Há aqui uma luta pelo poder. O Amuleto Romano da Mão é uma carta de conquista. Ninguém gosta de perder, por isso, quanto mais você forçar, maior será a resistência que há de encontrar. Tenha cuidado com as brincadeiras de gato e rato em seus relacionamentos amorosos. A perseguição é estimulante, mas é preciso ponderar se você pode sentir-se realmente à vontade em meio a este constante vaivém. O momento agora é favorável a um recuo que dê à outra pessoa uma oportunidade para respirar.

X ♦ Máscara Jukun de Akuma

Você está sentindo a necessidade de manter um relacionamento duradouro e confiante. A escolha da Máscara Jukun de Akuma indica um período de "estabilização". Você se cansou da perseguição. O que deseja agora é um relacionamento tranqüilo e sólido. Está começando a colocar as coisas em ordem. Neste momento, você procura, nos envolvimentos íntimos, mais profundidade e estabilidade que paixão. Cuidado: procure não "sufocar" seu parceiro, seu filho ou seu amigo nesta fase. Deixe-os mais livres; a longo prazo, todos lhe agradecerão.

XI ♦ Deusa Iugoslava da Terra

Neste momento você está inseguro quanto a seus relacionamentos mais íntimos. Está tudo em suspenso. Conceda a seus relacionamentos tempo suficiente para que avancem seguindo seu próprio ritmo. Você está alimentando idéias de autoproteção e reclusão. Sua alma sente necessidade de compreender a si mesma antes de compartilhar num plano de estreita intimidade. Você passará a compartilhar quando se tornar suficientemente forte para agir como pessoa íntegra e coerente. Prepare-se para viver um novo ciclo em seus relacionamentos íntimos; uma mudança está prestes a ocorrer.

XII ♦ Pedra Viking das Runas

A escolha desta carta significa uma poderosa atração física que você está sendo incapaz de abalar. Trata-se de uma intensa atração contra a qual existem, porém, obstáculos decisivos. A Pedra Viking das Runas, na posição de Vênus, representa o amor não correspondido. É importante esperar sua vez e observar certos indícios. Se o eleito de seu coração continua a aparecer em sua vida, isto quer dizer que deve prosseguir na caçada. Se o amante em potencial desaparecer, saiba que é só por algum tempo. A união de vocês dois ocorrerá no futuro – nesta vida ou numa existência futura. Tenha paciência.

XIII ♦ Urso Chinês

Provavelmente, você tem a impressão de que não o estão ouvindo nem lhe dando atenção. É como se você fosse incapaz de chegar a se comunicar profunda e verdadeiramente com seus amigos ou com a pessoa amada. Há mensagens confusas ou idéias e convicções incompatíveis. Não desespere; esta situação é apenas temporária. Talvez não esteja havendo um intercâmbio entre você e seus parceiros e amigos simplesmente porque você, para eles, está parecendo excessivamente crítico. Aprenda a se abster de julgar; somente então esta situação poderá melhorar.

XIV ♦ Dançarina Elisabetana

Você quer ampliar o seu campo afetivo. Sua vida tem lhe parecido até certo ponto limitada e você está sentindo necessidade de se libertar das restrições. A Dançarina Elisabetana indica um período particularmente criativo, durante o qual muita gente nova e opções diferentes surgirão na sua vida. Tenha, porém, cuidado: sua atitude receptiva à cordialidade e ao romance pode levar a um esquema de dependência diante do seu parceiro. A posição desta carta também adverte contra a promiscuidade. Não é uma boa fase para uma entrega total e impulsiva a uma outra pessoa. A Dançarina Elisabetana indica romances emocionantes, mas de curta duração.

XV ♦ Espelho Celta

O Espelho Celta, na posição de Vênus, indica uma necessidade de envolvimentos intensos. Você tende a lidar com seus envolvimentos pessoais de maneira obsessiva e apaixonada. Você não é uma pessoa de acesso muito fácil, mas, quando se entrega a alguém, sua fidelidade é total e absoluta. Expectativas tão consideráveis podem acarretar desapontamentos que dão origem a uma sensação de exaustão ou cinismo de sua parte. A maioria das pessoas não leva os relacionamentos tão a sério quanto você. Aprenda a abrandar sua intensidade. Caso contrário, cada um de seus envolvimentos dará origem a uma experiência desastrosa para todos os envolvidos. Aprenda a ficar mais relaxado com relação a seus sentimentos e a amar com despreocupação e profundidade. É preciso haver equilíbrio para que os bons sentimentos se desenvolvam.

XVI ♦ Anjo Renascentista

Prepare-se para encontrar a pessoa dos seus sonhos. A posição de Vênus indica um período durante o qual você estará romanticamente enamorado. Os relacionamentos passam para um plano mais elevado, mais harmonioso. Há uma grande possibilidade de vir a encontrar sua alma gêmea durante este período. É uma fase particularmente criativa, durante a qual suas idéias são positivamente inspiradas. Outras pessoas igualmente interessadas no espiritual são atraídas para você e o ajudarão a levar adiante sua busca. Mantenha-se receptivo e aberto; terá em breve a sensação de estar olhando para dentro de um espelho. Aproveite a experiência: ela não acontece com freqüência.

XVII ♦ Pintura Aborígine em Couro

A escolha desta carta revela um período de confusão amorosa. Seu parceiro está distante e é difícil atingi-lo. As qualidades psíquicas nesta fase estão particularmente intensificadas, e você está especialmente sensível às fases da Lua. Pairando à sua volta parece haver uma sensação de desprendimento. É como se você se sentisse preso num labirinto e incapaz de escapar. Nada tema: existe uma saída. Está na hora de pôr as coisas em movimento ou de provocar uma mudança em você mesmo. Não espere que apareça, espontaneamente, uma oportunidade. É preciso que você dê um empurrãozinho. As coisas boas acontecem, mas você deve estar preparado, aguardando.

XVIII ♦ Shiva Hindu

Neste momento, você acha difícil dizer se quer assumir um papel ativo ou passivo em seus relacionamentos pessoais. Durante esta fase, sua essência exerce uma ação particularmente compulsiva e, provavelmente, você acha que o estão procurando com mais freqüência que de costume. Entretanto, as idéias criativas e outros empreendimentos suscitarão em você mais energia e entusiasmo que as experiências amorosas. A Shiva Hindu é dinâmica, mas não muito judiciosa. Cuidado com os aduladores.

XIX ♦ Pintura Grega

Seus relacionamentos atravessam um período de harmoniosa comunicação ou de debate fecundo. Você busca a verdade, mas talvez não lhe agrade o que vai encontrar. Confie na sua lógica e na sua razão e leve adiante o seu questionamento. Para você, é importante chegar ao fundo da questão.

XX ♦ Iluminura Medieval

Você está percebendo contrariedades em seus relacionamentos. Os problemas que foram surgindo no decorrer dos últimos anos já não podem continuar ignorados. Está na hora de se avaliar a si mesmo e aos seus parceiros com a maior honestidade possível. Será esta situação atual a que você realmente deseja e necessita? Seu desapontamento poderia ser facilmente remediado desde que você se dispusesse a expor seus valores e seu senso de segurança. Permitir que as coisas se arrastem e continuem tais como estão pode vir a ser mais doloroso a longo prazo. Você deve fazer logo a sua opção.

XXI ♦ Catedral Russa Bizantina

As atividades culturais e artísticas podem ser agora ampliadas. Embora talvez não signifique um romance importante e avassalador, a posição desta carta indica uma fase em que seus esforços serão finalmente premiados. Você se verá cercado de um número maior de amigos, de ligações e de oportunidades que os de costume. Percebendo sua cordialidade e sua receptividade, as outras pessoas podem resolver confiar em você. A carta Catedral Russa Bizantina, na posição de Vênus, indica um novo nível de crescimento espiritual e psíquico.

XXII ♦ Crescente e Estrela do Islamismo

Você está sentindo uma necessidade de fundir-se totalmente com outra pessoa. Não se deixe dominar nem consumir por envolvimentos muito estreitos e íntimos. Cuidado com uma possível belicosidade psicológica ou com obsessões românticas em seus relacionamentos. Há um desejo de transformação graças aos seus relacionamentos, seja ela para melhor ou para pior. Assegure-se de que está compreendendo as intenções das pessoas com as quais você está atualmente envolvido.

XXIII ♦ Pintura em Antiga Catacumba Cristã

Você precisa definir com clareza o que o atrai. Espera possivelmente que virá a ser salvo pelos seus envolvimentos românticos. Esse tipo de raciocínio o torna particularmente vulnerável às desilusões. Mantenha-se um pouco distante do objeto de seu interesse amoroso durante algum tempo. Quando tornarem a se reunir, você talvez se surpreenda ao verificar que não estivera vendo aquela pessoa de uma maneira realista.

XXIV ♦ Sumo Sacerdote Hebreu

Seu romance propõe desafios. Você está sentindo uma necessidade de afirmar o seu próprio poder. Existências passadas em companhia da atual pessoa amada estão vindo para o primeiro plano e é preciso agora equilibrar o carma. É importante proceder, nesta existência atual, a uma avaliação de certos padrões dessas experiências. Aparentemente, talvez você esteja encontrando o mesmo tipo de personalidade mais de uma vez. Antes de iniciar um novo ciclo, deve assegurar-se de que não está revertendo a antigos padrões de relacionamento. Considere a possibilidade de experimentar uma abordagem diferente.

XXV ♦ Deusa Havaiana Pele

Você manifesta, neste momento, uma energia particularmente sensual. Esteja ou não consciente disso, você exerce uma atração particular sobre as pessoas. Isto lhe confere um certo poder sobre seus possíveis interesses amorosos. É provável que esteja recebendo uma atenção muito grande. Utilize essa força sabiamente; caso contrário, poderá criar inimizades. As pessoas levam muito a sério as suas gentilezas. Talvez se surpreenda com a profundidade emocional e a seriedade que os outros vêem em suas afeições. Aja com diplomacia e gentileza para não destroçar alguns corações, e isso sem falar em uns poucos egos mais frágeis.

XXVI ♦ Tamborete Sagrado Achanti

Uma personalidade irresistível está entrando em sua vida, e você está fascinado. Trata-se de um relacionamento com o qual você não será capaz de lidar levianamente. Na verdade, sentir-se-á tentado a buscar e viver esta relação da maneira mais plena e profunda possível. Você e sua parceira (ou parceiro) terão muitas lembranças de uma vida passada a compartilhar, e esse envolvimento especial terá início com uma sensação de grande harmonia. Poderão surgir problemas quando você começar a sair da esfera de influência dessa pessoa. Não precisa sentir-se sempre responsável pela felicidade de seu parceiro no amor; antes de tudo, seja leal para consigo mesmo.

XXVII ♦ Máscara Kachina dos Hopis

Você busca um namorado gentil que aprecie o tipo de harmonia que deseja trazer ao mundo. Precisa de um parceiro que possa compartilhar seu amor pela terra e apreciar todos os mistérios naturais de nosso universo. Em suma, os envolvimentos casuais não despertam mais o seu interesse. Busca, pelo contrário, profundidade, segurança e espiritualidade. Não se surpreenda se seu parceiro insinuar a idéia de se mudarem para uma região diferente ou de viajarem pelo sudoeste da América. Aquela região do país foi o local onde transcorreram muitas vidas pregressas importantes de vocês dois. Restabelecer o elo com a energia da terra pode suscitar um verdadeiro renascimento espiritual.

XXVIII ♦ Símbolo Ocidental Contemporâneo

Os relacionamentos são uma grande fonte de frustração e de tristeza. Você provavelmente evita os envolvimentos pessoais por medo de se deparar com seu verdadeiro eu no espelho cósmico. Acha difícil entregar seu amor a uma pessoa qualquer. Em vez disso, opta pelos relacionamentos intensos, dramáticos, mas de curta duração. Caso se envolva com alguém durante um período de tempo mais prolongado, há de ser em seus próprios termos, e o relacionamento é, com freqüência, de um tipo incomum e inortodoxo. O companheiro ideal para você é uma pessoa criativa que viva de acordo com suas próprias regras e respeite os direitos dos outros. Preservar o *status quo* contribuirá apenas para trazer mais frustração. Você precisa convergir para o seu centro; caso contrário, continuará a falhar. Aprenda a focalizar suas intenções.

• • • ● 5 ● • • •

A Posição de Saturno

Como estou neste momento estabelecendo limites e restrições para mim mesmo? Como poderei formular melhor as minhas metas? Quais são as minhas lembranças cármicas e quais os meus dotes naturais que posso agora transmitir a outras pessoas? A que tentações está sujeito o meu eu inferior?

I ♦ Desenho Zen-budista

Está na hora de eliminar suas ilusões e suas convicções enganosas. É importante envolver-se diretamente com o mundo físico para poder formular suas metas significativas. Sua vida interior é rica e requintada, mas você tem uma tendência a ignorar as experiências imediatas e viscerais. Seus dons naturais são a compaixão e a calma; sua tentação, quando se faz necessário agir, é a passividade.

II ♦ Roda Mágica das *Prairie Plains*

Neste momento, você tem a impressão de estar sendo esmagado e passado para trás; talvez receie deixar entrever sua verdadeira personalidade. Parece que as pessoas têm sempre opiniões erradas a seu respeito. Isto cria a impressão de que você jamais será bem compreendido e de que é tudo inútil. Aprenda a compartilhar seus sonhos e visões. As atitudes obstinadas só podem limitar sua probabilidade de conseguir ser bem aceito.

III ♦ Feiticeiro Pré-histórico

Você está sendo impelido por forças compulsivas ou pela sensação de ter uma missão a cumprir. São tão grandes a sua energia criativa e a força que o impulsiona que você, freqüentemente, perde de vista as suas metas originais. Aprenda a compreender as suas motivações. Não tenha medo de seus impulsos mais obscuros, mas cuidado com as forças negativas que estão entrando em sua vida. Seus dons naturais são a energia e a sabedoria. A vida deve ser significativa e estimulante; senão, não será nada.

IV ♦ Sacerdote Jaguar Maia

Você tende a isolar-se do resto da multidão. Não deseja deixar-se levar pela correnteza com os outros por temor de perder sua identidade pessoal. É o que o faz permanecer de fora, a olhar. São enormes as suas faculdades criativas, mas sem a ajuda de conselheiros e amigos elas só podem trazer até aqui. Aprenda a apelar para os outros e a caminhar por uma trilha mais disciplinada. Você não é a única pessoa que importa.

V ♦ Deusa Egípcia Buto

Você é uma pessoa sensível, retraída e nada afeita a conversas superficiais. Dotado de tenacidade e de uma magnífica profundidade emocional, você pode, não obstante, mostrar-se por vezes obsessivo. Precisa aprender a se desligar e deixar que as coisas obedeçam a seu próprio ritmo. Seu dom natural é a intuição psíquica. Você é capaz de apreciar plenamente o valor do que permanece oculto e inexplicado. Procure não se entregar a preocupações indevidas; o mundo é melhor do que você imagina.

VI ♦ Efígie da Mão dos Construtores de Túmulos

Você gosta de trabalhar com outras pessoas, mas não gosta de opiniões divergentes ou discordantes. Quando trabalha ou estuda, você sabe qual o caminho a seguir. Na verdade, muitas vezes você se aferra a uma meta ainda que seu projeto tenha sido de há muito superado. Seu dom natural é a persistência diante de probabilidades remotas. Entretanto, em certas ocasiões, sua visão canalizada limita os resultados de suas metas.

VII ♦ Amuleto Cigano

Forças exteriores estão trabalhando contra você. É melhor não forçar nada neste momento. Esta carta enfatiza a necessidade de refletir e avaliar seus recursos interiores. Você pode achar que os outros o estão passando para trás e isso o incomoda. É importante proceder com calma e equilíbrio. Um dedo apontando para alguém ou para alguma coisa talvez ponha a perder sua missão. Está na hora de pairar acima da multidão – não à maneira de um falcão, mas como uma pomba.

VIII ♦ Bracelete Persa

Você sente uma forte empatia e compreende as outras pessoas. Na verdade, é tão grande a sua capacidade de sentir empatia que você chega a ser um autêntico telepático. Talvez esteja subestimando seu próprio valor nesse processo. Pode achar que está em débito ou que tem obrigações para com os outros. Precisa compreender que seu comportamento autodepreciativo não lhe trará nem a aprovação nem o respeito das outras pessoas.

IX ♦ Amuleto Romano da Mão

Esta fase talvez pareça um período de crise. Você precisa chegar a realizar as verdades práticas e assumir a responsabilidade pelos efeitos destrutivos de todos os seus atos impulsivos. Enfrentar a realidade é um processo árduo mas indispensável ao seu desenvolvimento. Você se encontra em condições de adquirir uma nova perspectiva e maior confiança. Está na hora de fazer apelo a todas as suas faculdades e de reconhecer o valor da introspecção.

X ♦ Máscara Jukun de Akuma

Você precisa definir seus objetivos e suas ambições. Pode perceber a necessidade de uma nova ordem em seu ambiente doméstico e, possivelmente, sente uma certa obrigação para com os membros de sua família. Esta fase é propícia à construção de uma base sólida e à identificação do verdadeiro significado de suas motivações passadas. Você talvez tenha a impressão de ter vivido num mundo onírico durante estes dois ou três últimos anos. A sensação de tristeza e saudade que vem experimentando vai cessar em breve. Evite a tentação de ir protelando as coisas; você pode desperdiçar toda a sua vida em adiamentos.

XI ♦ Deusa Iugoslava da Terra

A posição desta carta assinala um período de aprimoramento pessoal. Neste momento, você está elaborando uma diretriz significativa para o resto de sua vida. As coisas estão ficando sérias. Você precisa definir suas convicções, mas não fique preso demais às suas opiniões. Talvez lhe pareça que deveria trabalhar com mais afinco ou consagrar-se ao bem-estar do grupo ou da tribo.

XII ♦ Pedra Viking das Runas

Está na hora de enfrentar os desafios profissionais com sua recém-encontrada firmeza de propósitos. Sua potencialidade para o sucesso está se solidificando. Não desista se pessoas destruidoras tentarem intimidá-lo ou desafiá-lo. Esta carta indica um período durante o qual sua força de vontade será violentamente testada. Você está tomando consciência de quem você relamente é. Acontecimentos fantásticos podem ocorrer repentinamente. Proceda com dignidade e estará livre de intimidações.

XIII ♦ Urso Chinês

Está na hora de dar muita atenção à sua saúde. Limitações físicas ou problemas de saúde podem forçá-lo a reconhecer certas verdades que estimulam o desenvolvimento espiritual e psicológico. Este é um período de muitos ensinamentos. Precisa perguntar a si mesmo: "Por que é que estou me sentindo doente?" Uma falta de vitalidade física pode obrigar seus poderes mentais a ficarem mais bem focalizados. É um bom momento para purificar interiormente o corpo e organizar a existência exterior.

XIV ♦ Dançarina Elisabetana

Você agora está sendo compelido a realizar coisas e a dar uma atenção especial às necessidades materiais. Está sentindo a necessidade de entregar-se ao trabalho e de se tornar mais produtivo. Pode acumular bens materiais durante este período, mas vai adquirir também sabedoria e habilidades. Está sendo levado de volta para a terra e compreenderá que tem esperado demais de seus relacionamentos. Precisa reconhecer que seus parceiros são inteiramente diferentes de você.

XV ♦ Espelho Celta

O mau uso do poder numa vida passada cobra, agora, algumas amargas dívidas cármicas. Você está passando por uma dolorosa transição. Está na hora de abrir mão dos desejos e afeições. Se continuar a se agarrar a falsas crenças, seu sofrimento irá continuar. Você precisa enxergar as palavras escritas no muro da premonição bíblica. Você já descartou muitos relacionamentos informais. Deixe que esses laços se desfaçam naturalmente para que sua alma possa encaminhar-se para uma condição mais feliz.

XVI ♦ Anjo Renascentista

Você está atravessando um período de vaga insatisfação. O mundo exterior lhe parece distante ou irreal. Sente-se provavelmente limitado ou isolado das outras pessoas. Este estado desapaixonado indica que, no nível mais profundo, está se processando uma cura. Deixe que essas emoções inconstantes e intangíveis despejem-se sobre você. Você estará em breve purificado e pronto para recomeçar.

XVII ♦ Pintura Aborígine em Couro

Você tem tido intuições importantes acerca da verdadeira natureza de seu destino. Está na hora de enfrentar seus medos e de se responsabilizar pelo passado. Parceiros de relações antigas podem chamá-lo ou bater inesperadamente à sua porta. Você precisa acolher esses antigos namorados, ou mesmo velhos inimigos, como amigos. Pode parecer que as coisas se arrastam, porém, mesmo assim, elas estão progredindo. Procure não dar importância a antigas injustiças. Neste exato momento, as mulheres lhe poderão proporcionar intuições valiosas; preste atenção ao que elas dizem.

XVIII ♦ Shiva Hindu

Você faz agora uma melhor idéia da imagem que deseja projetar para os demais. O significado de sua personalidade parece mais claramente definido. A posição desta carta significa uma nova ordem. Idéias antiquadas são superadas, e você consegue enfrentar o mundo como pessoa adulta. Está na hora de deixar de lado as infantilidades.

XIX ♦ Pintura Grega

Você está se tornando cada vez mais consciente das aparências. Atingir a perfeição da mente e do corpo é uma meta que merece sua atenção. A posição desta carta indica um período de aprimoramento pessoal através da dieta e dos exercícios. Talvez você chegue mesmo a pensar agora numa cirurgia plástica. Não seja tão implacável consigo mesmo; também pode haver beleza nas imperfeições, sobretudo aos olhos de quem o ama.

XX ♦ Iluminura Medieval

É possível que você esteja tendo contratempos que escapam ao seu controle. Neste momento, vale a pena fazer um pouco de autopromoção. Por enquanto, a única coisa a fazer é aceitar seu lugar num segundo plano. As outras pessoas bem depressa reconhecerão o valor de seu trabalho. Os que o mantêm por baixo o verão um dia elevar-se às alturas. Suas oportunidades estão se revelando com uma rapidez moderada. Lembre-se de que seu triunfo será ainda mais real depois deste prolongado período de espera.

XXI ♦ Catedral Russa Bizantina

Você talvez tenha a impressão de que, se não fosse um azarado, não teria sorte de espécie alguma – nem boa nem má. Mas isto é *maya* – uma grande ilusão. Seu ponto de vista atual torna-o cego aos poderes da graça. Têm-lhe faltado esses "dons de Deus" e outras ocorrências místicas. É agora o momento de abrir os olhos e enxergar com clareza! Quando conseguir dar valor ao lento fluir da capacidade inventiva em sua vida, você bem depressa há de ver despejar-se uma catarata de acontecimentos maravilhosos.

XXII ♦ Crescente e Estrela do Islamismo

Talvez lhe seja difícil dar valor à boas coisas da vida, pois seus pensamentos voltaram-se, recentemente, para uma direção negativa. Você deixa de aproveitar os momentos felizes por medo das horas de tristeza que poderão vir depois. Saturno obriga-nos a ver a realidade, mas talvez você se tenha tornado um pouco cínico. O cinismo é o lado irreverente do idealismo. Por ser sensível e impressionável, você exagera as misérias da vida. Acalme-se! As coisas não são assim tão negras.

XXIII ♦ Pintura em Antiga Catacumba Cristã

Sua capacidade de amar incondicionalmente está sendo posta à prova. É difícil amar os que pretendem enganá-lo ou explorá-lo. Existe uma história de uma serpente à qual um certo diretor espiritual ordenou que se abstivesse de morder as pessoas. Informadas bem depressa a respeito da serpente, as crianças começaram a espancá-la com paus e pedras. Quando foi queixar-se a seu mestre, este retrucou: "Eu lhe disse que não mordesse, mas nunca lhe disse para não silvar". Aprenda a silvar.

XXIV ♦ Sumo Sacerdote Hebreu

A posição desta carta indica uma grande pressão psicológica. Você tem presenciado coisas que não consegue suportar e acha difícil permanecer calado. Precisa dizer a verdade diretamente e com calma, evitando, porém, expressar-se de maneira autoritária e pomposa. Sua mensagem será entendida se você a expressar com firmeza e desapaixonadamente.

XXV ♦ Deusa Havaiana Pele

Neste momento, suas paixões estão refreadas. Você atravessa uma fase em que não se sente capaz de confiar. É possível que esteja sentindo uma falta de fé muito significativa. Você já atravessou fases piores, mas agora tem a impressão de ser uma pessoa inteiramente inútil. Para que possa ver e compreender a luz, você tem de passar, primeiro, pela escuridão. Quando por fim surgir a luz, haverá uma liberdade que você jamais conhecera antes. Sentir-se-á como uma criança, talvez muito avançada em anos mas, mesmo assim, uma criança. Nesse meio tempo, procure não ser muito melancólico.

XXVI ♦ Tamborete Sagrado Achanti

Você parece mais sério e reservado que de costume, mas está se fortalecendo. Segundo parece, a posição de destaque já não é o lugar ideal para você. Prefere repousar e trabalhar afastado de todos. A escolha desta carta significa que você prefere sua própria companhia à dos demais. Seu eu abatido está aguardando as lisonjas. É verdade, você é uma pessoa especial, mas também é um membro da tribo. É inútil negá-lo.

XXVII ♦ Máscara Kachina dos Hopis

Chegou sua hora de brilhar. A energia positiva que você desencadeou nesta sua existência (e em outras) está começando a colher recompensas. Você se sente em harmonia com a Terra. Tome parte nos louvores ao planeta vivo. Descubra uma árvore particularmente majestosa com a qual possa comungar e dela extrair energia. Cebro, carvalho e choupo seriam escolhas magníficas. Se não conseguir encontrar nenhuma das três, qualquer árvore servirá, desde que você goste dela e ela goste de você.

XXVIII ♦ Símbolo Ocidental Contemporâneo

Você agora foi longe demais. Sua vida está sendo sacudida e atirada para todos os lados. As coisas talvez estejam se tornando um pouquinho excitantes demais ou até mesmo inseguras. Você está ultrapassando os limites do bom gosto e do bom senso. Precisa refletir cuidadosamente antes de pular para dentro de um círculo de fogo. O destino está ansioso para atrapalhar os seus planos. Sossegue – esse período de instabilidade logo passará.

• •• ● 6 ● •• •

A Posição de Urano

Como poderei despertar o gênio da minha verdadeira potencialidade? O que faz de mim uma pessoa singular e me afasta dos outros? Como é que, conhecendo os outros, poderei aprender a integrar meus talentos e meus dons naturais? Que espécie de amigo sou eu?

I ♦ Desenho Zen-budista

A escolha desta carta representa o conflito entre o desejo de uma fusão com os outros e o de se libertar das convenções. Você tem suas próprias convicções espirituais e preferiria não dar sua aprovação a nenhum dogma em particular. A posição desta carta indica que você poderá encontrar dificuldades para defender suas convicções. Você tende a desejar que os problemas se desvaneçam, mas o que acontece é justamente o contrário. Precisa enfrentar diretamente os fatos e eliminar os problemas antes que aumentem e escapem de seu controle.

II ♦ Roda Mágica das *Prairie Plains*

Entregue à sua busca incessante, você é uma pessoa afável, por vezes solitária, não propensa a impor suas convicções aos demais. Isso os leva, com freqüência, a buscar motivos para se imporem a você. Isso provoca ressentimento, e você se rebelará em silêncio. Seus amigos reagem por vezes à sua rebelião com amargura e surpresa, pois se haviam habituado a controlá-lo. Procure ser franco com seus associados e faça-os saber, desde o início, que não está disposto a deixar-se controlar. A escolha desta carta significa que, numa existência passada, você foi uma pessoa revestida de autoridade especial em certas tribos indígenas ocidentais. Outros percebem a sabedoria que você respingou no passado e percebem o seu magnetismo.

III ♦ Feiticeiro Pré-histórico

Sua curiosidade natural o faz chegar a níveis e expressões mais profundos da psique humana. Tem uma maneira realista de interpretar sua própria natureza e as motivações alheias. Não sendo particularmente crítico, consegue atrair pessoas inteiramente diferentes de você. A escolha desta carta revela sua excessiva permissividade para com seus amigos. Você precisa desenvolver um firme senso de valores. Embora não se deixe facilmente levar, precisa ter cuidado com suas associações.

IV ♦ Sacerdote Jaguar Maia

Você é dotado de uma mente particularmente potente, mas também de uma certa fragilidade emocional. As pessoas sentem-se atraídas para você, pois percebem a possibilidade de aprender algo muitíssimo importante em sua companhia. Elas têm razão. Sua alma é muito antiga, e o que, em você, dá a impressão de ser uma acurada intuição e sabedoria na realidade é o conhecimento memorizado ao longo de suas numerosas vidas passadas. Você se sente particularmente próximo dos povos e culturas indígenas de todas as partes do mundo. Sua imaginação é rica e exótica. Mas a escolha desta carta significa que você está assumindo encargos de outras pessoas. Às vezes vale mais a pena refrear-se e desenvolver seus próprios dons naturais em lugar de ser por demais prestativo. Seu talento faz do mundo um lugar muito mais valioso. Não desperdice os seus dons com pessoas incapazes de os apreciar.

V ♦ Deusa Egípcia Buto

Sua compreensão da morte e de outros ciclos naturais é muito superior à da maioria. Embora fascinado pelos mistérios da vida e da morte, você não se preocupa com eles. O motivo de seu grande interesse pela possibilidade de uma vida futura decorre de seu desejo de sondar as profundezas da existência. Não sente nenhum interesse particular pelas idéias superficiais nem pelas pessoas vazias. Uma conversa precisa ter algum significado, caso contrário você não se dispõe a participar da discussão. Neste momento, você está chegando bem perto de algumas revelações sublimes. A escolha desta carta indica uma existência importante transcorrida no antigo Egito, onde você trabalhou sobretudo com a escrita, instrumentos ou números.

VI ♦ Efígie da Mão dos Construtores de Túmulos

Neste momento, você negligencia seus próprios talentos em benefício de fantasias alheias. Assegure-se de que não está sendo manipulado para executar um trabalho que ninguém mais deseja realmente fazer. Você está invulgarmente criativo e disposto a se empenhar em projetos estimulantes. Se não deixar bem claros os seus limites, terminará tendo de fazer tudo sozinho. Na próxima vez em que for sugerida alguma idéia, tenha a certeza de que ficou bem estipulado de que há de ser um trabalho de grupo onde cada um faça a sua parte. Caso contrário, poderá ter de assumir todas as tarefas e executar o trabalho desagradável para seus sócios desmotivados. Desta maneira, você jamais progredirá.

VII ♦ Amuleto Cigano

Sua mente está transmitindo e recebendo os raios de luz da inspiração. A escolha desta carta indica uma grande originalidade no plano mental. Prepare-se para entrar em contato com algumas engenhosas intuições e revelações. Neste momento, você não está raciocinando como as outras pessoas; espere, portanto, uma certa oposição por parte delas durante algum tempo. É importante que você sustente seus pontos de vista. Os demais acabarão por se acostumar com sua maneira de pensar. Este período também favorece o desenvolvimento de uma nova maneira de abordar o estudo do ocultismo.

VIII ♦ Bracelete Persa

Sua mente está sonhadora, recordando, possivelmente, vagas sensações de vidas anteriores passadas no Oriente Médio. Você está particularmente sensível à música e às cores, ansiando talvez por uma vida mais repleta de beleza. Gostaria de encontrar a dourada utopia na extremidade do arco-íris que se curva sobre alguma distante colina. Seu raciocínio, neste momento, é um tanto ou quanto cósmico, mas você se depara com algumas intuições muito importantes. Dê muita atenção à linguagem do corpo e a outros símbolos silenciosos da comunicação além de ouvir as palavras que estão sendo pronunciadas. Isto o capacitará a compreender os outros de maneira mais íntima e profunda. O nível de sua intuição é elevado, e você é capaz de perceber a Divindade em cada pessoa.

IX ♦ Amuleto Romano da Mão

A escolha desta carta significa, ao mesmo tempo, genialidade e impaciência. Sua mente está particularmente enérgica e original, faltando-lhe, porém, um freio. No que diz respeito aos amigos e parceiros, você está percebendo uma certa tensão e pressão. Esta carta, nesta posição, significa uma disposição guerreira, e, quando alguém tentar coagi-lo, você se revoltará. Por enquanto, aprenda a cooperar para que os outros possam apreciar sua originalidade. Se assim fizer, as coisas fluirão com muito mais facilidade.

X ♦ Máscara Jukun de Akuma

Cuidado com as pessoas que procuram explorar sua compaixão. A escolha desta carta lembra uma vida passada na qual você foi fisicamente escravizado ou pertenceu a alguma pessoa ou grupo. Seu talento especial é uma intuição invulgarmente perceptiva, suceptível de ser aplicada com finalidades curativas. Você talvez esteja atravessando um período de inevitável carência emocional. Procure deixar de ser tão vulnerável.

XI ♦ Deusa Iugoslava da Terra

Você está por demais disposto a se desdobrar pelos outros. Aprenda a dar ouvidos a suas próprias necessidades. Não alimente sentimentos de culpa se não puder dedicar-se demais a uma outra pessoa. Evite as tarefas ou envolvimentos emocionais que se repetem. Assegure-se de que os seus esforços colham resultados tangíveis. Se verificar que está sempre agindo exclusivamente em benefício de outras pessoas, será preciso desconfiar e investigar a verdadeira natureza de suas amizades.

XII ♦ Pedra Viking das Runas

Sua atenção está agora voltada para as metas pessoais. Antes de enveredar por outro campo de atividade, pergunte a si mesmo: "O que haverá ali para mim?" Você está sentindo uma necessidade de se agitar ou de promover alterações. Procure não se impacientar com os que se movimentam mais lentamente. A escolha da Pedra Viking das Runas indica um espírito aventureiro que, no decorrer de suas múltiplas vidas passadas, viajou pelos países do Norte da Europa. Significa igualmente um período de inúmeras realizações, mas durante o qual se consagrou muito pouco tempo ao desenvolvimento da vida interior. Nesta vida, você precisa reconhecer que nem sempre ter força equivle a ter direito.

XIII ♦ Urso Chinês

Sua mente é curiosa e impulsiva, mas você, neste momento, está precisando de soluções para alguns problemas conturbadores. Questões de saúde referentes a esgotamento nervoso ou a hábitos alimentares inadequados podem surgir inesperadamente. Assegure-se de estar transmitindo cuidadosamente as mensagens que seu corpo lhe está enviando agora. É importante focalizar um detalhe de cada vez, buscando interpretá-los até obter uma visão geral do quadro. Dividir seus encargos com amigos mais próximos pode ajudar a levá-los a cabo. Você é um amigo leal, capaz de estabelecer relações platônicas com o sexo oposto. A escolha desta carta indica uma vida passada dedicada ao trabalho nas áreas da medicina, da filosofia ou da literatura.

XIV ♦ Dançarina Elisabetana

Você é um verdadeiro gênio quando se trata de línguas, quebra-cabeças, debates e tudo que implique a palavra escrita. Sua capacidade mental supera a de todos os demais, sendo-lhe, por vezes, difícil deixar de se desapontar com aqueles que não possuem a mesma agilidade mental. Ocasionalmente, você pode se revelar autocomplacente. Talvez tenha um problema com o peso ou com um orçamento acima de seus limites. Você é afável e sagaz, mas se deixa facilmente explorar ao ouvir uma história lacrimosa. Aprenda a fazer exigências a outras pessoas e verifique se são realmente suas amigas.

XV ♦ Espelho Celta

Você é dotado de um raro talento para incitar as pessoas a compreender a verdadeira natureza de suas próprias potencialidades. Quer o reconheça ou não, você tem o poder de despertar e afetar os outros, tanto para o melhor como para o pior. Suas intuições são originais e sua intensa energia vital revigora as pessoas. Você é capaz de compreender instintivamente o que deve ou não deve ser feito num determinado momento. Precisa sentir-se livre para movimentar-se e expressar-se, caso contrário poderá transformar-se num anarquista irrefletido. Assegure-se de estar sempre agindo de maneira adequada. Não justifique o que é positivo e, ao mesmo tempo, o negativo. Você é um espírito livre embalado por um vento radical. Seu talento consiste em inspirar e motivar as outras pessoas.

XVI ◆ Anjo Renascentista

Você é capaz de perceber e avaliar as potencialidades nos lugares mais improváveis. Isso leva pessoas menos sensíveis a se perguntarem por que motivo você dá prosseguimento a relações e situações aparentemente muito abaixo de você. Por vezes, você próprio questiona esses seus impulsos, pois pessoas desse tipo sempre o influenciam negativamente. Você leva uma existência esplendidamente criativa e, muito provavelmente, envolvida com a arte, a produção de obras literárias e a educação, ou então dedicada a servir aos demais através de seu desenvolvido dom de compaixão pelos outros seres humanos. Você é um idealista e quer que sua vida tenha um significado. Aprenda a ser um pouco menos pródigo.

XVII ◆ Pintura Aborígine em Couro

Você é um espírito muito antigo com uma atitude tranqüila diante da vida. Mas falta-lhe por vezes um pouco de ambição, e você preferiria sonhar. Precisa fazer planos significativos a longo prazo. Você tende a vacilar. Os amigos consideram-no indiferente, e você talvez perceba que se estão afastando. Precisa dar aos demais a certeza de que são importantes em sua vida. A escolha desta carta aponta para uma vida anterior transcorrida em circunstâncias penosas ou austeras. Conseqüentemente, é possível que você se veja tentado a ser complacente consigo mesmo e a não se preocupar. Está na hora de se motivar e de se empenhar.

XVIII ◆ Shiva Hindu

Seu potencial criativo é enorme e você precisa lhe dar vazão. Aprecia acima de tudo a justiça e a liberdade. Não admite concessões quando se trata de seu senso de valores ou de suas convicções. Sua filosofia não materialista pode dar origem a conflitos quando você se envolve com pessoas que traem seus ideais por causa de lucros materiais. Gosta da diversidade e aprecia as maneiras diferentes de ver as coisas. As filosofias insólitas ou exóticas podem atraí-lo. A escolha desta carta revela uma vida anterior transcorrida em silenciosa meditação.

XIX ◆ Pintura Grega

Sua natureza modesta e nada pretensiosa leva por vezes os demais a subestimarem sua capacidade mental. Você não costuma atrair a atenção para o seu poderoso intelecto. Sua mente, porém, é seu melhor instrumento. Entre todas as coisas que você possui, aquela a que provavelmente dá maior valor é ao seu raciocínio. Você é um indivíduo particularmente ativo e acha difícil ter paciência com os que vacilam ou fogem do assunto. Conhece muito bem sua própria mente e está no caminho certo para chegar onde pretende. Embora deseje ser justo, é importante que deixe os outros perceberem a superioridade de seus dotes mentais. É preciso ter genialidade para reconhecer um gênio.

XX ♦ Iluminura Medieval

Você está sendo solicitado a ensinar a outros aquilo que aprendeu. Embora seus sonhos aparentemente não se tenham realizado, é importante que você agora aproveite esta oportunidade de investir em outra área. Seus velhos sonhos e suas antigas metas acabarão voltando e você os poderá concretizar numa escala muito maior que a que poderia jamais ter imaginado.

XXI ♦ Catedral Russa Bizantina

Você tem agora uma visão agudíssima de todas as coisas. É como se o mundo se houvesse finalmente desvendado e você pudesse aproveitar todas as possibilidades. A escolha desta carta significa um importante avanço, não só em sua compreensão humana, mas também em seu desenvolvimento intelectual e espiritual. Sua mente assume, aqui, um feitio diferente, dramático e brilhante. A Catedral Russa Bizantina, na posição de Urano, pode indicar uma existência anterior consagrada à busca da espiritualidade num trabalho solitário, como o de um escriba bíblico, de um lingüista, de um artista eclesiástico, de um sacerdote ou monge.

XXII ♦ Crescente e Estrela do Islamismo

Métodos antigos ou idéias cediças estão sendo, atualmente, eliminados. Essa transformação pode criar um grande nervosismo e muita insegurança em sua vida. Pode parecer que o tapete está sendo puxado debaixo de seus pés ou que as coisas estão a ponto de explodir. Nada tema. Ocorrerá muito em breve um importante movimento em seu benefício. Dentro de um ano, o nível de sua atividade estará grandemente aumentado. Poderão surgir oportunidades profissionais ou ocorrer uma mudança de residência.

XXIII ♦ Pintura em Antiga Catacumba Cristã

Insights psíquicos poderão manifestar-se de repente. Você está em contato sobretudo com acontecimentos mundiais relevantes e com a vida particular de outras pessoas. A posição desta carta pode indicar que você estava disposto a morrer por suas crenças numa existência passada. Sua compreensão mediúnica ajuda-o a perdoar e a seguir em frente sem amargura. Talvez encontre um mestre dentro de pouco tempo por ter passado, recentemente, para um plano mais elevado de receptividade com relação às questões espirituais. Esteja preparado.

XXIV ♦ Sumo Sacerdote Hebreu

A escolha desta carta revela um período de obstinação, mas é também uma posição de inteligência transcendental. Você está achando difícil acompanhar o ritmo dos outros. Está sabendo o que quer neste exato momento e não tem medo de ir alcançá-lo. Sua obstinação e sua energia podem criar uma perigosa euforia. Para ser bem-sucedido, você precisa ter a certeza de que seu comprometimento com uma ação qualquer está claramente definido.

XXV ♦ Deusa Havaiana Pele

A escolha da deusa Pele, na posição de Urano, revela a capacidade de se entender com muitos tipos diferentes de pessoas, independentemente de sua raça ou de seus antecedentes étnicos. Você pode se ver envolvido com estrangeiros ou com pessoas que falam uma língua diferente. As culturas exóticas o atraem. Neste momento, suas preferências estéticas podem parecer particularmente estranhas para outras pessoas. Não se intimide ao ostentar sua diversidade.

XXVI ♦ Tamborete Sagrado Achanti

A posição desta carta implica uma característica de insegurança. Você está achando cada vez mais difícil ater-se a uma rotina. Em lugar de ir galgando devagar uma montanha, você quer voar até o topo. Não se apresse. Seus nervos, neste momento, estão exacerbados. Sua energia psíquica está permanentemente excitada. Você sabe espicaçar as pessoas e surpreendê-las. Isto pode ser muito conveniente quando você tenta explicar seu ponto de vista.

XXVII ♦ Máscara Kachina dos Hopis

Relações de todos os tipos apresentam desafios neste momento. Há agora uma sensação de profundo desassossego em sua vida. Embora seja geralmente uma pessoa paciente, tem sentido uma estranha irritabilidade ou emotividade. Esses sentimentos indicam que, logo abaixo da superfície, fervilham tensões criativas. Idéias extremamente originais parecem estar brotando do nada. Deixe que essas idéias criem raízes e cresçam.

XXVIII ♦ Símbolo Ocidental Contemporâneo

A escolha desta carta anuncia um período de libertação das convenções e das coerções culturais. Você já não está interessado em obedecer às regras. Rupturas repentinas podem ser obstáculo ao seu progresso. Espere o inesperado.

· • • ● 7 ● • • ·

A Posição de Plutão

Quais são os obstáculos que tenho de enfrentar agora? De que maneira seria possível agir com ímpeto excessivo? Como poderia conseguir ser mais bem compreendido? Qual é a natureza mais profunda de meus dotes psíquicos? Como poderei continuar a modificar a mim mesmo e ao mundo para o aprimoramento de todos?

I ♦ Desenho Zen-budista

A escolha desta carta representa uma transição imprecisa e até certo ponto perturbadora. Você estará provavelmente influenciado por uma pessoa capaz de afetar sua sensação de bem-estar. Tenha cuidado com as pessoas que parecem boas demais para serem verdadeiras; é provavelmente o que acontece. Volte-se para dentro de si mesmo e descubra seus próprios recursos ali escondidos. Prepare-se para uma mudança que poderá produzir um impacto capaz de lançá-lo num outro nível de consciência. Mais tarde você se lembrará desta fase como tendo sido crucial para seu desenvolvimento. Assimile todo o conhecimento que puder, preparando-se para os desafios que surgirão num futuro próximo.

II ♦ Roda Mágica das *Prairie Plains*

Inseguranças antigas poderão compeli-lo a tentar controlar o comportamento e as interações de outras pessoas. É difícil tirar da mente o controle de si mesmo e dos demais, pois você receia que as coisas possam "ir para o brejo irremediavelmente". A despeito de sua aparência pacífica e de gostar um tanto ou quanto da solidão, você quer estar no comando. Desse modo, a vida lhe parece mais segura. É grande o seu carisma, assim como sua capacidade de liderança. Você domina tranqüilamente qualquer situação com a energia magnética que lhe é inerente. Tome coragem e deixe a vida fluir para o exterior.

III ♦ Feiticeiro Pré-histórico

Você tem contato, neste momento, com intuições obscuras. Os mistérios da vida e da morte estimulam a sua imaginação. Está absolutamente certo quando percebe que, na vida, nem tudo é bondade e clareza. Mas talvez esteja propenso a se demorar no aspecto mórbido das coisas. Trata-se tão-somente de uma fase de seu crescimento, e você descobrirá que, enquanto vai progredindo, precisa manter um equilíbrio mais saudável. Nesse meio tempo, afaste-se das pessoas negativas ou das que se intrometem com o oculto "só para se divertirem". Nada de bom pode advir de um hábito tão imaturo. Preserve a firmeza de seu caráter.

IV ♦ Sacerdote Jaguar Maia

A opinião dos outros pode impedi-lo de expressar a sua verdadeira natureza. Você é engenhoso e seu pensamento é invulgarmente progressista. Pode, entretanto, sufocar a sua própria individualidade por medo de que os outros não o aceitem como você realmente é. Talvez se julgue, no íntimo, tão estranho que a sociedade chega a considerá-lo inaceitável ou, pior ainda, francamente louco. A escolha desta carta significa que você precisa permitir que suas excentricidades venham à tona. Você poderá descobrir que as pessoas não só aceitam o lado secreto de sua personalidade como também são levadas a gostar ainda mais de você. Está na hora de expandir sua originalidade mundo afora.

V ♦ Deusa Egípcia Buto

Você tende a atrair reações ameaçadoras e a inveja de outras pessoas. Emana de você uma energia misteriosa que pouca gente é capaz de compreender. Alguns, erroneamente, o consideram uma pessoa suspeita ou que lhes esteja ocultando alguma coisa. Isso decorre, em parte, do seu fascínio pelas idéias ou filosofias inortodoxas. A escolha desta carta indica a importância de não se deixar desencorajar. Prossiga com seus interesses, particularmente com os que implicam o desvendamento de mistérios. Você está se preparando para uma importante transformação.

VI ♦ Efígie da Mão dos Construtores de Túmulos

A escolha desta carta assinala um período de tensão nervosa. Você pode experimentar uma necessidade de retroceder para descobrir seus próprios recursos. Percebe mudanças profundas e catárticas na sua vida, que poderiam destruir uma pessoa menos forte. Esses novos desafios o fazem progredir. Você precisa desviar a atenção de seus problemas pessoais e defrontar-se com o seu verdadeiro eu. Está na hora de se livrar de atitudes e idéias já desgastadas.

VII ♦ Amuleto Cigano

Você atravessa um período de desassossego interior. Pode oscilar entre momentos de exagerada atividade (durante os quais você se exaure ou se impõe a si mesmo cobranças excessivas) e momentos em que não faz absolutamente nada. Essa constante oscilação de energias pode criar ansiedades e conflitos indesejáveis. É fundamental aprender a equilibrar suas energias positivas e receptivas, usando-as criativamente. Quando aprender a integrar as energias positivas e negativas da sua personalidade, será menor a frustração que experimentará na busca de suas metas mais importantes.

VIII ♦ Bracelete Persa

Você talvez precise se proteger procurando amortecer a dureza do mundo. Neste momento, você se sente oprimido ou perplexo diante de forças que fogem ao seu controle. Embora atenda prontamente às necessidades dos outros, você preferiria não se envolver com os problemas alheios. Quando se trata da sua própria psique, pode parecer-lhe que a fonte secou. Pode vir-lhe daí uma dolorosa sensação de vazio que jamais será preenchido. Sob muitos aspectos, você é como uma borboleta coberta por um casulo, esperando vir à luz. Nesse estado nascente, você absorve informações vitais. Estará muito em breve habilitado a voar.

IX ♦ Amuleto Romano da Mão

A posição desta carta revela a tentação de impor sua vontade a todo custo. A coragem e a persistência podem exacerbar seus desejos. Leve em conta as necessidades dos outros e acrescente uma dimensão mais ampla a seus sonhos ou objetivos. Sob tensão, seu temperamento pode se inflamar, ou talvez você venha a descobrir que existem assuntos que, determinadamente, prefere ignorar. Pense com cuidado no que você realmente deseja. Tome cuidado para não se tornar excessivamente prepotente.

X ♦ Máscara Jukun de Akuma

Está na hora de entrar em contato com seus sentimentos mais primitivos e diretos. A posição desta carta indica a necessidade de um período de auto-educação. Você tem uma imaginação poética e intensamente sensível. Anseia por uma existência cheia de beleza e de elegância. É provável que esteja tendo problemas com ligações antigas ou atitudes já superadas. A vida familiar exige sua atenção, mas conceda-se tempo para alimentar a criança que existe dentro de você.

XI ♦ Deusa Iugoslava da Terra

Sua vida está mergulhada nas agonias de uma luta suprema. Sente-se possivelmente compelido a organizar sua existência exterior de modo a aplacar o caos interior. A escolha desta carta revela que você pode desanimar facilmente. A própria vida se lhe afigura como uma luta após outra. Você está sendo por demais duro consigo mesmo; pare de se preocupar com o sucesso ou com o fracasso. Vivencie a beleza do momento presente e muito em breve estará livre.

XII ♦ Pedra Viking das Runas

Você tem a impressão de que suas energias e seus esforços estão sendo contidos por alguma força exterior. Parece-lhe impossível movimentar-se ou avançar. Talvez esteja sendo incapaz de tolerar suas próprias limitações, e sua veemência pode deixar as outras pessoas nervosas. Você provavelmente receia envolver-se intimamente num relacionamento e isso afasta as pessoas. Prefere não correr o risco de uma rejeição. Vem daí o seu ceticismo com relação a envolvimentos mais íntimos. Você terá de dar claras demonstrações de que deseja uma aproximação maior com as outras pessoas. Caso contrário, elas poderão afastar-se, julgando que você não está interessado em sua companhia.

XIII ♦ Urso Chinês

Sua percepção atinge diretamente o alvo. Pouca coisa escapa ao seu cuidadoso escrutínio. Você poderá deixar-se envolver em algum tipo de intriga capaz de enredá-lo numa teia perigosa. Está na hora de manter-se a distância. Nem sempre é prejudicial afastar-se ou permanecer incomunicável. Tudo aquilo que disser agora poderá ser usado contra você. Está sentindo uma urgente necessidade de modificar sua vida e de ordenar as coisas de uma maneira diferente. Prepare-se para novas aventuras que transformarão seu antigo modo de pensar.

XIV ♦ Dançarina Elisabetana

Seu senso estético está aprimorado. Você precisa fazer mudanças no seu ambiente imediato, pois se sente compelido a eliminar velhos hábitos ou a passar por cima deles. Por estar se sentindo atraído por tantas experiências novas e estimulantes, seus sócios não lhe podem dar a sua aprovação, receosos de que você esteja agindo temerariamente ou depressa demais. A idéia de uma alma gêmea desperta a sua curiosidade. Seus relacionamentos atuais podem estar enfrentando novos desafios.

XV ♦ Espelho Celta

Estranhos impulsos invadem a sua mente, e você se sente compelido a controlá-los. Não é preciso temer esses pensamentos esquisitos e desusados. Está na hora de sondar as próprias raízes da antiga árvore. Você poderá surpreender-se por encontrar ali alguma luz. Está penetrando num novo domínio. Esteja atento às compulsões susceptíveis de manter prisioneiros os seus pensamentos; você não precisa tentar influenciar cada idéia que lhe ocorre. Sua psique está passando por um ciclo de purificação. As experiências psíquicas nascem desta nova visão. Seu caráter está se fortalecendo.

XVI ♦ Anjo Renascentista

Você está atravessando um período de auto-rejeição. Pode recear tudo que permanece oculto, inclusive seus próprios impulsos subconscientes. A repressão ou a negatividade podem impedi-lo de levar a cabo importantes projetos. Talvez esteja pensando que, se concluir um projeto, inevitavelmente ele fracassará. A não ser que se obrigue a concluir o que começou, você estará diante de uma profecia que se realiza por si mesma. Esteja a postos; leve sua tarefa até o fim sem se importar com o que possa estar sentindo.

XVII ♦ Pintura Aborígine em Couro

Sua capacidade psíquica agora está em harmonia com as forças exteriores. As outras pessoas se aproximam de você em busca de respostas, mas você não tem certeza da sua própria capacidade. Sob este aspecto, poderá relutar em se tornar um médium. Na verdade, talvez receie que, uma vez desencadeado o seu poder, você não seja capaz de controlá-lo. Tenha mais confiança nas suas qualidades. Um coração puro jamais consegue ferir ou prejudicar. Poderá aprender muitas coisas com mulheres emancipadas. Cuidado com as formas sutis de manipulação.

XVIII ♦ Shiva Hindu

A escolha desta carta significa olhar-se ao espelho e defrontar-se com o reflexo proveniente do cristal. Esta colocação revela uma incapacidade de avaliar os seus próprios talentos e o seu valor. Por outro lado, você por vezes se compraz em fantasias sobre a sua própria importância ou empreende um número exagerado de projetos. Fica então impossibilitado de concluí-los adequadamente. Aprenda a avaliar seus talentos corretamente e, em seguida, deixe fluir sua intenção original. Sua intuição lhe está agora servindo de guia para que possa seguir seu próprio caminho. Tenha confiança.

XIX ♦ Pintura Grega

Mentalmente, você agora leva vantagem sobre as outras pessoas. Está habilitado a compreender as mais sutis nuanças da comunicação. Devido à sua perspicácia, você é capaz de detectar a verdade de qualquer situação. É impossível enganá-lo. Aprenda a usar esse talento para ajudar os demais a adquirirem uma compreensão de suas próprias vidas. A escolha desta carta revela o acúmulo de conhecimentos adquiridos no nível psíquico. Pode igualmente significar que você está prestes a se envolver em uma nova disciplina ou a adotar um outro caminho.

XX ♦ Iluminura Medieval

Está na hora de se livrar de seus medos. Você tem trabalhado com afinco visando adquirir o controle da sua vida, mas talvez esse controle esteja sendo excessivamente rígido. É bom manter a disciplina, mas seu excesso de determinação poderá bloquear novos níveis de percepção. Talvez esteja na hora de abandonar suas velhas maneiras de agir. Noções preconcebidas já não lhe trazem nenhum benefício. Descobrir e aceitar um novo procedimento o ajudará a resolver seu dilema.

XXI ♦ Catedral Russa Bizantina

Sua vida interior pode estar tão altamente desenvolvida que lhe parece difícil confiar nas obras do mundo físico. Você está mais interessado nas jornadas espirituais ou em viagens pela imaginação. A excentricidade de sua personalidade leva as outras pessoas a se perguntarem quais são as suas intenções. Você deixou de dar atenção a horários, e isto o faz parecer irresponsável; todavia, sua presença pode ser inspiradora para os demais. Uma viagem espiritual e imaginativa está prestes a começar. Assegure-se de que outras pessoas (que talvez pareçam bastante inocentes) não o estejam explorando. Continue forte e coerente.

XXII ♦ Crescente e Estrela do Islamismo

Nestes últimos anos, sua existência conheceu diversos finais dramáticos. Parece-lhe difícil manter uma disposição de espírito positiva em meio ao caos, ao desespero e às mágoas. Tem sido forçado a dizer adeus a muitas experiências importantes e até mesmo a velhos amigos. Acredite ou não, a aurora já vem raiando. Seus sonhos e seus desejos estão prestes a se concretizar. Em breve, muito em breve, experiências novas e maravilhosas o aguardam.

XXIII ♦ Pintura em Antiga Catacumba Cristã

Você sabe o que é sofrer pelos outros. Você consegue reproduzir o caráter e as intenções dos que o cercam com o mesmo cuidado de um bom médium. Você também tem as suas características. Isso decorre, em parte, de sua sintonia com os ritmos cósmicos. O contato com esses ritmos aumenta o seu talento para a empatia. Você está sendo agora solicitado a partilhar com outros essa sua visão singular. Não se mostre egoísta: sua sintonização cósmica exige que você nos ilumine a todos durante algum tempo.

XXIV ♦ Sumo Sacerdote Hebreu

Nestes últimos tempos, você tem demonstrado uma notável segurança nos seus desígnios. Sua visão do mundo está mudada e você já não está disposto a ser vítima das circunstâncias ou de forças exteriores. Cuidado com as decisões precipitadas; estão ocorrendo mudanças em sua vida com a rapidez de um raio. Você precisa manter-se um pouco mais cético com relação a diversas fontes de informação. Vá mais devagar e pondere toda a situação. Junte em seguida todas as pontas da meada antes de mergulhar de cabeça. Se o provocarem, mantenha a calma. Talvez se sinta tentado a retaliar: não o faça. A situação está prestes a resolver-se sozinha. A vingança servirá apenas para alimentar o fogo.

XXV ♦ Deusa Havaiana Pele

Você tem tido algumas decepções e talvez esteja desanimado. Seus planos originais foram reduzidos a nada, e as coisas não têm andado como haviam sido planejadas. Você consegue vislumbrar um novo caminho, mas tem receio de enfrentar o desconhecido. O caminho mais seguro traz minguadas recompensas. Arrisque-se e siga o caminho mais perigoso. As maiores recompensas são geradas pelos riscos também maiores. Talvez sua primeira tentativa nem sempre seja vitoriosa. São precisas muitas jornadas infrutíferas para se explorar novas terras. Por certo, cada uma dessas jornadas será longa e penosa, mas as recompensas terão valido a pena.

XXVI ♦ Tamborete Sagrado Achanti

Neste momento, você está impossibilitado de estabelecer contatos casuais. Tem se sentido compelido a melhorar seu quinhão na vida e o das pessoas menos afortunadas. Sua consciência social o obriga a lutar em defesa dos oprimidos. Embora possessivo ao extremo, você não gosta de se ver escravizado por ninguém. Isto talvez seja uma reminiscência de uma vida passada, quando você pertenceu a alguém. Deixe seus entes amados serem donos de seu próprio espaço sagrado. Quando você prende uma outra pessoa a você, pouco se importando com o grau de afetividade, esse é exatamente o instante em que essa pessoa se sente compelida a libertar-se.

XXVII ♦ Máscara Kachina dos Hopis

Graças à solidão, você tem adquirido muita experiência e sabedoria com relação a estes últimos anos. Finalmente, você integrou as muitas e diferentes individualidades ou fantasmas que têm atormentado sua consciência e constituiu um todo coerente. Pode agora enfrentar com firmeza a tempestade. Está na hora de abarcar o mundo de uma maneira mais direta e humana. A escolha desta carta enfatiza a necessidade de se ligar com o exterior e de fazer novas conexões. Sua visão adquirirá mais força graças à ajuda de outros participantes ativos. O mundo é o seu campo de luta. Aprenda a trabalhar e a se divertir em companhia de outros membros da sua tribo.

XXVIII ♦ Símbolo Ocidental Contemporâneo

Sua vida está ingressando num período de mudanças profundas e dramáticas. Há muitas decisões a tomar e são muitos os caminhos a serem escolhidos. Você está confuso. Mal assume um compromisso, e eis que surge um novo desvio. O mundo desliza à sua volta com frenética velocidade. No entanto, você tem a impressão de que a sua vida permanece imóvel, e está impossibilitado de se mover. As metas profissionais e os relacionamentos estão diante de violentas reviravoltas. A escolha desta carta enfatiza a necessidade de se envolver ativamente nessas mudanças. Assuma o controle do seu destino antes que o tempo e outras forças exteriores tomem as decisões por você.

Outras Maneiras de Usar as Cartas Fênix

Quando estiver bem habilitado a usar as suas Cartas Fênix, os seus símbolos poderão fornecer respostas para áreas específicas e problemáticas de sua vida. Quando embaralha as cartas e pega uma delas ao acaso, as mensagens descritas para as posições da Mandala da Vida Passada revelam soluções para os problemas.

Você pode, por exemplo, tomar uma carta e considerá-la como idéia básica para um determinado dia. Embaralhe e escolha uma carta para receber a mensagem referente a esse dia e ao papel mais adequado que caberá a você nesse período. Isto feito, leia o significado que aparece sob a Posição do Sol da Mandala da Vida Passada. Se o seu interesse está voltado para a emoção, o sentimento e o oculto, leia o significado sob a Posição da Lua. Para esclarecer a sua mente ou compreender o que está contribuindo para seus processos mentais, verifique qual o significado sob a Posição de Mercúrio. Quanto às questões relativas ao amor e ao romance, as indicações se encontram sob a Posição de Vênus. As sugestões sobre o que é possível fazer para afastar os obstáculos ao seu progresso são encontradas ao ler a Posição de Saturno.

Na astrologia tradicional, os planetas tornam-se personificações das energias humanas. Eis por que eles são amiúde designados com nomes de deuses e deusas que, nos tempos antigos, eram considerados como dotados de talentos dos seres humanos, bem como de suas fraquezas. Cada planeta representa facetas diferentes da modalidade pessoal de expressão de cada indivíduo. Embora os planetas, como os seres humanos, sejam matéria física, também irradiam energias espirituais que influenciam nosso estado psíquico.

Toda forma de adivinhação é altamente misteriosa e se baseia na observação de fenômenos naturais, os quais espelham, por sua vez, o fluxo das forças naturais. Esses eventos naturais observáveis parecem predestinados ou cármicos. A forma mais antiga e essencialmente mais pura de adivinhação é a astrologia, que se baseia no estudo cuidadoso das posições planetárias e no significado das mesmas.

O estudo dos planetas equipara-se ao estudo feito por Carl Jung dos tipos humanos, de seus arquétipos e de suas maneiras de interagir para criar expressões individuais da personalidade. Quando as energias planetárias são levadas a convergir e se misturam, formam um composto inteiramente novo, um indivíduo único, um estado diferente ou mesmo uma nova época. Jung escreveu certa vez: "Tudo o que nasce ou é feito num determinado momento do tempo tem as qualidades desse momento do tempo".

Neste sentido, as Cartas Fênix podem lhe fornecer informação sobre o "momento do tempo" em que você propõe a sua pergunta. Você vai querer guardar na sua mente a escolha das sete cartas originais. Afinal de contas, elas constituem a escolha que reflete as forças que se aglutinaram para formar essa pessoa única que é você. Use diariamente as Cartas Fênix como instrumentos de descoberta: com isso, você aumenta a sua capacidade de enfrentar as circunstâncias que a vida apresenta como oportunidades para seu desenvolvimento pessoal e espiritual.

A Disposição das Cinco Estrelas

Esta simples forma de adivinhação pelas cartas pode ser utilizada com o intuito de obter orientação espiritual, psíquica e emocional. As cartas escolhidas podem ser interpretadas em conjunto (combinando-se os seus significados) ou separadamente. Por exemplo: se estiver interessado hoje apenas na Posição da Indagação Romântica (4), tome o baralho Fênix na mão esquerda e formule, silenciosamente, a sua pergunta. Misture as cartas *apenas* quatro vezes e retire a de cima do maço. Interprete essa carta segundo a Posição de Vênus da Mandala da Vida Passada. Para a Posição da Meditação Diária (1), embaralhe as cartas uma vez. Retire a de cima visando à sua meditação, e assim por diante.

1. Posição do Sol	**2. Posição da Lua**	**3. Posição de Mercúrio**	**4. Posição de Vênus**	**5. Posição de Saturno**
Meditação Diária	Superação de Maus Hábitos	Esclarecimento da Mente	Indagação Romântica	Remoção de Obstáculos

1 ♦ Posição do Sol – Meditação Diária

Quando o Sol transpõe o horizonte oriental pela manhã, saudamos o mundo encarando-o sempre com novos olhos. Na astrologia profissional, a posição do Sol tem uma influência tão grande que chega a ser, por vezes, desconsiderada – exatamente como a de um avô que está sempre dando presentes e carinho, mas cujo afeto nem sequer nos ocorre a idéia de pôr em dúvida. No entanto, o Sol representa nossa própria essência. É nossa centelha sem paralelo. Enquanto a lua é a alma reflexiva, o Sol é o espírito que gera a vida contínua, o calor e a energia. Sem ele, nosso universo imediato não sobreviveria.

Muitos pesquisadores espiritualistas gostam de iniciar o dia com uma meditação solitária. Para uma interpretação da meditação diária, a escolha da carta será aleatória. Embaralhe as cartas com a mão esquerda até se sentir compelido a parar.

Corte e retire a carta de cima do segundo maço. Para sua interpretação, volte-se agora para a Posição do Sol (1) e descubra a sua carta. Você pegou a Pedra Viking das Runas? Ande hoje com cuidado, pois as influências que o cercam estarão ativas e enlouquecidas. Talvez sua carta tenha sido o Desenho Zen-budista. Evite os envolvimentos íntimos. Hoje, volte os seus pensamentos para o mais íntimo de você.

Cada uma das revoluções do Sol traz novas surpresas. Usando as Cartas Fênix para a sua meditação diária, você pode ficar sabendo o que deverá esperar à medida que os desafios forem se revelando. Se você levantar muitas vezes a mesma carta apanhada aleatoriamente, é sinal de que se trata de uma área da sua vida que precisa ser tratada com maior objetividade. Considere um prosseguimento com uma escolha para a Posição da Remoção de Obstáculos (5) até encontrar a solução para a sua situação.

2 ♦ Posição da Lua – Superação de Maus Hábitos

Com o final do dia, esquecemo-nos da nossa vida ativa e voltamos nossa atenção para as hipnóticas transformações da Lua. A Lua representa as lembranças e os hábitos inconscientes da alma – todas as coisas que trazemos da infância e até mesmo de antes. A Lua tem receio das mudanças, mas é forçada a mudar constantemente.

A Lua nos apresenta, todas as noites, um aspecto ligeiramente diferente. Ao longo de todo o seu ciclo, ela ilumina e esclarece graves questões. Por ocasião da Lua nova, ela se torna sombria, meditativa, clandestina e introspectiva. Por isso, os astrólogos antigos associavam a loucura à influência da Lua.

Como a Lua evita as mudanças, agarrando-se às lembranças e a tudo o que é familiar, também é associada aos maus hábitos. Para discernir os hábitos derrotistas dos quais você talvez não esteja plenamente consciente, embaralhe bem as Cartas Fênix com a mão esquerda, pelo menos duas vezes. Quando se sentir preparado, pare e tire a carta de cima do maço. Dirija-se à Posição da Lua (2) e leia os atributos da carta. Talvez tenha escolhido o Amuleto Cigano: será preciso cultivar a objetividade. Recue e considere sua vida a distância. O que apareceu foi o Urso Chinês? É uma boa fase para avaliar seus sentimentos e percepções.

As vinte e oito cartas de símbolos culturais do baralho Fênix são instrumentos de meditação ideais para serem usados em conjunção com os ciclos da Lua. Por exemplo: você poderia começar por ocasião da Lua nova e usar as cartas em ordem, uma por dia, como uma sementeira de pensamentos para uma série de meditações destinadas a aumentar sua empatia com outras culturas, com outros valores e outras maneiras de ver o mundo.

Por outro lado, você talvez prefira iniciar suas meditações na fase da Lua cheia e trabalhar, durante um mês, com a carta ou as cartas que escolheu. Você verificará que o processo de desligamento é estimulado tanto pelos elementos visuais fornecidos pelas Cartas Fênix como pelas meditações harmonizadas com o ciclo lunar da fase da Lua minguante.

3 ♦ Posição de Mercúrio – Esclarecendo a Mente

O pensamento é uma experiência transitória, efêmera. O planeta Mercúrio viaja celeremente ao redor do Sol acelerando os processos e a fluência mentais. Escrever, falar e transmitir mensagens são atributos de Mercúrio. Mercúrio é também o planeta da clareza. Graças às energias de Mercúrio, somos capazes de discriminar e aprimorar as coisas. Mercúrio ajuda-nos a compreender a exata natureza de nossos impulsos, ensinando-nos a raciocinar.

Ao começar o dia, se compreendermos a natureza dos nossos pensamentos mais íntimos, estaremos habilitados a utilizá-los de maneira mais criativa e eficiente. Embaralhe as Cartas Fênix três vezes, enquanto se concentra na melhor forma de utilizar seus pensamentos. Apanhe a carta de cima e encontre sua explicação na Posição de Mercúrio (3). Foi a Deusa Egípcia Buto que se apresentou? Preocupações desnecessárias estão bloqueando intuições importantes. A carta escolhida foi, acaso, o Bracelete Persa? Você precisa desenvolver seus pensamentos e suas idéias com mais clareza.

4 ♦ Posição de Vênus – Indagação Romântica

Depois do Sol e da Lua – os corpos celestes mais luminosos –, Vênus é a estrela mais brilhante do céu. Vênus governa a atração, o amor e o prazer sensual. É a união dos princípios masculino e feminino. Vênus é também a reação estética e emocional à beleza exterior e interior do "outro" – o amante ou alma gêmea.

Na vida, o amor romântico propõe graves questões e decisões. Pegue o baralho Fênix e embaralhe quatro vezes. Isto feito, retire a carta que está em cima do maço. Dirija-se à Posição de Vênus (4) para ver o que diz a carta. O que surgiu foi a Roda Mágica das *Prairie Plains*? Os parceiros estão entristecidos. Você está sentindo uma falta de correspondência nas relações. Sua escolha recaiu sobre o Sacerdote Jaguar Maia? Você está tendo um "caso" com uma pessoa complicada que talvez receie a intimidade e uma relação mais íntima.

Se a interpretação na posição de Vênus insistir em apresentar uma carta que revele obstáculos importantes, está na hora de reavaliar essa relação. A presença insistente de uma carta problemática indica a existência de influências cármicas que estão a exigir equilíbrio e resolução. O aparecimento constante de uma carta na posição de Vênus pode ser indício de um relacionamento inesperado que poderá transformar a sua vida num futuro próximo. Avance suavemente e observe o seu coração.

5 ♦ Posição de Saturno – Remoção de Obstáculos

Saturno representa a sabedoria adquirida com o passar do tempo. Ele governa a autodisciplina que liberta a alma. O domínio de Saturno é o da terra, da matéria, da forma. A disciplina de Saturno também constitui a ponte para as forças invisíveis dos planetas exteriores.

Saturno é o planeta do carma e conquistou essa reputação por levantar obstáculos e provocar árduas lições que temos de aprender para prosseguirmos no nosso caminho. Saturno destrói nossas falsas ilusões e suprime os períodos de negação que apenas criam barreiras. Numa palavra: Saturno é integridade e verdade. Os obstáculos só podem ser vencidos quando enfrentados de modo direto e honesto. Nossas ilusões podem se transformar em *falsas ilusões* a que recorremos para suavizar ou ocultar os problemas. Quando cercamos nossos problemas de brumas, eles não se desvanecem; ficam simplesmente mais fortes.

A Posição de Saturno (5) lida diretamente com nossas maneiras de superar os obstáculos. Para a interpretação de Saturno, conte e embaralhe lentamente cinco vezes as suas Cartas Fênix. Retire a de cima do maço e procure o seu significado na Posição de Saturno. Você terá por acaso escolhido o Espelho Celta? Um mau uso do poder numa vida passada está agora cobrando duramente dívidas cármicas. Permita que as relações desajustadas cheguem ao fim. Foi o Anjo Renascentista? Neste momento, você está vagamente insatisfeito e irradia uma sensação de caos. O universo não poderá atender ao desejo do seu coração se não estiver muito claro o que você pretende.

Esta posição é crucial, pois desvenda as áreas a que precisamos dar atenção a fim de abrir caminho para um futuro desenvolvimento. Saturno representa o "abrir mão" das "coisas" (pessoas, idéias, objetos) e das ligações terrenas. A recorrência de uma carta específica nesta posição revela que você se agarra a algo que está associado ao seu receio de mudanças e transformações. Aparentemente, Saturno é a "maneira antiga", o familiar. Quando você se esforça por abrir mão de uma antiga ligação, seu espírito torna-se capaz de libertar dos grilhões de Saturno e poderá progredir.

A Disposição dos Quatro Elementos

Nossas personalidades atuais são moldadas pela soma total das experiências trazidas de vidas anteriores. Quando começamos a descobrir essas diferentes facetas da nossa individualidade, percebemos a necessidade de encontrar maneiras de integrá-las numa unidade coerente.

Na astrologia tradicional, os Quatro Elementos (Água, Ar, Terra e Fogo) representam as quatro manifestações exteriores do espírito. Muitos seres humanos tendem a expressar em suas personalidades apenas um ou dois elementos, enquanto outros conseguem alcançar um maior equilíbrio. Utilizar o Triângulo da Manifestação com os Quatro Elementos constitui uma maneira de tratar essa necessidade de integração pessoal.

As culturas universais também manifestam as características dos diversos elementos astrológicos e utilizam suas energias de uma maneira exclusiva. Os maias, por exemplo, índios do México, constituíram uma cultura sob o signo do ar. Eles se preocupavam, sobremaneira, com o pensamento abstrato, a fluência mental e as divisões lógicas. Veio daí a sua excelência como matemáticos e astrólogos.

Os romanos distinguiram-se como conquistadores. Difundiram seu estilo de vida e sua concepção de governo pela Europa afora graças à intimidação, à sua força de vontade e à força bruta. Como um grupo voltado para a ação, os romanos formaram uma cultura sob o signo do fogo. As culturas presididas pelo signo da água têm como exemplos os antigos egípcios e os druidas. Esses grupos interessavam-se sobretudo pela espiritualidade e pela magia. As culturas sob o signo da água sentiam uma necessidade constante de investigar a fundo toda e qualquer questão. Por isso, a morte e o mundo espiritual sempre fascinam os signos da água. As culturas sob o signo da terra preocupam-se com o aqui-e-agora. São pessoas pragmáticas e também autoritárias. Os vikings e os mesopotâmicos eram grupos presididos pelo signo da água.

A maioria de nós passou pela experiência de vidas passadas em culturas dominadas por cada um desses quatro elementos. De modo subconsciente, manifestamos essas energias na nossa personalidade atual. Entretanto, como as lembranças das vidas passadas são bloqueadas pela mente *consciente*, esses aspectos mais remotos da nossa individualidade geralmente permanecem reprimidos. A Disposição dos Quatro Elementos é uma maneira de chegar às lembranças cármicas e de trazer para fora os talentos sepultados para que cada um dos elementos possa manifestar-se plena e equilibradamente em nossas existências.

Para selecionar as cartas destinadas a esta disposição, embaralhe sete vezes o maço das Cartas Fênix. Corte-as com a mão esquerda formando três maços. Separe a carta de cima de cada um dos maços para formar o Triângulo da Manifestação (ver diagrama). Essas três cartas revelam as energias e as fraquezas vindas de suas vidas anteriores e que atuam como pontes ou obstáculos para suas metas atuais.

Deixando essas três cartas onde estão, junte todas as outras num único monte. Embaralhe-o de novo, concentrando seu pensamento no desejo de alcançar mais equilíbrio. Tome agora as quatro cartas de cima, distribua-as ao redor do círculo dos Quatro Elementos, seguindo a direção dos ponteiros do relógio, e coloque cada carta na devida posição para representar as energias do Leste, do Sul, do Oeste e do Norte (ver diagrama).

Para interpretar as cartas, comece por ler, nas descrições das Cartas Fênix (páginas 19-187), as informações contidas na seção "características". Em seguida, dê uma atenção especial à informação fornecida para a carta na parte referente aos planetas governantes arrolados para a Mandala da Vida Passada. Mantenha um registro das cartas que aparecem nesta disposição e utilize as frases-chave fornecidas para cada uma das cartas no Sumário das Cartas Fênix (páginas 188-195) como sementeira de pensamentos e meditações.

O Triângulo da Manifestação é formado pelas três primeiras cartas retiradas do baralho. Elas revelam os atributos mais eficazes – tanto no sentido negativo como no positivo – com os quais você pode atuar neste momento. O Triângulo da Manifestação oferece um importante contexto para a interpretação das outras cartas retiradas. Indica as qualidades a que você deveria fazer apelo para ajudá-lo a enfrentar os desafios e identifica os obstáculos que deverá superar para poder prosseguir seu desenvolvimento.

O Triângulo da Manifestação

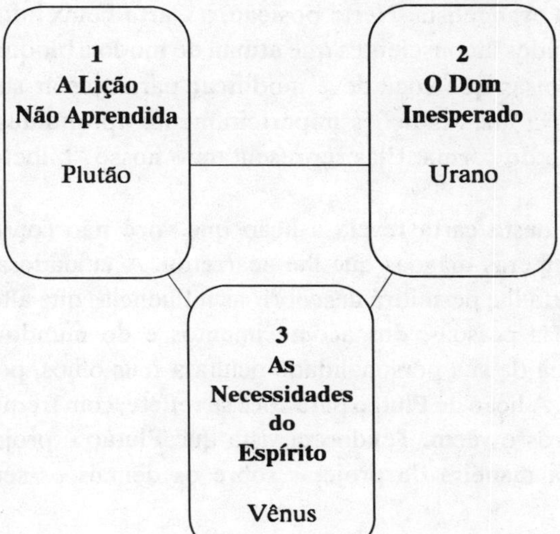

Os Quatro Elementos

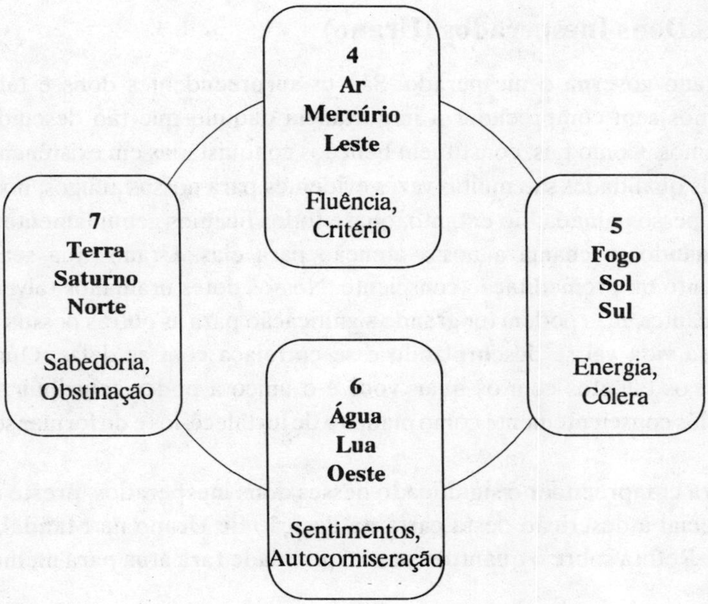

1 ♦ A Lição Não Aprendida (Plutão)

Plutão pode ser um planeta opressivo. Sua energia é rude e penetrante porém brilhante. Enquanto você não aprender bem a sua lição, Plutão o apoiará, atento como um evangelista. Nesta posição, a Carta Fênix informa-o das características ou atitudes inconscientes que atuam de modo a bloquear o seu progresso e indica as coisas que você deve modificar para ajustar suas circunstâncias atuais à uma nova luz. As lições imperfeitamente aprendidas constituem uma parte importante do carma. Elas representam o nosso "bilhete de ingresso" ao plano físico.

A posição desta carta revela a lição que você não conseguiu aprender a despeito das inúmeras mágoas que lhe acarretou. A cuidadosa reflexão sobre a escolha desta carta lhe permitirá descobrir as influências que alteram a percepção que você tem das pessoas, dos acontecimentos e do mundo real. Representa também uma área da sua personalidade oculta a seus olhos, porém evidente aos olhos dos outros. A lição de Plutão para você se reflete, com freqüência, na maneira com que os outros o vêem. Tendo em vista que Plutão é projeção, ele também representa a sua maneira de projetar sobre os demais os seus impulsos mais sombrios.

São esses os impulsos que procuramos vencer adquirindo novos critérios e começando tudo de novo. Quando percebemos o que nos cabe transcender aqui, tornamo-nos capazes de participar no processo de transformação, ajudando as outras pessoas a compreender suas experiências através de nossos padrões de sofrimento e crescimento.

2 ♦ Os Dons Inesperados (Urano)

Urano governa o inesperado. São os surpreendentes dons e talentos que oferecemos sem compreender a importância daquilo que tão descuidadamente concedemos. Como tais, constituem bênçãos conquistadas em existências anteriores. Essas qualidades são muitas vezes evidentes para nossos amigos, nossa família e para a pessoa amada; no entanto, quase todos ficamos genuinamente surpreendidos quando se chama a nossa atenção para elas. Urano atua sem nenhum pensamento ou premeditação consciente. Nossos dotes uranianos talvez pareçam insignificantes, mas podem ter grande significação para as outras pessoas à medida que nossa vida vai se desenrolando e se entrelaça com as delas. Quando você descobre os talentos com os quais você é o único a poder contribuir, começa a oferecê-los conscientemente como maneira de fortalecê-los e de formar seu próprio caráter.

Para compreender o significado desses dons inesperados, preste uma atenção especial à descrição desta carta na Posição de Urano na Mandala da Vida Passada. Reflita sobre o quanto essa sua qualidade rara atua para melhorar o seu grupo.

3 ♦ As Necessidades do Espírito (Vênus)

O anseio por experiência física é o que nos impele a voltar a encarnar. Vênus estabelece uma ponte entre as necessidades do espírito e as do plano terreno. A carta nesta posição representa questões inacabadas transferidas de experiências passadas para as circunstâncias de sua vida presente – as experiências com que você é compelido a se deparar em alguma ilusória busca da felicidade.

Vênus governa o prazer sensual associado à luz das percepções espirituais. Como suas necessidades e desejos são importantes componentes da caracterização da sua individualidade, a poderosa atração por eles exercida configura as condições do seu estado atual. Encarados como fins em si mesmos, eles podem atuar contra você. Mas a sua maneira de lidar com os acontecimentos na situação atual é fortemente influenciada pela sua percepção espiritual. Essa percepção atuará sempre em seu benefício.

O desejo atrai certos padrões cármicos enquanto repele outros. Quando se torna excessivamente forte ou imprevidente, o desejo pode afastar o objeto do seu afeto. A lição dada por Vênus consiste em desistir das complacências egoístas a fim de continuar a prosseguir em direção a um estado espiritual mais significativo.

As cartas restantes desta disposição valem para os Quatro Elementos, representados na tradição dos ameríndios pelas quatro direções que, juntas, simbolizam a harmonia, a unidade e a perfeição. Elas correspondem também às energias dos elementos astrológicos. Cada elemento tem uma qualidade que busca se expressar. Alguns indivíduos são muito equilibrados com relação a alguns elementos e pouco equilibrados com relação a outros. Essas cartas fornecem um plano para ajudá-lo a equilibrar melhor sua personalidade e a sua psique. Ao se tornar capaz de harmonizar os elementos revelados pelas cartas, você se aproxima da descoberta do ponto central do equilíbrio no seu próprio íntimo.

4 ♦ Ar (o Leste, Mercúrio)

Mercúrio doa-nos a capacidade de discriminar. Isso é de grande valia quando se trata de tomar decisões cruciais e de adquirir rapidamente uma percepção das situações negativas. Necessitamos de valores firmes, mas queremos evitar ter de agir como juiz e júri para todas as pessoas que encontramos.

A posição desta carta revela os diversos métodos a que você recorre para se expressar. Ele preside à fluência verbal e à comunicação. Mercúrio é dotado de uma qualidade intuitiva e nervosa. Este planeta mostra a rapidez de sua mente e com que facilidade você se entende com as outras pessoas.

A Posição de Mercúrio representa a vontade, o julgamento e a imparcialidade. Ao estudar as características arroladas, você poderá deter-se um instante, desprender-se de suas opiniões e procurar compreender de onde pode estar vindo a outra pessoa. Sendo Mercúrio o planeta mensageiro, talvez esteja na hora de proferir palavras compassivas, mas que sejam absolutamente verdadeiras. Estude a escolha da sua carta e observe como ela se relaciona com as críticas construtivas.

5 ♦ Fogo (o Sul, o Sol)

O Sol representa a sua vitalidade e como você se projeta para os outros. A orientação que esta carta lhe oferece pode ajudá-lo a encontrar descargas úteis para sua energia, evitando as explosões.

Se levar em conta a carta nesta posição, você poderá descobrir quais são as suas motivações atuais e como poderá comunicar-se melhor neste momento. Uma carta cheia de energia, como a do Amuleto Romano da Mão, pode significar que você está pronto para enfrentar, entusiasticamente, os novos desafios. Uma carta passiva, como a do Bracelete Persa, revela a necessidade de maior reflexão antes de agir.

Leia cuidadosamente as características desta carta e, em seguida, pondere como usar sua energia de maneira construtiva. Pense em quanta energia é desperdiçada com o girar de suas rodas e procure fazer as alterações adequadas.

6 ♦ Água (o Oeste, a Lua)

Pessoas emocionalmente sensíveis podem ficar magoadas, mas chafurdar numa autocomiseração ou negar seus sentimentos não torna a vida mais fácil. A carta nesta posição o ajudará a compreender a melhor maneira de conquistar um saudável equilíbrio na qualidade e na orientação de seus sentimentos.

A Lua representa a sua receptividade, o seu magnetismo. Imagine uma maneira de se relacionar com os outros, em nível emocional ou psíquico, tendo em mente a escolha da sua carta. Em que pontos o seu estado emocional presente difere dos padrões emocionais passados? Se a Pedra Viking das Runas cair nesta posição, será que seus sentimentos estão bloqueados por algum trauma recente? Será a deusa Pele quem lhe está dizendo que talvez você esteja cedendo demais do ponto de vista emocional? Reflita sobre a escolha da carta. Pense em dar às suas emoções alguma definição ou forma. Ao identificar nominalmente seus sentimentos, você adquire uma certa força sobre eles.

7 ♦ Terra (o Norte, Saturno)

A energia de Saturno produz resultados. Embora o processo por vezes seja doloroso, nosso nível de maturidade e êxito tem a ver com os riscos que assumimos. Quando não os assumimos, desenvolvemos neuroses e distúrbios de caráter como recursos para fugir às indispensáveis dores do crescimento. Quando nos negamos a crescer, tornamo-nos mentalmente doentes. Eis por que são tão vitalmente importantes as lições de Saturno.

Ao considerar a escolha desta carta, pense em suas maneiras de limitar e restringir-se a si mesmo. Será que está fugindo de alguma verdade dolorosa? Talvez a escolha desta carta leve a deduzir que você fez uma pausa em termos de desenvolvimento pessoal? Até que ponto você tem pautado sua vida pelos padrões que estabeleceu para si e para os outros?

Esta posição indica até que ponto você tem sido bem-sucedido ao disciplinar suas energias, suas compulsões e seus talentos. Pode lhe ser útil determinar o limite ideal entre a persistência e a obstinação. Sua capacidade de levar avante os projetos determina os resultados que tem em vista; num certo ponto, entretanto, você precisa reconsiderar suas opções. Reconhecer onde fica esse ponto pode lhe poupar muitos esforços desnecessários.

A carta escolhida na Posição de Saturno pode indicar uma época durante a qual você insistiu em avançar quando deveria ter reduzido suas perdas. Se compreender o significado da carta nesta posição, você poderá suportar a realidade com maior êxito, alegria e facilidade.

Algumas Perguntas e Respostas Referentes às Cartas Fênix

P: De minha parte, não acredito na reencarnação. Posso, mesmo assim, usar as Cartas Fênix?

R: Perfeitamente.A crença na reencarnação não é um requisito básico para se usar e apreciar as Cartas Fênix. Os símbolos revelados nas cartas lhe falarão de verdades que existem acima e a despeito de qualquer ideologia filosófica. Os símbolos são a linguagem universal dos seres humanos. Certas imagens escolhidas refletirão o que está se passando na psique humana em nível profundamente subconsciente. Perceber afinidades particulares com culturas diferentes da nossa revela facetas da personalidade que talvez não sejam visíveis num plano superficial. Conhecer e compreender a nós mesmos permite que a personalidade desabroche. Mistérios são desvendados. Há, sem dúvida, um maior potencial para o desenvolvimento.

Algumas pessoas, como eu, preferem acreditar que determinadas características resultam do acúmulo de experiências obtidas no decorrer de várias existências passadas em diferentes culturas. Outras hão de preferir uma abordagem mais junguiana ou "científica". Independentemente do que você possa acreditar, as Cartas Fênix são capazes de revelar verdades íntimas com relação aos talentos, traços e qualidades inerentes dos quais você talvez não esteja consciente.

P: E se eu perceber alguma afinidade com uma cultura que não esteja representada nas Cartas Fênix?

R: Isso cria dificuldades porque as lembranças de vidas passadas são quase todas vagas. Entretanto, seus interesses básicos lhe fornecerão algumas pistas para as épocas e lugares de suas vidas passadas. Por exemplo: você talvez tenha preferência por romances ou filmes que tratem de culturas específicas e diferentes da sua. Talvez goste de rendas vitorianas ou seja apaixonado por móveis *Chippendale* irlandeses; essas pequeninas preferências podem parecer insignificantes, mas são fundamentais quando se trata de obter pistas referentes a existências passadas. Nós todos gostaríamos de acreditar que fomos outrora uma bela rainha egípcia ou um célebre personagem histórico, mas a realidade de nossas existências passadas é geralmente muito mais brilhante.

Um persistente interesse por uma ou mais culturas estrangeiras pode indicar importantes vidas transcorridas no seio dessas culturas. Cabe a você levar adiante uma pesquisa na sua biblioteca local. Talvez queira também visitar as regiões às quais você se sente especialmente ligado. Se esse for um lugar onde transcorreu uma de suas existências passadas, *você o saberá*. Virão à tona impressões da vida passada. Você pode chegar a ter uma espicaçante sensação ou a experiência de uma "visão" espontânea que evoque essa vida passada. Muito provavelmente, você receberá diferentes imagens e sensações. Todavia, é preciso proceder com cuidado. Visitas a regiões de vidas passadas constituem perigosas experiências emocionais.

A recomendação mais importante de que você deverá se lembrar é a de procurar investigar, tanto quanto possível, as culturas que lhe agradam. Quanto mais informado você estiver a respeito de uma cultura, maiores serão as suas probabilidades de se lembrar com clareza de existências passadas. É literalmente impossível incluir em apenas vinte e oito cartas todas as culturas importantes do mundo. As culturas foram selecionadas para as Cartas Fênix de acordo com as informações atualmente disponíveis a respeito das mesmas e levando em conta também suas energias psíquicas e seus mistérios.

P: O que deverei fazer se desejar obter maiores informações sobre minhas experiências passadas?

R: Para começar, seria bom visitar uma biblioteca local. Perlustrar textos históricos diversos poderá orientá-lo quanto às épocas e lugares de vidas passadas. Você também poderá descobrir que, quanto mais aberta e receptiva se for tornando a sua mente, mais informações lhe serão fornecidas pelos seus sonhos. Os sonhos constituem uma esplêndida fonte a que poderá recorrer para descobrir suas vidas pregressas. Preste muita atenção às mensagens e aos símbolos de seus sonhos.

Há também muitos grupos que estudam a regressão a vidas passadas. Considere a possibilidade de entrar em contato com alguma organização psíquica ou astrológica na sua região. Os membros dessas organizações talvez o possam encaminhar para algum respeitável terapeuta de vidas passadas. Pessoalmente, não considero que um terapeuta seja absolutamente necessário para a descoberta de existências pregressas. A fonte do conhecimento das vidas passadas está à disposição de todos quantos tenham a capacidade de se concentrar e tenham uma mente inquisitiva – e, particularmente, dos que gostam de ruminar seus pensamentos e de sonhar.

P: O que poderei ficar sabendo se utilizar as Cartas Fênix mais de uma vez?

R: Tal como as fases da Lua, nossa mente também passa por muitas transformações. É possível fazer mais de uma leitura de vidas passadas utilizando as Cartas Fênix. A atração que você sente por determinados símbolos pode variar de acordo com as circunstâncias. Pode ocorrer algum eclipse emocional, levando a personalidade a se encaminhar numa direção inteiramente diferente.

Se neste momento você prefere, por exemplo, o Desenho Zen-budista, preterindo o Símbolo Ocidental Contemporâneo, haveria aí um indício de que está ocorrendo no seu íntimo uma drástica transformação. Nesta fase, é particularmente importante dar atenção ao conselho encontrado na conclusão apresentada no final da descrição de cada uma das Cartas Fênix.

Posteriormente, você poderá recorrer à Mandala da Vida Passada ou continuar a usar as Cartas Fênix para interpretações pessoais e meditação diária, como faria com um baralho de tarô simplificado.

As Cartas Fênix são uma fonte inesgotável de fascínio para todos os interessados na possibilidade da reencarnação. Mesmo os que não tomam conhecimento da idéia de reencarnação verificarão que as Cartas Fênix podem despertar o interesse e uma sensação de espanto maravilhado.

P: As Cartas Fênix parecem muito diferentes umas das outras. Por que não há uma maior uniformidade de estilo, como nos outros baralhos?
R: Dar maior uniformidade ao desenho das Cartas Fênix anularia o seu intento. Cada uma delas representa as características, o estilo e o desenvolvimento de uma cultura específica. Algumas parecem muito primitivas, e outras, mais contemporâneas. Seus desenhos parecem *realmente* diferentes, e foi esta a intenção. Não existem duas pessoas exatamente iguais.

Cada uma das cartas é ilustrada de acordo com o estilo da cultura que ela representa. A psicologia dessa cultura em particular se "imprime" na carta através do seu desenho. Cabe à pessoa que pergunta escolher as cartas que se harmonizem com a sua personalidade. Até mesmo as cartas que parecem repelir-se ou opor-se umas às outras deveriam ser submetidas a um cuidadoso exame. Enquanto umas culturas são atuantes e combativas, outras preferem uma maneira de agir mais calma ou harmoniosa. Indiscutivelmente, as pessoas não são unidimensionais, e o mesmo se pode dizer das Cartas Fênix.

P: E se as seleções de minhas Cartas Fênix forem contraditórias?
R: A leitura de suas Cartas Fênix assemelha-se muito a um mapa astrológico. Entre todas as diversas influências, existirão algumas contradições. É importante manter a objetividade e observar o quadro geral. Escolher cartas contrastantes é indício de que você teve outrora algumas existências importantes que transcorreram tanto no Oriente como no Ocidente. Obviamente, isto faz de você uma pessoa muito complexa e profunda.

Com o passar do tempo, você pode começar a notar um certo padrão em suas seleções das Cartas Fênix. Talvez tenha notado as mesmas cartas diversas vezes. Talvez tenha visto muitas cartas do Oriente Médio ou da África; isto levaria a pensar em muitas existências transcorridas nessas regiões. Poderia também sugerir um indivíduo que talvez se sinta "deslocado" em nossa sociedade ocidental contemporânea.

Se a sua seleção de cartas lhe parece contraditória, olhe para aquelas cujos significados parecem harmonizar-se uns com os outros. As cartas coerentes representam sua personalidade superficial. É assim que os outros o vêem. É a "face" que você preferiu mostrar para o mundo.

As Cartas Fênix que parecem não estar em harmonia com o resto de sua leitura são ainda mais importantes. Representam o seu lado oculto ou reprimido. Você talvez seja do tipo amável e passivo – é pelo menos assim que você se vê. Mas você pode ter escolhido o agressivo Amuleto Romano da Mão como uma de suas seleções. Isto representa o lado marcial e combativo da sua personalidade.

A escolha da carta romana é apenas uma das facetas que você tem de encarar, aceitar e com a qual terá de lidar. Representa a agressividade adicional que lhe será necessária para realizar o anseio do seu coração. Admita, portanto, que você é enérgico. É bom ser uma força positiva neste mundo. Enquanto algumas Cartas Fênix indicarão sua beleza e luminosidade, outras salientarão suas energias.

As Cartas Fênix funcionam como uma espécie de estrada que leva ao passado, pavimentando, ao mesmo tempo, novos caminhos para o futuro. Graças à força e à integração de suas mensagens, novas oportunidades se revelam. Com uma clara compreensão de quem você é e de onde esteve, você deixa de ser prisioneiro do seu destino ou carma e recebe novo vigor fortalecido pela sabedoria adquirida. Você está habilitado a moldar o seu próprio destino. Quanto maior for a sua perseverança ao investigar os aspectos ocultos da sua psique e seu empenho em equilibrar suas energias e os obstáculos que as bloqueiam, mais satisfatória e completa há de ser a sua existência – tanto nesta vida como nas vidas futuras.

Fontes

I. Desenho Zen-budista

Suzuki, Shunryu. *Zen Mind, Beginner's Mind: Informal Talks on Zen Meditation and Practice*. Nova York: Weatherhill, Inc., 1970.

Eliade, Mircea. *From Primitives to Zen: A Thematic Sourcebook on the History of Religions*. Nova York: Harper & Row, 1967.

II. Roda Mágica das *Prairie Plains*

Erdoes, Richard & John Lame Deer (Fire). *Lame Deer: Seeker of Visions*. Nova York: Pocket Books, Simon & Schuster, Inc., 1972.

Storm, Hyemehohosts. *Seven Arrows*. Nova York: Ballantine Books, 1972.

III. Feiticeiro Pré-histórico

Gardner, Louise. *Art Through the Ages*. Nova York: Harcourt, Brace, Jovanovich, 1948.

IV. Sacerdote Jaguar Maia

Eliade, Mircea. *From Primitives to Zen: A Thematic Sourcebook on the History of Religions*. Nova York: Harper & Row, 1967.

V. Deusa Egípcia Buto

Metz, Barbara. *Red Land, Black Land – Daily Life in Ancient Egypt*. Nova York: Dodd, Mead & Company, 1966.

Velikovsky, Immanuel. *Worlds in Collision*. Nova York: Doubleday & Company, Inc., 1968.

VI. Efígie da Mão dos Construtores de Túmulos

Silverberg, Robert. *Moundbuilders of Ancient America: The Archaeology of a Myth*. Greenwich, CT: Nova York Graphic Society, Ltd., 1968.

VII. Amuleto Cigano

Sutherland, Anne. *Gypsies: The Hidden Americans*. Nova York: The Free Press, MacMillan Publishing Co., Inc., 1975.

Leland, Charles Godfrey. *Gypsy Sorcery and Fortune-telling*. New Hyde Park, NY: University Books, 1962.

VIII. Bracelete Persa

Frye, Richard N. *The Heritage of Persia*. Cleveland, OH: The World Publishing Company, 1963.

Gardner, Louise. *Art Through the Ages*. Nova York: Harcourt, Brace, Jovanovich, 1948.

IX. Amuleto Romano da Mão

Gardner, Louise. *Art Through the Ages*. Nova York: Harcourt, Brace, Jovanovich, 1948.

X. Máscara Jukun de Akuma

Bohannan, Paul & Phillip Curtin. *Africa & Africans*. Nova York: The Natural History Press, Doubleday & Company, 1971.

XI. Deusa Iugoslava da Terra

Stein, Diane. *The Women's Spirituality Book*. St. Paul, MN: Llewellyn Publications, 1987.

Harding, M. Esther. *Woman's Mysteries*. Nova York: Harper & Row, 1976.

XII. Pedra Viking das Runas

Chrichton, Michael. *Eaters of the Dead*. Nova York: Alfred A. Knopf, Inc., 1976.

Gibson, M. *The Viking*. Nova York: The Putnam Documentary Series, G.P. Putnam's Sons, Inc., 1972.

Wilson, David M. *The Vikings and Their Origins: Scandinavia in the First Millennium*. Nova York: McGraw-Hill Book Company, 1970.

XIII. Urso Chinês

Jung, Carl G. *Man and His Symbols*. Garden City, NJ: A Windfall Book, Doubleday & Company Inc., 1964.

Eliade, Mircea. *From Primitives to Zen: A Thematic Sourcebook on the History of Religions*. Nova York: Harper & Row, 1967.

Stein, Diane. *The Kwan Yin Book of Changes*. St. Paul, MN: Llewellyn Publications, 1985.

XIV. Dançarina Elisabetana

Smith, Lacey Baldwin. *The Horizon Book of the Elizabethan World*. Nova York: American Heritage Publishing Company, Inc., 1967.

XV. Espelho Celta

O'Brien, Marie e Cruise Conor. *The Story of Ireland*. Nova York: A Studio Book, Viking Press, 1972.

XVI. Anjo Renascentista

Gardner, Louise. *Art Through the Ages*. Nova York: Harcourt, Brace, Jovanovich, 1948.

Bortolon, Liana. *The Life and Times of Leonardo*. Philadelphia, PA: Curtis Publishing Co., 1967.

XVII. Pintura Aborígine em Couro

Mulvaney, D.J. *The Preshistory of Australia*. Norwich, Inglaterra: Fletcher & Son, Ltd., 1969.

Jung, Carl G. *Man and His Symbols*. Garden City, NJ: A Windfall Book, Doubleday & Company Inc., 1964.

XVIII. Shiva Hindu

Gardner, Louise. *Art Through the Ages*. Nova York: Harcourt, Brace, Jovanovich, 1948.

Eliade, Mircea. *From Primitives to Zen: A Thematic Sourcebook on the History of Religions*. Nova York: Harper & Row, 1967.

XIX. Pintura Grega

Gardner, Louise. *Art Through the Ages*. Nova York: Harcourt, Brace, Jovanovich, 1948.

XX. Iluminura Medieval

Gardner, Louise. *Art Through the Ages*. Nova York: Harcourt, Brace, Jovanovich, 1948.

Collier's Encyclopedia. Nova York: MacMillan Educational Corp., 1967.

XXI. Catedral Russa Bizantina

Mirsky, D.S. *Russia, A Social History*. Londres: The Cresset Press Ltd., 1941.

Gardner, Louise. *Art Through the Ages*. Nova York: Harcourt, Brace, Jovanovich, 1948.

XXII. Crescente e Estrela do Islamismo

Roberts, D. *Islam, A Concise Introduction*. Nova York: Harper & Row, 1981.

XXIII. Pintura em Antiga Catacumba Cristã

Bosley, Harold A. *The Mind of Christ*. Nova York: Abingdon Press, 1966.

Gardner, Louise. *Art Through the Ages*. Nova York: Harcourt, Brace, Jovanovich, 1948.

XXIV. Sumo Sacerdote Hebreu

Hobley, Leonard F. *Jews and Judaism*. East Sussex, Inglaterra: Wayland Publishers Ltd., 1979.

St. John, Robert. *Israel*. Nova York: Time-Life Books, 1962.

XXV. Deusa Havaiana Pele

Poignant, Roslyn. *Oceanic Muthology: Polynesia, Micronesia, Melanesia, Australia*. Londres: Drury House, 1967.

Holt, Rochelle, editor. *Eidolons*. Cranford, NJ: Ragnarok Press, 1971.

XXVI. Tamborete Sagrado Achanti

Bleeker, Sonia. *The Ashanti of Ghana*. Nova York: William Morrow and Company, 1966.

Parrinder, Geoffrey. *African Mythology*. Londres: Hamlyn House Publishing Ltd., 1967.

Bohannan, Paul & Phillip Curtin. *Africa & Africans*. Nova York: The Natural History Press, Doubleday & Company, 1971.

XXVII. Máscara Kachina dos Hopis

Waters, Frank. *The Book of the Hopi*. Nova York: Penguin Books, 1977.

XXVIII. Símbolo Ocidental Contemporâneo

Gardner, Louise. *Art Through the Ages*. Nova York: Harcourt, Brace, Jovanovich, 1948.

A FILOSOFIA PERENE

ALDOUS HUXLEY

"A melhor coisa que pode fazer, no campo da metafísica, quem não é sábio nem santo, é estudar as obras dos que o foram e que, por haverem modificado o seu modo de ser, meramente humano, foram capazes de uma qualidade e de uma soma de conhecimentos mais do que meramente humanos."

Um dos nomes que mais se destacaram dentre os escritores contemporâneos está o de Aldous Huxley, autor de obras de interesse universal e permanente como *Admirável mundo novo, Sem olhos em Gaza, As portas da percepção* e *Contraponto*, entre muitas outras. Dominando com igual maestria todos os gêneros literários, desde a poesia e o conto até o romance e o ensaio, sua obra teve grande influência tanto no campo das idéias como no da renovação estilística.

A filosofia perene liga-se às preocupações místicas do autor e se constitui, basicamente, numa seleção de escritos escolhidos "não tanto porque ilustram eficazmente algum ponto especial da filosofia perene, mas também pela sua beleza intrínseca e pelo que têm de memorável". Essas seleções estão dispostas sob diversas rubricas e engastadas, por assim dizer, num comentário "destinado a ilustrar e a ligar, a desenvolver e, quando necessário, a elucidar" o pensamento de seus autores.

EDITORA CULTRIX

IDÉIAS EM PERSPECTIVA

PAUL BRUNTON

Paul Brunton foi um homem de dignidade silenciosa e cordial, dono de excelente humor. Dedicou-se inteiramente à Verdade fazendo dela o compromisso de sua vida. Escrevia diariamente sobre assuntos relativos à busca da auto-realização espiritual, e o aprofundamento de sua compreensão e visão durante os trinta anos em que permaneceu silencioso para o público refletiu-se de modo eloqüente em seus últimos escritos.

A Editora Pensamento oferece, assim, neste primeiro volume da série THE NOTEBOOKS OF PAUL BRUNTON, um importante texto sobre filosofia espiritual. O autor, já bastante conhecido dos leitores brasileiros, assim se refere à sua obra:

> "Não foi sem relutância que me aventurei a divulgar em voz alta as experiências íntimas recebidas em comunhão solitária e secreta com a natureza. De bom grado eu as teria guardado até que este corpo se fosse, quando o destino delas não me diria mais respeito. Mas a ordem dos meus Guias espirituais foi tal que essas palavras saíram publicadas.
> Escrevi este livro porque, numa era em que as duas concepções opostas do homem estão lançando o mundo em disputas, revolução e guerra, há uma clara necessidade do testemunho pessoal dos que *conhecem* a verdade, de preferência ao testemunho dos que acreditam nela.
> O melhor conselho hoje é: mantenha-se calmo, *alerta*. Não deixe que a pressão do ambiente mental viole o que você sabe que é real e fundamentalmente verdadeiro."

EDITORA PENSAMENTO

A RODA DA VIDA E DA MORTE

Guia Prático e Espiritual

Philip Kapleau

Talvez o principal obstáculo à aceitação mais ampla da doutrina da reencarnação seja a diferença de perspectiva filosófica entre as culturas ocidental e oriental. A atitude da filosofia ocidental é: "o que *não é provado* deve ser considerado falso"; a atitude da filosofia oriental é: "o que *não é provado* deve ser aceito como verdade até prova em contrário". Contudo, existem abundantes evidências passíveis de convencer qualquer mente razoável da validade da reencarnação. A lição deste livro é, em suma, aceitação dos ciclos naturais da existência.

A Roda da Vida e da Morte recorre a fontes da literatura religiosa do Ocidente e do Oriente, bem como às tradições filosóficas, científicas e humanistas, escolhendo trabalhos sobre a morte e o ato de morrer que têm a marca indiscutível da verdade, intercalando-os com as descobertas da experiência religiosa do autor como estudioso e mestre do Zen-budismo.

Este é um livro que procura exemplificar os ensinamentos eternos dos mestres, ao mesmo tempo que encoraja o leitor a pensar sobre o fim da existência em termos individuais, e não de maneira abstrata, como destino comum da raça humana.

EDITORA CULTRIX

INVESTIGANDO VIDAS PASSADAS

Raymond A. Moody Jr., M.D., com Paul Perry

Vivemos antes? Viveremos outra vez?

O dr. Raymond A. Moody, que mudou a nossa maneira de ver a morte com a série de livros que escreveu sobre esse tema, pesquisa agora a nova ciência da regressão sob hipnose para descobrir se de fato podemos *recordar* "vidas passadas" — e o que essas lembranças nos dizem sobre a possibilidade de a morte não ser o fim de tudo.

O dr. Moody interessou-se pela primeira vez pelo fenômeno ao encontrar pacientes psicologicamente sadios que, sob hipnose profunda, de repente começaram a descrever com vívidos detalhes episódios de períodos históricos que não teriam como conhecer. Seu interesse pelo significado dessas visões se intensificou quando decidiu empreender sua própria viagem ao surpreendente e estimulante mundo das "experiências de vidas passadas". Em abril de 1986, submeteu-se a um profundo transe hipnótico que lhe revelou nove vidas anteriores.

Indeciso quanto ao que fazer com essa experiência, o dr. Moody deu início a um projeto intensivo de pesquisa durante dois anos tendo como tema a regressão. *Investigando Vidas Passadas* é o resultado fascinante de suas descobertas. Intrigante e inovador, ele revela que quase todas as pessoas podem fazer essas viagens dramáticas a vidas anteriores e mostra como começar pessoalmente essa busca no intuito de revelar soluções novas para antigos conflitos pessoais ou para descobrir uma nunca antes experimentada paz interior.

Mas será que essas visões significam que a reencarnação de fato existe — que vivemos antes? O dr. Moody apresenta explicações científicas, não-místicas, para essas experiências, bem como alguns casos que desafiam qualquer explicação racional, deixando que o leitor tire suas próprias conclusões.

* * *

Raymond A. Moody Jr., M.D., recebeu alguns de seus títulos acadêmicos na Universidade da Virginia. Depois de lecionar filosofia na Universidade da Carolina do Norte, recebeu seu título de doutor em medicina no Medical College of Georgia, em 1976. Paul Perry, co-autor, é colaborador da revista *Health Magazine*.

EDITORA CULTRIX

A VIAGEM DE UMA ALMA

PETER RICHELIEU

A VIAGEM DE UMA ALMA é um livro agradável e proveitoso de ler. Nele, a ordem natural do mundo é explicada racionalmente, sendo a evolução interpretada não como um fato apenas biológico mas espiritual. De maneira viva, esta obra ocultista mostra o lugar do Homem na Natureza e comenta assuntos de grande profundeza tais como a reincarnação, o karma, a sobrevivência à morte, a viagem astral e o livre arbítrio. Os leitores não poderão deixar de ficar fascinados com a descrição que Peter Richelieu faz dos "elementais", que tantas crianças e alguns raros adultos declaram ter visto. Trata-se, em resumo, de um livro do maior interesse para quantos se preocupem com assuntos espiritualistas, ocultistas e teosóficos.

EDITORA PENSAMENTO

Outras obras de interesse:

O TARÔ E O AUTOCONHECIMENTO
Mary Steiner-Geringer

O TARÔ EGÍPCIO (c/ 22 lâminas)
Bernd A. Mertz

O TARÔ DO ANTIGO EGITO
Doris Chase Doane e *King Keyes*

O TARÔ DE MARSELHA (c/ 78 lâminas)
Carlos Godo

TARÔ CLÁSSICO
Stuart R. Kaplan

TARÔ ADIVINHATÓRIO (c/ 78 lâminas)
Diversos

A SABEDORIA DO TARÔ
Elisabeth Haich

MITOS E TARÔS
Dicta e *Françoise*

MADRU – A Lenda da Grande Floresta (c/ 22 lâminas do Tarô da Árvore)
Frederik Hetmann

OS ARCANOS MENORES DO TARÔ
G. O. Mebes

OS ARCANOS MAIORES DO TARÔ
G. O. Mebes

OS ARCANOS MAIORES DO TARÔ E A CABALA
Stephan A. Hoeller

RUNAS – Interpretação, Simbolismo e Adivinhação
Tony Willis

A SABEDORIA DAS RUNAS
Michael Howard

AS CHAVES DO TARÔ
Hajo Banzhaf

GUIA COMPLETO DO TARÔ
Hajo Banzhaf

MANUAL DO TARÔ – Origem, Definição e Instruções para o Uso do Tarô
Hajo Banzhaf

MANUAL DE NUMEROLOGIA
Ellin Dodge e *Carol Ann Schuler*

NUMEROLOGIA – A Importância do Nome no Seu Destino
Monique Cissay

OS NÚMEROS – Seu Poder Oculto e Suas Virtudes Místicas
W. Wynn Westcott